浙江省普通高校“十三五”新形态教材
企业人力资源管理实验实践系列新形态教材

企业人力资源管理综合技能训练

主编　赵欢君　蒋定福

ZHEJIANG UNIVERSITY PRESS
浙江大学出版社
·杭州·

图书在版编目（CIP）数据

企业人力资源管理综合技能训练 / 赵欢君，蒋定福主编. -- 杭州 ：浙江大学出版社, 2024.6
ISBN 978-7-308-25007-8

Ⅰ. ①企… Ⅱ. ①赵… ②蒋… Ⅲ. ①企业管理－人力资源管理－教材 Ⅳ. ①F272.92

中国国家版本馆CIP数据核字(2024)第102337号

企业人力资源管理综合技能训练

QIYE RENLI ZIYUAN GUANLI ZONGHE JINENG XUNLIAN

赵欢君　蒋定福　主　编

策划编辑　汪荣丽
责任编辑　高士吟
责任校对　郑成业
封面设计　林智广告
出版发行　浙江大学出版社
（杭州市天目山路148号　邮政编码310007）
（网址：http://www.zjupress.com）
排　　版　杭州林智广告有限公司
印　　刷　浙江临安曙光印务有限公司
开　　本　787mm×1092mm　1/16
印　　张　12.5
字　　数　281千
版 印 次　2024年6月第1版　2024年6月第1次印刷
书　　号　ISBN 978-7-308-25007-8
定　　价　45.00元

浙江大学出版社市场运营中心联系方式：0571－88925591；http://zjdxcbs.tmall.com

P R E F A C E

前言

《企业人力资源管理综合技能训练》获浙江省普通高校“十三五”新形态教材项目立项，反映了最新的现代教育思想及实验教学理念，融入了近年来人力资源管理沙盘模拟的新发展、新应用及编者多年的教学经验。党的二十大报告明确指出：“教育、科技、人才是全面建设社会主义现代化国家的基础性、战略性支撑。”“培养造就大批德才兼备的高素质人才，是国家和民族长远发展大计。”“人才是第一资源、创新是第一动力。”“青年强，则国家强。”“广大青年要坚定不移听党话、跟党走，怀抱梦想又脚踏实地，敢想敢为又善作善成，立志做有理想、敢担当、能吃苦、肯奋斗的新时代好青年。”“守正才能不迷失方向、不犯颠覆性错误，创新才能把握时代、引领时代。我们要以科学的态度对待科学、以真理的精神追求真理。”[①] 上述精神为我们编写本教材提供了根本遵循和时代要求。”企业人力资源管理综合技能训练借鉴战争沙盘模拟原理，紧跟互联网创新发展节奏，借助“人力资源管理智能仿真与竞赛对抗平台”，通过人力资源管理角色扮演和基于人力资源管理核心模块工作过程的情境模拟、运营对抗，让学生体验人力资源管理全过程。

企业人力资源管理综合技能训练分为管理员、教师、学生三种子角色系统，每个角色在该操作系统中有不同的任务。企业人力资源管理综合技能训练主要由公司设立、人力资源规划、工作分析、薪酬管理、绩效管理、培训与开发、招聘与甄选、劳动关系与产品中心等实训模块组成，以人力资源规划、招聘、培训、绩效、薪酬、劳动关系管理等人力资源管理职能运营对抗模拟为主线，促使学生对知识主动探索、主动发现和主动建构，强化课程知识体系，实现知识内化和能力提升。综合技能训练教学在总资金相同的情况下，由教师先预设各种不同的人才及市

① 习近平. 高举中国特色社会主义伟大旗帜 为全面建设社会主义现代化国家而团结奋斗：在中国共产党第二十次全国代表大会上的报告[N]. 人民日报，2022-10-26（1）.

场需求并设定各种参数，学生按照教师设定的行业，选择适合自己的招聘渠道、人才、产品等，以公司利润最大化为最终目标，在综合实训仿真模拟系统所提供的不同渠道中选择人才，对人才培养和数据进行量化经营与管理，根据总评价来判断学生最终排名情况。本教材集实战性、操作性、体验性于一体，帮助学生熟悉并理解人力资源管理活动中的主要角色与功能，强化人力资源管理各模块知识的综合运用能力和团队合作精神及创新能力，进而培养和提高学生的人力资源管理专业素养和职业技能。

本教材由嘉兴大学赵欢君副教授和蒋定福教授共同编写，全书共八章，第 1 章对企业人力资源管理综合技能训练教学现状、课程内容、综合能力竞赛及综合技能训练系统进行了概述，第 2 章对组建团队、领会规则、运营规律、熟悉流程及教学安排进行了介绍，第 3 至第 5 章对企业人力资源管理综合技能模拟训练运营规则、软件使用进行了详细阐述，第 6 章对实战经营实际经营数据进行了描述，第 7 章介绍模拟运营成果分析，第 8 章对企业人力资源管理综合技能训练实训目的、内容和步骤、实训总结等进行了示例说明。

本教材可作为高校人力资源管理综合实训教材，也可作为相关培训人员及参赛选手的参考用书。如果在使用此书的过程中有问题，或者对企业人力资源管理综合技能训练系统有任何意见，可联系：jingchuangjiaoyu@126.com（手机：18067001075，服务电话 400-018-6009）。本教材在编写过程中得到了嘉兴大学国家经济管理实验示范中心及浙江精创教育科技有限公司（www.jcjyet.com）的很多内部资料，获得了浙江大学出版社编校人员的大力支持。本教材在编写过程中还参考和借鉴了国内外专家、学者、企业家和研究机构的著作、期刊及相关网站资料，在此表示诚挚的谢意！基于人力资源管理综合能力竞赛（智能仿真与竞赛对抗）的企业人力资源管理综合技能训练是一种创新型的实训教学，其实际教学效果还在不断探索。由于时间仓促，加之编者水平有限，书中难免存在不足之处，恳请各位专家、同行、读者提出宝贵意见，以便不断修正和完善。

编　者

2024 年 1 月

目 录

CONTENTS

第 1 章 企业人力资源管理综合技能训练概述

1.1 企业人力资源管理综合技能训练背景 …… 1
1.2 基于人力资源管理综合能力竞赛的企业人力资源管理综合技能训练课程介绍 …… 2
1.3 大学生人力资源管理综合能力竞赛 …… 6
1.4 企业人力资源管理综合技能训练系统——人力资源管理智能仿真与竞赛对抗平台 …… 9

第 2 章 企业人力资源管理综合技能训练——人力资源管理智能仿真与竞赛对抗流程

2.1 组建团队 …… 10
2.2 领会规则 …… 11
2.3 运营规律 …… 11
2.4 熟悉流程 …… 12
2.5 教学安排 …… 17

第 3 章 企业人力资源管理综合技能训练——人力资源管理智能仿真与竞赛对抗运营规则

3.1 公司初始状态 …… 19
3.2 人力资源规划中心 …… 20
3.3 工作分析中心 …… 20

3.4 招聘与甄选中心 21
3.5 培训与开发中心 22
3.6 绩效管理中心 24
3.7 薪酬管理中心 29
3.8 员工关系管理中心 33
3.9 产品中心 35
3.10 其他各类费用 36
3.11 政府行为 37
3.12 取整规则 38
3.13 评价标准 38

第 4 章 企业人力资源管理综合技能训练系统学生端操作

4.1 系统简介 39
4.2 学生端操作概述 40
4.3 学生端详细操作 41

第 5 章 企业人力资源管理综合技能训练系统管理员端及教师端操作

5.1 管理员端操作指南 69
5.2 教师端操作指南 73

第 6 章 企业人力资源管理综合技能训练实战经营

6.1 经营背景 87
6.2 实战演练 93
6.3 运营情况对比 157

第 7 章 企业人力资源管理综合技能训练成果分析

7.1 盈利能力分析 168
7.2 运作能力分析 170
7.3 计划制订能力分析 172

第8章○企业人力资源管理综合技能训练示例

8.1 企业人力资源管理综合技能训练实训目的、内容和步骤 …… 174
8.2 企业人力资源管理综合技能训练实训总结（以C3小组为例）…… 180

参考文献 …… 189

CHAPTER 1

第 1 章 企业人力资源管理综合技能训练概述

1.1 企业人力资源管理综合技能训练背景

企业竞争的核心是人才的竞争，人力资本的地位逐渐超越实物资本成为主要的核心竞争力。但在过去多年的人力资源管理实践教学中，教师单纯地讲解人力资源管理知识，学生普遍感到难以理解，传统的人力资源实践教学已较难引起学生的兴趣。在多元化的新经济时代，如何让学生真正领悟人力资源管理的真谛，如何让学生亲自去综合运用所学的人力资源管理理论知识运营一个企业的人力资源管理各项实务，成为当前高校人力资源管理实践教学的现实问题。为全面落实《国家中长期教育改革和发展规划纲要（2010—2020 年）》，进一步推进实践育人工作的开展，加强就业创业教育，促进创新人才成长，推动经济管理类专业特别是人力资源管理专业的实践教学改革，基于大学生人力资源管理综合能力竞赛的企业人力资源管理综合技能训练教学课程——人力资源管理沙盘模拟，以促进学生全面发展为中心，注重激发学生人力资源学习兴趣和潜能，增强学生的社会责任感、创新精神和实践能力，锻炼学生的战略思维、团队精神和市场意识，为学生走向社会和企业奠定良好的基础，提高人才培养质量。

人力资源管理专业人才培养目标对实践性和创新性的要求较高，要求组织学生深入企业开展实践活动，能够切实提高学生利用理论解决实际问题的能力，能够充分培养学生的实践能力和创新能力，但在实际运作过程中却存在诸多问题，使得实践实训教学无法达到预期的人才培养目标。首先是难以寻找到适合的企业提供匹配的岗位。人力资源管理专业学生到企业开展实践活动对岗位要求较高，一般希望能得到具有一定管理技能的岗位，而现实中企业一般提供的多为操作型岗位。其次是难以寻求到大批量的实践岗位来满足高校校外实践的需求。学校即使向企业支付一定的费用，企业也无法提供批量的岗位供学生实习。最后是校外实践监管难度大，对学校的监管要求高，监管成本高。人力资源管理专业学生实践即使安排在一个城市往往也是比较分散的，校内指导教师对参与校外实践实训教学的学生无法有效地监控，这对学校组织实践实训教学造成了实习管理难题。总之，一方面人力资源管理专业学生迫切需要企业提供相匹配的实习机会；另一方面学校因难以解决实习管理中的问题而陷入两难境地。

随着信息技术水平的不断提高，互联网技术得到广泛应用，作为企业重要管理内容之一的人力资源管理也在互联网环境下有了新的发展模式。企业人力资源管理岗位负责为企业招聘员工、开展培训、管理员工等，这些工作随着信息技术的发展而不断创新。在“互联网 +”为企业发展带来便利的环境下，人力资源管理也要紧跟互联网创新发展的节奏，不断提高管理水平，为企业提供更为优质的人力资源管理服务。教育部出台的《关于加快建设高水平本科教育全面提高人才培养能力的意见》明确指出，要推进现代信息技术与教育教学深度融合，推动形成“互联网 + 高等教育”新形态，以现代信息技术推动高等教育质量提升的“变轨超车”。

随着信息技术的发展，移动互联网技术已经走进各家企业，为企业管理提供了方便快捷的服务。企业人力资源管理作为重要的管理工作，肩负着企业的人员招聘、培训、管理等，这些工作应该与时俱进，始终紧跟时代发展步伐，使企业人力资源管理走在社会发展的最前端。人力资源管理专业培养的人才不仅要学会分工，更要学会协作。但目前的经济管理类实训，更多强调的是合理分工，而对学生如何与人沟通协调、如何进行团队合作能力的培养则涉及甚少。人力资源管理实训课程体系应该以实践作为主体，教师的讲授和总结只是起到提纲挈领、画龙点睛的作用。人力资源管理专业学生能力和素质的提升，主要靠的是实践而不是读死书、记定义、闭门造车或纸上谈兵。在课程中，学生需要自发地领悟有关合作沟通、竞争、应变等方面的能力，提升自己的“3Q”，即智商（IQ）、情商（EQ）和逆商（AQ）。在实训教学中，学生若能经历破产的刻骨铭心和成功盈利的欢呼雀跃，才能认识到战略决策的重要，才能明白“细节决定成败”的道理，进而对专业方向和职业前景有更直观的了解。通过实训课程的学习，学生会变得更加自信并坚定信心，具有创新意识，能够更好地应对竞争和挑战。

1.2　基于人力资源管理综合能力竞赛的企业人力资源管理综合技能训练课程介绍

基于人力资源管理综合能力竞赛的企业人力资源管理综合技能训练课程——人力资源管理沙盘模拟是针对人力资源管理专业教学特点而设计的人力资源管理专业综合技能训练课程。该课程通过“人力资源管理智能仿真与竞赛对抗平台”，充分运用互联网技术，教师发布企业人力资源管理相关案例、市场参数、人员供求等参数，学生学习教师所提供的案例内容，组成小组进行模拟对抗，最后根据总评价公式计算得出学生的排名。人力资源管理综合技能训练沙盘模拟主要由公司设立、人力资源规划、工作分析、薪酬管理、绩效管理、培训与开发、招聘与甄选、劳动关系管理等实训教学内容组成，不仅要求学生对理论知识有扎实的理解，还要求学生具备运用知识的能力，即学以致用。但是这样的要求对于缺乏实践工作经验的学生来说是非常困难的，这就要求人力资源管理综合技能训练沙盘模拟教学必须不断充实教学内容、丰富教学手段、完善教学方法，以帮助学生获得实践工作经验。

1.2.1 课程目标

基于人力资源管理综合能力竞赛的企业人力资源管理综合技能训练课程——人力资源管理沙盘模拟是人力资源管理专业模块课程，是一门集应用性、实践性、体验性、趣味性、创新性于一体的综合性专业实验课程。课程目标立足于有特色、善创新、高水平、地方性、应用型办学定位和培养具有社会责任感、创新精神和实践能力的高素质应用型、复合型人才的要求，紧紧围绕人力资源管理专业培养具有较高人力资源管理技能的“应用型高级人才”培养目标，以企业人力资源管理人员技能、能力和素质的需求为基础设计教学内容，课程集实战性、操作性、体验式于一体，通过情景模拟、角色实践的方法让学生组建模拟团队，分别扮演企业人力资源管理角色进行经营、相互竞争，在模拟对抗中不断强化人力资源管理知识、训练管理技能、提高综合素质，从而激发学生学习人力资源管理的兴趣和潜能，增强学生的社会责任感、创新精神和实践能力，锻炼学生的战略思维、团队精神和市场意识，为学生走向社会和企业奠定良好的基础，使学生毕业后能够直接胜任中小企业人事专员岗位，工作五年后有望升任企业人事主管。

1.2.2 课程中蕴含的育人元素

基于人力资源管理综合能力竞赛的企业人力资源管理综合技能训练课程——人力资源管理沙盘模拟利用数字资源仿真模拟技能训练的方式让学生掌握人力资源管理知识，通过竞争性的团队合作运营对抗，让学生主动去了解企业人力资源管理各核心模块的工作情景，从模拟实战的视角，强调培养人力资源管理专业学生团队合作的能力及团队精神，以训练学生的实际操作能力和提升学生的综合技能为目标，培养学生的人力资源管理职业素养和综合技能，激发学生学习人力资源管理的兴趣和潜能，增强学生的社会责任感、创新精神和实践能力，锻炼学生的战略思维、市场意识和团队精神。

人力资源管理专业以培养德智体美全面发展，适应现代经济社会发展，了解人文社科基本知识，熟悉管理学、经济学基础理论知识，掌握人力资源管理方面的基本理论和基本知识，具备人文精神、科学素养和诚信品质，具有较高的人力资源管理规划分析、组织执行团队管理、人事策划和综合应用及创新职业能力水平，能够胜任人力资源规划、招聘与配置、培训与开发、绩效管理、薪酬福利管理、劳动关系管理等岗位工作的应用型高级人才为培养目标。

1.2.3 课程与教学改革要解决的重点问题

基于人力资源管理综合能力竞赛的企业人力资源管理综合技能训练课程——人力资源管理沙盘模拟，作为人力资源管理专业具有应用性、实践性、操作性的综合实验课程，立足学校“应用型”发展定位，紧扣专业“高级应用型人才”培养目标，对标教育部课程建设“两性一度”（高阶性、创新性、挑战度）的要求，不断深化课程改革，积极探索课程建设的途径与模式。课程与教学改革的重点是教学内容的设计、教学手段与教学方法的改进。

结合人力资源管理综合技能训练教学对象的学情特征，在教学中应该多采用探究式学习、体验式学习、合作式学习，以激发学生的学习兴趣，强化人力资源管理知识、做强做实课程思政。教学内容设计的重点应围绕人力资源管理各模块工作中的关键技能展开，教学手段与教学方法改进的重点是利用数字资源仿真模拟技能训练的方式让学生掌握人力资源管理知识，通过竞争性的团队合作运营对抗，主动去了解企业人力资源管理各核心模块的情景分析，强调培养人力资源管理专业学生“团队合作与团队精神”职业素养。以训练学生的实际操作能力和提升学生的综合技能为目标，实训任务和实训情境都是基于实际的企业人力资源管理工作的综合模拟和训练，强化实践教学环节，深化实践教学方法改革，培养学生的人力资源管理职业素养和综合技能。

人力资源管理沙盘模拟集情景模拟、案例分析、角色扮演和专家诊断于一体，通过新颖的参与式教学、激烈的竞争场景设计，克服了以往枯燥、繁杂的人力资源灌输式教学的弱点，能够最大限度地激发学生的学习兴趣，改变目前各模块课程教学内容脱节的情况，达到专业实践教学的有效整合，做强做实课程思政，更好地实现人力资源管理专业培养能够胜任人力资源规划、招聘与配置、培训与开发、绩效管理、薪酬福利管理、劳动关系管理等岗位工作的应用型高级人才培养目标。

1.2.4 课程内容

基于人力资源管理综合能力竞赛的企业人力资源管理综合技能训练课程——人力资源管理沙盘模拟是针对人力资源管理专业教学特点而设计的专业核心综合技能训练课程。课程的实验项目和实验内容设置围绕企业人力资源管理主要工作流程展开，以培养学生职业素养和综合技能为核心。人力资源管理沙盘模拟主要有公司设立、人力资源规划、工作分析、薪酬管理、绩效管理、培训与开发、招聘与甄选、劳动关系管理等实验实训教学内容（如图 1-1 所示）。通过人力资源管理角色扮演和基于人力资源管理核心模块工作过程的情境体验、运营对抗，以及丰富的课程网络资源库，将人力资源管理专业的核心课程内容与仿真模拟、竞赛对抗等形式有机结合，达到专业实践教学的有效整合。

实验项目与实验内容

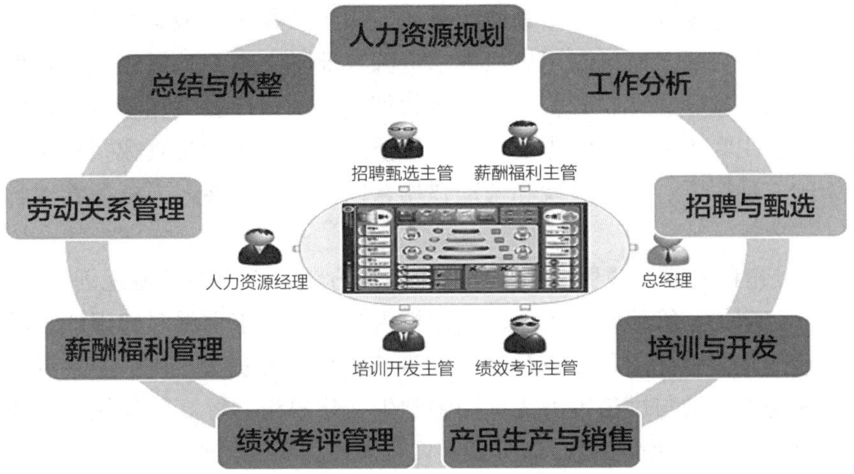

图 1-1　人力资源管理沙盘模拟教学内容

1.2.5　课程组织实施

基于人力资源管理综合能力竞赛的企业人力资源管理综合技能训练课程——人力资源管理沙盘模拟的开设对象是人力资源管理专业大二、大三的学生，他们已经完成了管理学、人力资源管理基础等专业基础课的学习，开始学习专业主干课程，积累了一定的专业基础知识，具备了理论分析和应用能力，同时，他们还比较欠缺社会实践经验，对专业知识比较渴求。在模拟的运营竞争过程中制订人力资源规划、满足公司的整体战略、进行工作分析、实施招聘策略、选择培训方案、制定适当的薪酬标准和绩效考核、规范劳动关系管理等问题展开探讨和实践，从而体会人力资源管理工作与企业整体经营战略的关系，探究企业人力资源管理各项实务的规律，对现阶段的教学对象是有很大吸引力的。结合教学对象的特征，在教学中应该多采用探究式学习、体验式学习、合作式学习，以激发学生的学习兴趣，强化其掌握人力资源管理知识，做强做实课程思政。

课程实验项目和实验内容设置围绕企业人力资源管理的主要工作流程展开，以培养学生职业素养和综合技能为核心。重点利用嘉兴大学经济管理国家级实验教学示范中心的重要成果、现代仿真信息技术、校企合作建设研发的课程配套仿真系统平台、浙江省首批精品在线开放课程“经管类沙盘模拟课程群”核心课程等“互联网 +”教学资源，综合进行人力资源管理沙盘模拟综合技能训练。

在教学策略上，人力资源管理沙盘模拟课程遵循学生是主体、教师是主持和引导的角色分配原则，让学生最大程度地参与。重视学生的体验感是本课程教学策略的核心。通过线上互联网 + 线下实训平台学习人力资源管理智能仿真与竞赛对抗平台上的模拟操作和竞赛对抗活动，可大大增强学生的专注力、持久性和学习思维的活跃度；小组讨论、团体学习、情景模拟、体验式教学中师生之间的亲切感、学生的团队荣誉感、学习情境的沉浸感和交流的实时反馈感，可让学习效果明显提升。

教学策略

线上：可以反复观看教学视频等课程资料，领悟模拟规则及运营技巧；通过线上互动、答疑、测试等方式，充分利用教材数字资源在课堂上组织、搭建竞争场景作为教学环境，采用情景式教学、体验式教学、仿真软件、团队合作教学相结合，采用建构主义教学模式，以学生为中心，让学生通过角色扮演组建团队进行仿真模拟运营对抗，实现学生对知识的主动探索、主动发现和主动建构，以便综合掌握人力资源管理各模拟教学内容。

线下：通过角色扮演、情景模拟、体验分享等方法，以人力资源规划、招聘、培训、绩效、薪酬、劳动关系管理职能运营对抗模拟为主线，促进学生对知识的主动探索、主动发现和主动建构，强化课程知识体系，实现知识内化和提升；利用运营对抗数据分析与解读、实训经验总结与讨论等方式，训练学生战略思维并提高操作技巧，加深人力资源管理综合能力的学习训练深度，做强做实课程思政。

课后还可以通过“人力资源管理智能仿真与竞赛对抗平台”的教学应用，以赛代练、以赛促学、以赛进教，组织与指导学生积极参加大学生人力资源管理知识技能竞赛，进一步提高学生的综合素质，保障“应用型高级人才”培养目标的有效实现。

1.2.6 课程考核与评价

基于人力资源管理综合能力竞赛的企业人力资源管理综合技能训练课程——人力资源管理沙盘模拟课程评价采用平时考核与期末考查相结合的方式，突出实践操作、教学过程与最终评价，线上考核、线下考核、线上线下混合考核多种考核方式，个人考核与团队考核相结合。人力资源管理沙盘模拟课程考核由出勤（10%）、课堂表现（10%，小组内成员根据组员在课堂中的表现进行组内评分，教师在组内评分的基础上结合学生的实际表现最后予以评分）、模拟实验（50%，沙盘模拟实验成绩以各公司沙盘经营总得分为准：公司沙盘经营总得分＝沙盘模拟练习赛得分 ×30%＋沙盘模拟对抗赛得分 ×70%）与实验报告（30%）四部分组成。

课程考核与评价方式

1.3 大学生人力资源管理综合能力竞赛

全国大学生人力资源管理综合能力竞赛（以下简称HR竞赛），由国家发展和改革委员会主管的一级学会中国人力资源开发研究会（人力资源开发领域具有权威性和影响力的国家级社会团体）主办，采用团队竞赛的方式综合考查学生的人力资源专业知识，分析决策能力及团队协作能力，是全国人力资源管理领域影响范围最广的专业性赛事。

全国大学生人力资源管理综合能力竞赛章程

截至2022年，HR竞赛已经经历了7年的发展，参赛院校占开设人力资源管理专业的91.4%，专业覆盖率高，是全国影响力最大的人力资源竞赛。

竞赛组委会还专门针对指导教师举办了各类高峰论坛与实践研讨会，为人力资源管理及相关专业教师的实践教学与学术研讨提供交流平台。会上各高校教师就人力资源管理专业的实践教学改革进行探讨，不仅提高了教师的专业教学水平，更加促进了高校人力资源专业人才培养方案的改革。历届区域赛（省赛）高峰论坛参会教师人数统计如图 1-2 所示。

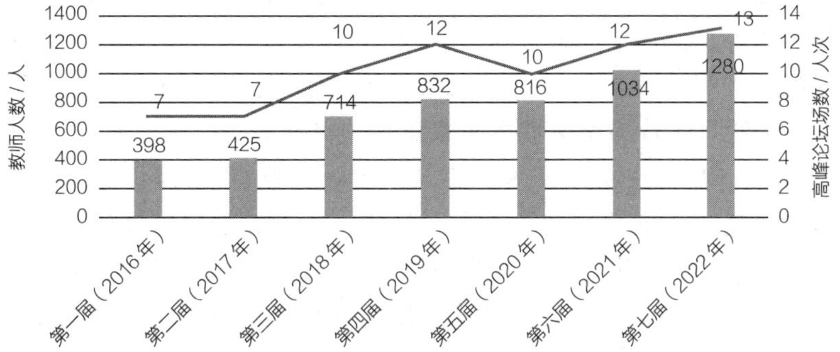

图 1-2　历届区域赛（省赛）高峰论坛参会教师人数统计

经过不断探索研究，为保障竞赛学生更好地学习训练，扩大院校的选拔面，从第三届竞赛开始，技术支持方提供了免费的模拟对抗平台。经网络数据平台记录，历年人力资源管理竞赛模拟对抗参与数据如图 1-3 所示（2016 年和 2017 年因技术支持方未进行模拟对抗平台网络数据记录，故图 1-3 中第一届和第二届的数据为 0）。2022 年后台数据显示，各类选拔赛前 1 ～ 2 个月，每日参与用户数均超过 5000 人。

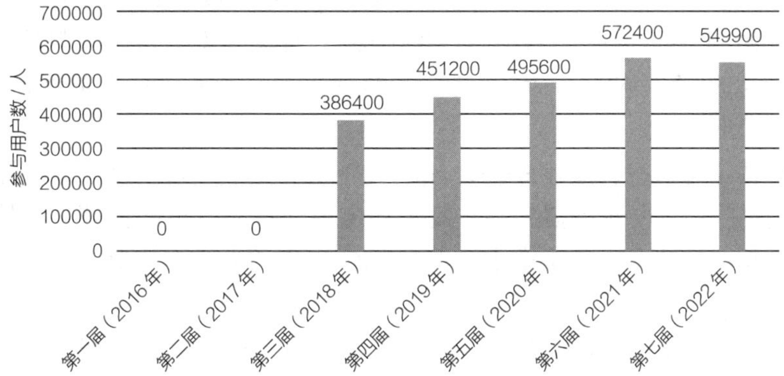

图 1-3　历年人力资源管理竞赛模拟对抗参与数据

经过主办方、技术支持单位及全国各高校的共同努力，历经 7 年的 HR 竞赛不断摸索，目前可以说取得了显著的成绩。这主要体现在以下几个方面。

第一届全国大学生人力资源管理知识技能竞赛合影

一是 HR 竞赛从无到有，开了人力资源管理专业全国性赛事的先河。HR 竞赛源起于 2015 年湖北、山东、上海三省（市）的区域赛，彼时，中南财经政法大学、湖北省人力资源学会、山东青年政治学院、上海理工大学等主办单位，不约而同地尝试进行人力资源学科的区域专业赛事，这属于人力资源管理综合能力竞赛的萌芽期。2016 年，由于中国人力资源开发研究会（以下简称研究会）

在全国人力资源管理专业院校中拥有较为深厚的影响力和较好的口碑，萌芽期的几个区域赛主办方、技术支持单位，共同找到研究会，与研究会商议发起全国性大赛。经半年酝酿、方案打磨，于2016年发起了首届全国大学生人力资源管理知识技能竞赛（后改名为全国大学生人力资源管理综合能力竞赛）。首届竞赛由浙江嘉兴学院（2023年11月更名为嘉兴大学）承办、浙江精创教育科技有限公司提供技术支持，并确定2017年第二届全国大赛由首都经济贸易大学承办、上海踏瑞计算机软件有限公司提供技术支持。自此，中国首个人力资源管理专业的全国性大学生竞赛项目便诞生了。

二是办赛经验与专业性逐步成熟。自2016年HR竞赛举办以来，主办方、协办方、技术支持单位，经历了不同版本的赛事方案迭代。①纯软件模拟操作期。第一届、第二届，即使用模拟经营软件，进行现场上机操作对抗。该时期的比赛，组织实施较为简单，欠缺观赏性。②软件模拟操作+方案设计+现场答辩期。第三届至第七届，主办方在各方共同努力下，逐步打造了新的赛事环节，赛事作品较为完善，赛事观赏性得到了大幅度提升，参赛院校满意度持续提高。③数字化融合期。自第八届起，两家技术支持单位都在努力改造赛事平台，在优秀传承的基础上，充分融入数字化因素，体现数字化亮点。④在竞赛期间，还专门针对指导教师举办了高峰论坛，为人力资源管理及相关专业教师的学术研讨提供交流平台，会上各高校教师就人力资源管理专业的实践教学改革进行探讨。

三是参赛规模持续扩大。HR竞赛自举办以来至2022年，参赛省份从一开始的30个省（区、市）到如今的全面覆盖；参赛院校从一开始的203所到2022年的490所；初赛学生数从一开始的1068人到2022年的1833人；高峰论坛教师参与人数从一开始的398人到第七届的1280人。可见，HR竞赛的参赛规模越来越大，越来越受到高校、教师、学生的认可。

四是高校认定与认可程度不断提升。截至2022年，HR竞赛参赛院校占开设人力资源管理专业的91.4%，专业覆盖率高，高校认定与认可程度不断提升。虽然HR竞赛在30%以上的学校可被认定为C类赛事，但在95%以上的参赛院校都被列为该专业首要支持的专业赛事。

五是赛事获得各省份教育厅的认可。截至2022年，HR竞赛已得到全国10个省份教育厅和多个学会组织的认可，包括四川省教育厅、湖南省教育厅、吉林省教育厅、广东省教育厅、福建省教育厅、山东省教育厅、辽宁省教育厅、甘肃省教育厅、广西壮族自治区教育厅、云南省教育厅、重庆市高等教育学会财经教育委员会、黑龙江省创新创业教育指导委员会、江苏省高等教育学会。

六是社会认可度大幅度提升。经过多年的努力实践，大学生人力资源管理综合能力竞赛的社会认可度得到了大幅提升，主要表现在：一是获高级别社会媒体的多方宣传；二是越来越多全国人力资源管理专业科班毕业生的简历中，可见该赛事获奖经历的表述；三是越来越多的社会企业找到主办方、技术支持单位，开展战略合作，表达了对赛事的高度重视和认可。

1.4　企业人力资源管理综合技能训练系统——人力资源管理智能仿真与竞赛对抗平台

运行环境要求和相关设置

人力资源管理智能仿真与竞赛对抗平台是人力资源管理知识技能竞赛软件平台，采用分组对抗与模拟实战的方式，模拟真实的经营环境，让学习者运用所学的人力资源管理专业知识，依据市场环境与竞争对手的变化制定人力资源管理战略和方案，实施人才的选、育、用、留等一系列活动，实现人力资源的合理配置。人力资源管理智能仿真与竞赛对抗平台通过竞争对抗的模式，将复杂、抽象、枯燥的人力资源管理知识变得趣味化、生动化、形象化，将人力资源规划、工作分析中心、招聘与甄选中心、培训与开发中心、绩效管理中心、薪酬管理中心、员工关系管理中心等人力资源模块融合在对抗演练过程中，可以全方位考查和促进学生对人力资源管理知识的理解与运用。

系统采用 ASP.NET（C#）语言开发，分层结构开发模式，系统后台数据设置灵活，教师可以根据需要设置各种模拟实验参数，以改变不同环境下的模拟要求。系统内置当前典型的行业环境类型，进行人员招聘、培训、产品的选择，以及销售产品的模拟和演练，数据量丰富。

CHAPTER 2

第 2 章 企业人力资源管理综合技能训练——人力资源管理智能仿真与竞赛对抗流程

2.1 组建团队

2.1.1 团队的组建

企业人力资源管理综合技能训练将基础背景设定为一家生产技术成熟、但资金有限、以人力资源为主动力推进企业成长发展的生产销售型企业。在人力资源管理智能仿真与竞赛对抗运营开始前，教师可根据学生情况进行分组或学生自由分组组建人力资源管理智能仿真与竞赛对抗运营团队，团队成员分别扮演总经理、人力资源经理、招聘甄选主管、培训开发主管、绩效考评主管、薪酬福利主管六个角色。

组织结构图

运营对抗过程中，需要团队成员之间的通力协作，履行好各自的岗位职责，确保团队共同目标的实现。团队成员控制在 4 ～ 6 人，每个成员至少担任一个角色，每个角色都有贴近现实岗位的能力要求和工作任务。

为了让学生体验各个角色在实训中的重要性，实际团队组建及角色确定可以根据成员具体情况作相应调整。在多轮运营对抗中，团队成员角色可以通过轮换的方式，让每位团队成员体验到不同的岗位角色，从而强化人力资源管理各模块职能，深化全面思考问题、学会换位思考，运用团队合作及战略思维等育人元素。

2.1.2 确定团队成员角色

人力资源管理智能仿真与竞赛对抗平台的主要功能对人力资源规划、工作分析、招聘与甄选、培训与开发、绩效管理、薪酬管理、员工关系管理等核心内容进行智能仿真及模拟演练，科学合理地分配角色对于运营结果具有重要影响。在团队成员集体选出团队队长后，团队队长根据团队成员的个性特点和专业所长为每位成员确定岗位角色。每位成员至少担任一个角色，每

团队角色及主要工作任务

个角色都有贴近现实岗位的能力要求和工作任务。总经理、人力资源经理、招聘甄选主管、培训开发主管、绩效考评主管、薪酬福利主管分别承担主要工作任务。

2.1.3　团队口号及形象展示

团队成员商议确定好团队名称和团队口号。团队名称是团队的真实写照，是团队成员的真实情感和团队的共同愿景、价值观、使命以及战略目标的集中体现。一个独特的团队名称不仅便于识别与区分，还能体现团队的正能量，带给成员前进的动力。所以团队名称要结合自身业务特点和团队性质、团队成员的特点来确定，并且能够充分体现团队精神。

团队成员讨论并设计富有鼓动性和激情的团队口号以及富有创意的形象展示方式，能够提升运营团队的整体士气和团队成员的积极性，增强团队的凝聚力和战斗力，能让团队精神得到淋漓尽致的流露。该教学过程建议教学时间控制在 25 分钟左右。

2.2　领会规则

授课前教师提醒学生课前做好运营规则的预习工作，然后在学生课前预习的基础上详细讲解运营规则，帮助学生更快、更深层次地掌握实训平台的运营内容，最后在运营前，组织学生组成若干为实现公司目标而努力的经营团队。

作为企业人力资源管理综合技能训练中的核心部分，人力资源管理智能仿真与竞赛对抗环节包含较多的逻辑关系以及繁多的人力资源专业概念。为了避免上课时出现教师讲、学生听的“填鸭式”低效率教学，建议教师在教学开始前以纸质课件或电子版本的方式向学生提供运营规则。同时提醒学生至少花一小时的时间阅读并熟悉运营规则，当出现无法理解的某个点或某些方面时，学生应做好笔记。

学习人力资源管理智能仿真与竞赛对抗平台的规则是每个学生掌握综合技能训练平台的重要前提，通过解读规则，学生才能了解其基本框架及内在逻辑，真正熟练操作实训平台。因此，在运营前教师应讲解人力资源管理智能仿真与竞赛对抗平台运营规则（详见本章）。运营规则讲解时间控制在 1 课时左右。当学生基本了解规则之后，教师以提问的形式（也可以组织团队成员相互提问），了解学生在学习过程中的疑惑或困难，并帮助学生梳理基本工资区间设置、人员招聘、薪酬结构设计、薪酬核算、人员培训、生产运营等重要规则。

2.3　运营规律

人力资源管理智能仿真与竞赛对抗平台通过竞争对抗的模式将人力资源规划、工作分析、招聘与甄选、培训与开发、绩效管理、薪酬管理、员工关系管理等人力资源模块融合在对抗演练过程中，使复杂、抽象、枯燥的人力资源管理知识变得趣味化、生动化、形象化，以达到全方位考查和培养学生对人力资源管理知识的理解与运用。

人力资源管理智能仿真与竞赛对抗平台采用分组对抗与模拟实战的方式，模拟真实的经营环境。学生根据提供的背景资料，运用所学的人力资源管理专业知识，依据市场环境与竞争对手的变化制定人力资源管理战略和方案，实施人才的选、育、用、留等一系列活动，实现人力资源的合理配置，最后系统根据运营情况自动得出排名。

人力资源管理智能仿真与竞赛对抗平台模拟企业人力资源管理人员核心工作职能，包括人力资源规划、工作分析、招聘与甄选、培训与开发、绩效管理、薪酬管理、员工关系管理和产品中心八大内容。平台具体操作包括人力资源规划、经费申请、工作分析、基本工资设定、薪酬设计、绩效指标选择、招聘、挖人、培训、薪酬核算、产品生产、产品研发、产品销售、清仓等。

2.4 熟悉流程

学生刚接触实训活动时，不了解运营对抗内容和操作流程。在运用人力资源管理智能仿真与竞赛对抗平台进行企业人力资源管理综合技能训练时，建议教师带领，指导学生先进行至少一年[①]的对抗运营操作练习，讲解运营对抗过程中的注意事项，进一步熟悉巩固运营规则以及点评分析学生的运营情况。实训之初教师可选择较为宽松的模板，以降低实训的难度。建议教师先以PPT讲授的方式向学生介绍平台运营期的操作步骤，使学生对平台的整体框架有一个初步的认识。

经营流程 PPT

2.4.1 练习操作引导年运营

人力资源管理智能仿真与竞赛对抗平台将人力资源管理的六大模块的专业知识融合在一起，接近企业实际的人力资源管理。该实训平台对于从未接触过的学生而言，具有一定的复杂性和困难度。为了让学生能够熟练掌握操作流程、操作内容以及内在意义，教师可选择在引导年运营练习时带领学生按步骤进行操作。

1. 年初经营

教师带领学生在平台右侧操作栏中找到并单击“当年开始”按钮，正式进入引导年运营。根据箭头指向单击会议室桌面上的“设备”，依次填写人力资源战略规划、人力资源供需预测、费用预算、培训晋升计划等内容。

引导年主要数据表格举例

引导年公司员工主要从外部招聘引进，结合实战背景材料的分析结果和计划产量确定预招聘人员。费用预算是指预算人力资源总经费和非人力资源经费。人力资源总经费包括员工招聘费用、培训费用、薪酬福利费用、培训开发费用等主要人力资源费用和薪酬调查费用、经济补偿金、劳动争议处理费用，以及经费申请不当所造成的经费损失等其他人力资源经费。非人力资源经费包括囤货管理费用、综合运营费用、产品研发和生产成本等费用。在进行费用预算时，要考虑各种情况，使经费预

① 教材中涉及模拟运营的“年”特指实训平台上的虚拟年。

算在可接受范围内。

根据公司人员发展规划制订培训晋升计划。

年初，根据箭头指向单击“人力资源经理办公室”，再单击“人力资源经费申请”，根据费用预算的金额向总经理申请人力资源经费。

单击人力资源经理办公室的“工作分析”按钮，填写基本工资区间。

根据箭头指向单击“薪酬办公室”，再单击“薪酬设计”按钮，选择津贴和福利。根据箭头指向单击“薪酬办公室”的“基本工资设定”按钮，根据之前设置的区间确定各类各等级人员的基本工资。

根据全年的战略确定总经理、人力资源经理、招聘甄选主管、培训开发主管、绩效考评主管、薪酬福利主管的绩效考核指标和各项指标比重。根据箭头指向单击绩效办公室，再单击绩效指标按钮，依次选择各个管理人员的绩效指标。

2. 第一期运营

（1）员工招聘

员工招聘是人力资源管理智能仿真与竞赛对抗平台的重要步骤之一，共有三个环节，分别为：本公司提交招聘申请、等待市场上其他公司提交招聘申请和开始招聘。

第一期操作视频

根据箭头指向单击“招聘办公室”，然后单击“招聘”按钮，根据招聘计划依次将人员加入备选库，最后提交招聘申请。教师在授课时要注意提醒学生把控好招聘时间和招聘环节中的同步点。如果有学生未提交招聘申请，所有参与运营对抗的学生将一直处于等待状态。

（2）新员工入职

单击招聘办公室的“员工入职”按钮，依次与新员工签订劳动合同。

（3）培训需求分析

根据箭头指向单击“培训办公室”，再单击“培训”按钮，从公司战略、组织任务和组织资源三个角度，以及公司的实际情况和公司未来发展的规划分析员工的培训需求。

（4）新员工培训

根据步骤指示，单击“培训办公室”的“新员工培训”按钮。

（5）产品研发

根据箭头指向单击“产品部”，再单击“产品研发”，选择第一期要研发的产品。

（6）产品生产

根据箭头指向单击“生产部”，再单击“产品生产”，明确第一期产品的生产情况。

（7）薪资核算

根据箭头指向单击“薪酬办公室”，再单击“薪酬核算”，生成管理人员和员工的工资表后，审核并支付当期薪资。

3. 第二期运营

（1）产品研发

根据箭头指向单击“产品部”，再单击“产品研发”，选择第二期要研发的产品。

（2）产品生产

第二期操作视频

根据箭头指向单击“生产部”，再单击“产品生产”，明确第二期产品的生产情况。

（3）薪资核算

根据箭头指向单击“薪酬办公室”，再单击“薪酬核算”，生成管理人员和员工的工资表后，审核并支付当期薪资。

4. 第三期运营

（1）员工招聘

教师带领学生根据箭头指向单击“招聘办公室”，再单击“招聘”按钮，然后根据招聘计划、招聘情况以及研发情况依次将人员加入备选库，最后提交招聘申请。

第三期操作视频

（2）新员工入职

单击招聘办公室的“员工入职”按钮，依次与新员工签订劳动合同。

（3）新员工培训

根据步骤指示，单击培训办公室的“新员工培训”按钮。

（4）产品研发

根据箭头指向单击“产品部”，再单击“产品研发”，选择第三期要研发的产品。

（5）产品生产

根据箭头指向单击“生产部”，再单击“产品生产”，明确第三期产品的生产情况。

（6）薪资核算

教师带领学生根据箭头指向单击“薪酬办公室”，再单击“薪酬核算”，生成管理人员和员工的工资表后，审核并支付当期薪资。

5. 第四期运营

（1）产品研发

根据箭头指向单击“产品部”，再单击“产品研发”。

（2）产品生产

根据箭头指向单击“生产部”，再单击“产品生产”。

第四期操作视频

（3）产品销售

根据箭头指向单击“销售部”，再单击“产品销售”，依次提交销售数量和销售单价。

在产品销售环节，只有当所有的学生依次提交完销售数量和销售单价后才可知晓最终的销售结果。如果有学生未提交销售数量或者销售单价，所有参与运营对抗的学生将一直处于等待状态。因此，教师在授课时要提醒学生注意把控好时间。

（4）企业文化培训

教师带领学生根据箭头指向单击“培训办公室部”，再单击“企业文化培训”，企业文化培训可以降低员工的流失率。

（5）薪资核算

根据箭头指向单击“薪酬办公室”，再单击“薪酬核算”，生成管理人员和员工的工资表后，审核并支付当期薪资。

（6）产品清仓

根据箭头指向单击“销售部”，再单击“产品清仓”。

6. 年末经营

（1）人员流失

根据箭头指向单击“人力资源经理办公室”，再单击“人员流失”，查看并确定流失人员。

（2）绩效考核

根据箭头指向单击“绩效办公室”，再单击“绩效考核”，依次查看并确定各个管理人员年末绩效考核的分数。

（3）当年结束

教师带领学生单击右侧操作栏“当年结束”按钮，支付应交所得税、综合运营费、经营损失等年末扣费。

（4）市场排名

教师带领学生单击右侧操作栏“当年排名”按钮，查看引导年的排名情况，可组织团队学员进行分析讨论，总结经验教训。

2.4.2 六年运营对抗

教师指导学生完成引导年的运营操作后，建议花 8 ～ 12 课时让学生在课堂上进行模拟对抗练习，促使学生更快地掌握实训平台，从而加快学生对专业知识的学习和吸收，提高专业技能。六年运营对抗期间，教师作为主持者要注意把控好每个环节的时间节奏，同时引导学生在每一年（期）结束时及时进行团队交流讨论，适时对运营情况进行点评。在六年运营对抗模拟期间，教师要关注学生的参与程度并适时给予激励引导，针对学生在模拟过程中存在的问题，及时给予纠正和示范。同时在每年对抗运营结束后，教师可以引导学生总结运营对抗情况，分析团队运营经验和教训，针对团队存在的问题提出改进建议。

运营对抗建议时间控制点

第一年运营结束后，教师就薪酬结构、人力资源经费使用、招聘、净利润、排名等情况进行点评。例如，教师可点评典型团队的经费使用情况，分析该如何合理规划人力资源资金结构，从而为企业的良性发展添加助力；或从排名入手，点评当年排名靠前的几个团队，分析他们排名靠前的原因，或者激励当年运营情况不理想的团队，组织团队成员商讨建设性对策。第一年运营结束后，注意简要说明第二年挖人、薪酬调查等操作点的注意事项或者其他操作要求。

运营二至三年后，各团队的模拟企业已相对较成熟，企业生产规模、人员规模相比第一年有了较大发展，也有了一定程度的资金积累。在第二年或第三年运营结束后，教师可引导学生就模拟企业的研发情况、生产结构、销售情况等进行分析点评，引导学生分析思考哪些因素会导致运营对抗结果的差异。若当年有公司破产或者申请注资，教师可从该团队整体运营情况入手，点评破产或注资的原因，提醒其他团队提高警惕。

运营四至五年后，各个团队的竞争愈发激烈。第四年问世的 P4 产品（高端产品）研发周期长，成本高，但相对其他产品，P4 产品的销售价格更高。第四、第五年后可重点关注有无团队成功生产 P4 产品，教师可引导学生思考是否生产 P4 产品后团队的运营对抗就会有明显优势等现实情况。

第六年是运营对抗的最后一年，也是各个团队转败为赢或远远甩开竞争对手的关键一年。当第六年评分出来后，教师要鼓励成绩不理想的团队，可以一起回顾六年来各个团队的排名和评分变化、团队各主要管理人员的人员价值变化等运营对抗数据汇总比较。最后，对六年的模拟对抗做一个简要的总结和说明。

2.4.3 运营总结

运营总结是教学过程中的主要环节。一方面，学生通过总结让自己有更清晰的认识，更牢固地掌握学习过的内容；另一方面，教师通过学生的总结，也能够及时了解学生在实训过程中掌握的技能和感悟。因此，建议教师留出 1 课时的时间安排学生进行运营总结。

通常，实训课程的总结形式以课堂总结为主，先让学生进行团队讨论，再安排各个团队的学生进行总结分享，然后教师点评并进行扩展延伸，最后让学生在课后总结运营对抗经验和体会，上交实训总结报告。这样的形式不仅能够帮助学生理清思路，同时通过倾听其他团队的总结，也能帮助学生拓展思路，形成新的认知。

1. 团队讨论与交流

在团队讨论前，教师给学生预留一定的独立思考时间，让每个学生从自身所扮演的角色、角色参与度、成功的举措、失败的策略、遇到的问题、解决的方法、团队合作等角度进行思考，然后组织各个团队进行讨论和交流，思考在整个实训过程中各个角色发挥的作用以及六年运营的得与失。在学生交流过程中，教师要发挥组织和引导作用，组织学生进行有序的讨论，积极主动参与到学生的讨论之中，鼓励学生大胆发表自己的见解，并指导学生如何讨论，及时纠正偏离主题的讨论。

2. 团队总结与分享

待团队讨论结束后，教师组织各团队分别推选出一名成员进行总结，并将团队成员之间的讨论扩展到团队与团队之间进行交流与分享。待团队代表发言结束后，该团队接受其他团队的提问，这可充分调动学生的积极性，打开学生的思路。

3. 教师点评与总结

待团队总结完毕后，教师对各团队的总结给予充分的肯定与表扬，并指出讨论中的得与失。同时根据运营情况或存在的普遍问题提出疑问，引起学生反思。例如，“为什么第一组在第六年反超获得第一”“为什么第三组第五年薪酬成本高于第四组，但是排名却高于第四组”“为什么有这么多小组破产或者需要融资”。通过这样的形式，让学生在反思中消化知识，从而构建新的认知结构，有利于调动学生的积极性，强化学习的动机。

4. 撰写总结报告

待实训总结课程结束后，教师发布课后作业，让学生从团队成员、团队分工、角色职责、遇到的问题、解决措施、实训数据、实训心得等角度出发，总结六年的运营经验，撰写总结报告。

2.5　教学安排

企业人力资源管理综合技能训练——人力资源管理沙盘模拟课程一般设置 16、32 或 48 个课时，每次课程以 4 课时为一个单位，以 32 课时为例，分为 8 个半天完成，一般分为 5 个阶段，即“1+1+2+3+1”。

第一个阶段是 1 个半天的 4 个课时，首先用 2 课时进行课程介绍，主要包括人力资源管理沙盘模拟设计、运营规则讲解；再利用 2 个课时让学生完成团队组建、角色分配和团队形象展示。

第二阶段用 1 个半天的 4 个课时让学生进行“人力资源管理智能仿真与竞赛对抗平台”4 个周期操作视频和运营规则学习，让学生大致了解软件基本情况，建议可以安排各团队学生分别去编写、讨论各自模拟角色的相关测试题并相互提问，以深入理解掌握运营规则，有助于提高运营对抗成绩。

第三阶段安排 2 个半天共 8 个课时的人力资源管理沙盘模拟练习赛，前 3 ～ 4 个课时教师带领并指导学生完成第一年（引导年）4 个周期的运营操作，引导年结束后及时组织团队学生进行总结反思。接下来的 4 ～ 5 个课时让学生自主开始第二至三年的模拟运营练习，制定人力资源战略并进行竞争对抗，让学生熟悉人力资源管理综合技能训练运营对抗规则，教师在此期间主要充当裁判、点评指导的工作，充分调动学生积极性，让学生自主完成模拟运营并感悟运营对抗的真谛，进行针对性指导。3 年共 12 个周期的模拟练习结束后，小组完成运营练习实训总结报告，教师通过软件得分汇总各个小组的人力资源管理沙盘模拟练习赛成绩并计入实训总评成绩（建议占比 30%）。

第四阶段是 3 个半天共 12 个课时的人力资源管理沙盘模拟对抗赛，教师重新组织团队学生完成完整的六年运营对抗，完成小组对抗运营实训报告。经过前期练习赛的模拟运营及战略调整，对抗赛时各组可以制定较为成熟的运营方案进行竞争对抗，六年共 24 期的模拟对抗结束后，小组完成运营对抗实训总结报告，教师通过软件得分汇总各小组的经营业绩，对抗赛成绩计入实训总评成绩（建议占比 70%），并对各小组经营的成败因素进行分析与讲解。

第五阶段用 1 个半天共 4 个课时安排学生进行人力资源管理综合技能训练沙盘模拟成果评价、分享与总结。

上述 5 个教学阶段是针对 32 学时进行的课程教学安排，如果是 16 或 48 课时的课程设置，则适当缩减或增加第三、四阶段的练习时间，具体课时安排也可根据学生上课人数及效果进行适当调整。

课程教学安排建议

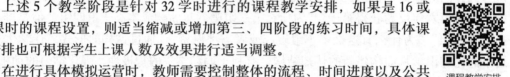

在进行具体模拟运营时，教师需要控制整体的流程、时间进度以及公共信息的下发，保证各小组的公平竞争以及各小组下一步运营策略的调整。每一年模拟运营的流程及时间节点是基本相同的，各阶段进行的时长是不等的，所进行的目的和学习内容也是不相同的。教师在控制运营流程的同时，还需要对学生进行必要的引导，启发学生思考，当学生陷入困境时提出建议，并对关键环节、核心问题等进行解析和深入教学。最后教师按照逐层递进的课程安排，引领学生进行重要知识内容的学习和回顾，通过上台分享交流的方式让各组对人力资源管理沙盘模拟运营进行总结分享，彼此交流经验并对学生给予鼓励与点评，让学生在人力资源管理综合技能训练课程中强化人力资源管理工作流程技能，全面提高学生的综合素质。人力资源管理综合技能沙盘模拟教学融合理论与实践，集角色扮演与岗位体验于一体，可以使学生在参与、体验、分享、总结中完成从知识到技能的转化，也让技能训练变得更加丰富与充满趣味。

CHAPTER 3

第 3 章 企业人力资源管理综合技能训练——人力资源管理智能仿真与竞赛对抗运营规则

3.1 公司初始状态

3.1.1 财务状态

公司初始总经费为 2500K（K 为本平台唯一的货币单位）。

3.1.2 人力资源状态

公司最初的管理人员包括总经理、人力资源经理、招聘甄选主管、培训开发主管、绩效考评主管、薪酬福利主管各一名，各管理人员均有初始价值，管理人员的个人价值通过公司的绩效考核会有增减变动。管理人员的初始价值如表 3-1 所示。

表 3-1 管理人员的初始价值

管理人员	总经理	人力资源经理	招聘甄选主管	培训开发主管	绩效考评主管	薪酬福利主管
初始价值	10	7	4	4	4	4

本平台中除管理人员以外，还包括研发人员、生产人员和销售人员三类员工，每类员工设定了 A、B、C、D 四个等级，其具备的初始价值如表 3-2 所示。

表 3-2 其他类型员工不同等级的初始价值

其他类型员工	A 级	B 级	C 级	D 级
初始价值	10	6	3	1

注：员工的个人价值可通过员工的能力提升而增加，不同部门的员工通过技能提升培训增加的能力是不同的，研发人员每增加能力 3（生产人员每增加能力 1、销售人员每增加能力 6），则员工价值增加 1。

例如，B 级研发人员的初始价值为 6，对应的 P1 的初始能力为 18，当其通过技能提升培训，P1 的能力提升为 21 时，该员工价值加 1。以此类推，当该员工 P1 的能力提升到 30 时，员工升为 A 级。

3.1.3 业务状态

研发出的产品的属性如表 3-3 所示。

表 3-3 产品属性

产品属性	低端产品	中端产品	高端产品
产品类型	P1	P2、P3	P4

3.1.4 概念解析

①本平台可运营六个年度，每年分 4 个周期进行。

② K 为本平台唯一的货币单位。

③价值指员工本身拥有的技能、知识、文化程度等内在素养的总和。其中初始价值指公司招聘录用某员工时，其本身所具备的价值和素养。

④本规则中提及的员工能力包括研发人员的能力、生产人员的能力和销售人员的能力。研发人员的能力指研发人员研发产品和技术保障的能力。生产人员的能力指生产人员可生产产品的数量。销售人员的能力指销售人员可销售产品的数量。

3.2 人力资源规划中心

公司在每年初须进行人力资源规划。各公司在申请人力资源经费前，须从企业战略出发详尽分析企业所处行业、外部市场环境等，准确预测企业未来发展所需的各类人力资源数量、质量、结构等方面的要求，结合市场供需确定企业人力资源工作策略。规划内容包括人力资源战略规划、人力资源供需预测、费用预算、培训晋升计划和调岗计划等。

人力资源经理相关测试题

3.3 工作分析中心

公司根据人力资源规划，明确各类员工和管理人员的岗位职责，形成工作说明书，并设置研发人员、生产人员、销售人员的基本工资区间，此区间将影响基本工资的设定。具体各类人员基本工资区间设置规则如下：

①各类员工基本工资下限不低于最低基本工资 3K；

②各等级员工基本工资区间的上限和下限差额不得超过 6K；

③高一级员工基本工资区间的上限不得高于低一级员工的基本工资区间的上限的 2 倍；

④低一级员工的基本工资区间的上限不得高于高一级员工的基本工资区间的下限。

⑤下一年工作分析制定的基本工资区间设置的数值不得低于上一年设置的数值。

各级各类型员工薪资设置举例如表 3-4 所示。

表 3-4　各级各类员工薪资设置举例

员工类型	员工等级			
	A 级	B 级	C 级	D 级
研发人员	22 ～ 28K	18 ～ 22K	11 ～ 17K	5 ～ 11K
生产人员	18 ～ 20K	11 ～ 16K	6 ～ 10K	3 ～ 6K
销售人员	15 ～ 21K	11 ～ 15K	6 ～ 10K	3 ～ 5K

3.4　招聘与甄选中心

3.4.1　招聘渠道

招聘甄选测试题

公司可在每年的第一、第三周期进行招聘。各公司根据人力资源规划中的人力资源供需预测，制订招聘计划，确定员工岗位（即产品类型），且在员工入职后执行。

各公司招聘员工可选择不同的招聘渠道，不同的招聘渠道收费的标准不同，所获取的员工数量、员工种类、员工等级也不尽相同，招聘渠道种类及费用如表 3-5 所示。

表 3-5　招聘渠道的种类和费用

招聘渠道种类	招聘费用
校园招聘	3K/ 次
人才交流中心招聘	4K/ 次
Internet 平台招聘	4K/ 次
传统媒体招聘	5K/ 次
猎头招聘	3K/ 人 招聘成功后再支付该等级员工两周期的基本工资
再就业招聘	6K/ 次

注：1. 再就业招聘渠道：从公司运营的第二年开始出现，是流失人员未被市场淘汰而回流入市场的招聘渠道，只在流失后下一年度的第一周期招聘时出现。

2. 以上同一招聘渠道各等级员工的招聘费用按实际招聘情况缴纳，同一渠道招聘同一类型的同一等级员工不论人数多少，费用保持不变（猎头招聘渠道除外）。如在校园招聘渠道招聘 1 个 B 级研发人员和 1 个 C 级研发人员需缴纳 6K，在校园招聘渠道招聘 2 个 B 级研发人员只需缴纳 3K。

3.4.2　人员招聘

各公司在招聘过程中，如无其他公司竞聘同一员工，则该公司对该员工可直接招聘成功，也可放弃招聘。如果多个公司竞聘同一员工，则各公司按以下排序要求轮流招聘。

①根据总工资进行排名，排名第一的公司优先招聘；如该公司选择放弃，则排名第二的公司进行招聘，以此类推。其中，总工资 = 期基本工资 +25% 人才引进津贴 + 满额绩效工资（期）+ 岗位津贴 + 交通 / 通信 / 住房 / 高温补贴 + 工龄工资（以工龄 1 年的期工龄工资计算）。

②如参与竞聘公司设定的总工资相同，则比较基本工资，排名靠前的公司优先招聘。

③如参与竞聘公司设定的基本工资相同，则比较参与竞聘公司上年度经营排名，排名靠前的优先招聘（第一年度比较招聘申请表提交的时间，先提交的公司优先招聘）。

◎注意：

• 人才引进津贴的最高上限为员工年基本工资（四期）的 100%。

• 同一年，招聘新员工时，其基本工资必须与同等级老员工基本工资相同，但人才引进津贴可不同。

3.4.3 挖人

从第二年开始，每年第一周期，公司之间可互相挖人（挖人属于猎头招聘方式，不论是否挖人成功，凡提出挖人申请需要支付猎头招聘费用 3K/ 人），欲挖人的公司需填写挖人申请表，被挖公司每类每等级员工最多被挖走一人，处于脱产培训中的员工不能被挖，每家公司每年可向同行公司每类人员各挖一人，至多可挖三人，挖人目标公司不限。

挖人前提：公司提出挖人申请后，须先比较挖人公司给出的期基本工资，挖人公司给出的期基本工资必须高于被挖人员在原公司本年度的期基本工资的 120%，否则挖人直接失败。

挖人竞争：如有公司符合挖人资格，则按以下排序要求，由系统自动判定挖人成功与否。（排序时包括被挖公司）

①根据总工资（总工资算法详见 3.4.2）进行排名，排名第一的公司挖人成功，若排名第一的是被挖公司，则其他公司挖人失败；

②如参与挖人的竞争公司设定的总工资相同，则比较基本工资；

③如参与挖人的竞争公司设定的基本工资相同，则比较参与挖人竞争的公司上年度经营排名。

挖人费用：挖人成功后，挖人公司应支付本公司该等级员工两周期的基本工资给猎头公司作为猎头费用。挖人成功后，被挖员工应保持原公司的定岗、能力和价值。

3.4.4 员工入职

公司每年在招聘工作完成后，如有新员工入职，需对员工办理入职手续，签订劳动合同。（详见 3.8 员工关系管理中心）

3.5 培训与开发中心

3.5.1 培训需求分析

各公司每年须进行一次培训需求分析，以确定员工是否需要培训和培训的内容与方法。培训主要从公司战略、组织任务和组织资源三个角度分析，其中组织任务又可以从人员招聘计划、研发计划、生产计划、销售计划具体分析；组织资源又需要考虑企业资金和人员情况。从不同角度分析可能会得

培训开发测试题

出不同甚至相互矛盾的培训需求，因此需结合公司的实际情况和公司未来发展的规划综合分析，得出最终的培训需求分析结论。

3.5.2 人员培训

各公司结合年初人力资源规划中的培训计划和每年的培训需求分析，制定培训实施方案，针对不同的员工，进行相应的培训，并支付培训费用。具体的培训种类、费用、培训要求和培训效果如表 3-6 所示。

表 3-6　培训方案

培训种类	费用	培训要求和培训效果
新员工培训	1K/ 人	上岗的先决条件，当期新招员工必须进行新员工培训
技能提升培训	在岗培训（2K/ 期）	员工每经过连续四周期的在岗培训，员工所有岗位的能力增加。员工在岗培训期间保持原有能力。 不同员工通过在岗培训（每四期）培训增加的能力如下：研发人员 +3、生产人员 +1、销售人员 +6
	脱产培训（3K/ 期）	员工每经过连续两周期的脱产培训，员工所有岗位的能力增加。处于脱产培训期间员工不能研发、生产和销售；D 级员工不能进行脱产培训。脱产培训中的员工不能被挖走。 不同员工通过脱产培训（每二期）增加的能力如下：研发人员 +3、生产人员 +1、销售人员 +6
岗位轮换培训	转岗到 P1 的培训费用为 1K/ 次 转岗到 P2 的培训费用为 3K/ 次 转岗到 P3 的培训费用为 5K/ 次 转岗到 P4 的培训费用为 7K/ 次	经过岗位轮换培训可以研发（生产 / 销售）另一种产品。 转回定岗过的岗位，无须支付转岗费用，但是仍需经一周期才可以研发（生产 / 销售）原岗位的产品。 经过岗位轮换培训不会影响该员工的能力
企业文化培训	每增加 1K 的人均企业文化培训费用，可降低 3% 的员工流失率。最高可降低 10%	公司每年第四周期可以进行企业文化培训，以增加员工忠诚度，降低员工流失率

注：1. 新入职员工当期不能进行岗位轮换培训和技能提升培训；

2. 员工经过技能提升培训后所定岗能力达到上一级员工的初始能力，则员工升级，升级后至少经过一个周期，方可再进行该员工技能提升培训，员工升级后按照新等级员工的工资标准执行；

3. 员工脱产培训过程中的薪酬按基本工资 + 企业承担法定福利 + 工龄工资支付；

4. 脱产培训限额：公司员工脱产培训的人数最高为公司同类同等级员工人数的 50%。

5. 脱产培训的服务期为两年，通过技能提升培训实现员工等级提升后，未满两年员工自动流失，需支付给公司培训违约金。

$$\text{培训违约金}=(\text{脱产培训期间的基本工资总和}+\text{脱产培训的投入})\times\frac{8-\text{培训后工作时间(期)}}{8}$$

6. 在岗培训中不能同时进行岗位轮换培训；脱产培训中可以同时进行岗位轮换培训。

7. 技能提升培训时需要经过连续培训才能达到能力提升的效果，一旦中断，将不能累计其培训效果。如在第二年第一周期至第三周期连续对一名 D 级生产人员进行在岗培训，如在第四周期继续对其进行在岗培训，该名生产人员的能力在下一周期将会提升；但是如在第四周期没有对其进行在岗培训，而是在下一年度第一周期对其进行在岗培训，则该生产人员前三周期的在岗培训效果不能累计。

3.6 绩效管理中心

在每年初，各公司需在绩效考核指标库中选择相应指标形成绩效考核表，其中每一考核大类中至少选一项，并设定各项指标的权重，每位管理人员指标权重之和需等于 100%。每年末进行考核，考核评分由系统自动计算。每项绩效考核指标评分最高为 100 分，最低为 50 分。（第一年不能选择增长类指标）

绩效考核测试题

3.6.1 绩效考核指标库

1. 总经理考核

总经理绩效考核如表 3-7 所示。

表 3-7　总经理绩效考核

绩效考核大类	绩效考核指标	指标含义	考核标准
企业净利润	净利润	当年净利润 / 市场本年平均净利润（本年所有企业的净利润总和 / 企业数）	公司当年净利润高于市场本年平均净利润 100%，得 80 分；在此基础上，每高 10%，加 5 分；每低 10%，减 5 分。 当市场本年平均净利润为负，公司当年净利润为正时，得 100 分
	净利润增长率	（本年净利润—上年净利润）/ 上年净利润 ×100%	净利润增长率≥ 50%, 得 80 分；在此基础上，每高 10%，加 5 分；每低 10%，扣 5 分。 当上年净利润为 0 时，本年净利润为 0，得 50 分；本年净利润≥ 0，得 100 分
销售情况	产品销量	当年产品销量 / 市场本年平均销量（本年所有企业的销量总和 / 企业数）×100%	公司当年销量高于市场本年平均销量的 120%，得 80 分；在此基础上，每高 10%，加 5 分；每低 10%，扣 5 分
	销售额	当年产品销售额 / 市场本年平均销售额（本年所有企业的销售总和 / 企业数）×100%	公司当年销售额高于市场本年平均销售额的 120%，得 80 分；在此基础上，每高 10%，加 5 分；每低 10%，扣 5 分
	销售计划准确率	$\sum_{i=1}^{n}\left(\frac{各产品实际销量}{各产品计划销量}\right)\div n$	当销售计划准确率为 100% 时，得 100 分；在此基础上，每高或每低 10%，扣 5 分。 当所有产品实际销量和计划销量都为 0 时，得 100 分；只有所有产品计划销量为 0 时，得 50 分

续表

绩效考核大类	绩效考核指标	指标含义	考核标准
产品获利	产品利润	当年产品利润（产品利润 = 销售收入 − 产品成本 − 研发费用 − 员工工资）/ 市场产品平均利润（本年所有企业的产品利润总和 / 企业数）	公司当年产品利润高于市场平均产品利润的 120%，得 80 分；在此基础上，每高 10%，加 5 分；每低 10%，扣 5 分
	产品利润增长率	产品利润增长率 =（本年产品利润 − 上年产品利润）/ 上年产品利润 ×100%	产品利润增长率≥ 30%，得 80 分；在此基础上，每高 10%，加 5 分；每低 10%，扣 5 分。 当上年产品利润为 0 时，本年产品利润为 0，得 50 分；本年产品利润≥ 0，得 100 分
生产情况	生产计划准确率	$\sum_{i=1}^{n}\left(\frac{\text{各产品实际产量}}{\text{各产品计划产量}}\right)\div n$	当生产计划准确率为 100% 时，得 100 分；在此基础上，每低或每高 10%，扣 5 分。 当所有产品实际产量和计划产量都为 0 时，得 100 分；只有所有产品计划产量为 0 时，得 50 分

2. 人力资源经理考核

人力资源经理绩效考核如表 3-8 所示。

表 3-8　人力资源经理绩效考核

绩效考核大类	绩效考核指标	指标含义	考核标准
人力资源规划	人力资源规划方案提交及时率	本年度人力资源规划方案提交的时间	各公司提交时间排名，最早的 20%，得 100 分，最迟的 20%，得 60 分，其余为 80 分（排名四舍五入）
人力资源成本	人力资源成本	人力资源成本（薪酬调查费用 + 招聘费用 + 培训费用 + 经济补偿金 + 劳动争议处理费用 + 薪酬总额 + 经费损失）/ 市场平均人力资源成本（本年所有企业的人力资源成本总和 / 企业数）×100%	人力资源成本低于市场平均人力资源成本的 90%，得 80 分；在此基础上，每低 10%，加 5 分；每高 10%，扣 5 分
	人力资源成本增长率	（当年人力资源成本 − 上年人力资源成本）/ 上年人力资源成本 ×100%	当人力资源成本增长率≤ 30% 时，得 100 分；在此基础上，每高 10%，扣 5 分
	人力资源成本预算准确率	实际人力资源成本 / 计划人力资源成本 ×100%	人力资源成本预算准确率为 100%，得 100 分；在此基础上，每低或每高 10%，扣 5 分
	人均人力资源成本	人均人力资源成本（企业人力资源成本总和 / 企业内员工总人数）/ 市场人均人力资源成本（本年所有企业的人均人力资源成本总和 / 企业数）	人均人力资源成本低于市场平均人均人力资源成本的 90%，得 80 分；在此基础上，每低 10%，加 5 分；每高 10%，扣 5 分

绩效考核大类	绩效考核指标	指标含义	考核标准
人力资源成本	人均人力资源成本增长率	（当年人均人力资源成本－上年人均人力资源成本）/ 上年人均人力资源成本×100%	当人均人力资源成本增长率≤10% 时，得 100 分；在此基础上，每高 10%，扣 5 分
员工流失	员工流失率	（人员流失数量 / 总人数）/（市场人员流失总量 / 市场总人数）	企业人员流失率低于市场平均人员流失率的 90%，得 80 分；在此基础上，每低 10%，加 5 分；每高 10%，扣 5 分
	员工流失增长率	（本年员工流失率－上年员工流失率）/ 上年员工流失率 ×100%	当员工流失增长率≤10% 时，得 100 分；在此基础上，每高 10%，扣 5 分。 当本年员工流失率和上年员工流失率都为 0 时，得 100 分；只有上年员工流失率为 0 时，得 50 分
劳动关系	劳动争议发生次数	本年劳动争议发生的次数	劳动争议发生次数为 0，得 100 分，在此基础上，每增加 1 次，扣 5 分
经费申请损失	经费申请不当产生的损失	（超额损失 + 紧急经费申请损失 + 经费回账损失）/ 市场平均损失额（本年所有企业的经费损失总和 / 企业数）	损失额低于市场平均损失额的 90%，得 80 分；在此基础上，每低 10%，加 5 分；每高 10%，扣 5 分。 当市场上所有企业三项损失都为 0 时，得 100 分

3. 招聘甄选主管考核

招聘甄选主管考核如表 3-9 所示。

表 3-9　招聘甄选主管绩效考核

绩效考核大类	绩效考核指标	指标含义	考核标准
招聘费用	人均招聘成本	人均招聘费用（所有招聘渠道费用 / 招聘到的人数）/ 市场人均招聘费用（本年所有企业的招聘费用总和 / 所有企业招聘到的人数）	人均招聘费用低于市场人均平均招聘费用的 80%，得 80 分；在此基础上，每低 10%，加 5 分；每高 10%，扣 5 分
	招聘费用增长率	本年招聘费用 / 上年招聘费用 ×100%	招聘费用低于上年企业招聘费用的 80%，得 80 分；在此基础上，每低 10%，加 5 分；每高 10%，扣 5 分。 当本年招聘费用和上年招聘费用都为 0 时，得 50 分；只有上年招聘费用为 0 时，得 100 分
	招聘费用准确率	实际招聘费用 / 计划招聘费用 ×100%	招聘费用控制在 100% 时，得 100 分，在此基础上，每高 10% 或每低 10%，扣 5 分。 当实际招聘费用和计划招聘费用都为 0 时，得 100 分；只有计划招聘费用为 0 时，得 50 分

续表

绩效考核大类	绩效考核指标	指标含义	考核标准
招聘计划	招聘计划准确率	实际招聘总人数 / 计划招聘总人数 ×100%	招聘计划准确率为 100%，得 100 分；在此基础上，每高或每低 10%，扣 5 分。 当实际招聘总人数和计划招聘总人数都为 0 时，得 100 分；当只有计划招聘总人数为 0 时，得 50 分
招聘评估	招聘人员流失率	当年入职人员流失数量 / 当年新入职人员总数	当招聘人员流失率为 0 时，得 100 分，每高 10%，扣 5 分

4. 培训开发主管考核

培训开发主管绩效考核如表 3-10 所示。

表 3-10　培训开发主管绩效考核

绩效考核大类	绩效考核指标	指标含义	考核标准
培训费用	人均培训费用	实际发生人均培训费用（总培训费用 / 参与培训总人数）/ 市场本年度人均培训费用	当年实际发生人均培训费用高于市场本年度人均培训费用的 120%，得 80 分；在此基础上，每高 10%，加 5 分；每低 10%，减 5 分
	培训费用准确率	实际培训费用 / 计划培训费用	当培训费用准确率为 100% 时，得 100 分；在此基础上每高 10% 或每低 10%，扣 5 分。 当实际培训费用和计划培训费用都为 0 时，得 100 分；当只有计划培训费用为 0 时，得 50 分
培训计划	技能提升培训计划准确率	实际技能提升培训总人数 / 计划技能提升培训总人数	培训计划准确率为 100%，得 100 分，在此基础上，每高或每低 10%，扣 5 分。 当实际技能培训总人数和计划技能培训总人数都为 0 时，得 100 分；只有计划培训总人数为 0 时，得 50 分
能力提升	培训能力提升	能力提升次数 / 市场平均能力提升次数	当能力的提升次数高于市场平均值 120% 时，得 80 分；在此基础上，每高 5%，加 5 分；每低 5%，扣 5 分。 当市场平均能力提升 0 次，得 70 分
	人员晋升数量	实际人员晋升数量（公司内所有员工一年内等级晋升总人数）/ 市场平均人员晋升数量	当年实际人员晋升价值高于市场本年平均晋升价值的 120%，得 80 分；在此基础上，每高 5%，加 5 分；每低 5%，扣 5 分。 当市场平均人员晋升 0 次，得 70 分
培训数量	培训人次	本年实际培训人次 / 市场本年平均培训人次	本年实际培训人次高于市场本年平均培训人次的 120%，得 80 分；在此基础上，每高 5%，加 5 分，每低 5%，扣 5 分
	培训人次增长率	（本年培训人次－上年培训人次）/ 上年培训人次 ×100%	当培训人次增长率≥ 20% 时，得 80 分；在此基础上，每高 10%，加 5 分；每低 10%，扣 5 分。 当本年培训人次和上年培训人次都为 0 时，得 50 分；只有上年培训人次为 0 时，得 100 分

5. 绩效考评主管考核

绩效考评主管绩效考核如表 3-11 所示。

表 3-11 绩效考评主管绩效考核

绩效考核大类	绩效考核指标	指标含义	考核标准
价值增量	管理人员价值增量	管理人员价值增量（公司所有管理人员一年内价值提高的总量）/ 市场平均管理人员价值增量（市场所有管理人员价值提升总量 / 企业数）	管理人员价值增量是市场平均的 100%，得 80 分；在此基础上，每高 10%，加 5 分，每低 10%，扣 5 分。 当市场平均管理人员价值增量为 0 时，得 80 分
	员工价值增量	员工价值增量（公司所有员工一年内价值提高的总量）/ 市场平均员工价值增量（市场所有员工价值提升总量 / 企业数）	员工价值增量是市场平均的 100%，得 80 分；在此基础上，每高 10%，加 5 分，每低 10%，扣 5 分 当市场平均员工价值增量为 0 时，得 80 分
考核指标数量	当年所选考核指标数	考核指标数量 / 市场平均考核指标数量	考核指标数量是市场考核指标数量的 100%，得 80 分；在此基础上，每高 10%，加 5 分，每低 10%，扣 5 分

6. 薪酬福利主管考核

薪酬福利主管绩效考核如表 3-12 所示。

表 3-12 薪酬福利主管绩效考核

绩效考核大类	绩效考核指标	指标含义	考核标准
人均薪酬	人均薪酬比	人均薪酬[公司本年薪酬总额 ÷（年初员工数和第一期招聘员工数 ×4+ 第三期招聘员工数 ×2+24] / 市场人均薪酬[所有公司本年薪酬总额 ÷（年初员工数和第一期招聘员工数 ×4+ 第三期招聘员工数 ×2+24× 公司数] ×100%	人均薪酬为市场人均薪酬的 100%，得 100 分；在此基础上，每低或每高 10%，扣 5 分
薪酬总额	薪酬总额占人力资源成本比	薪酬总额 / 人力资源成本 ×100%	薪酬总额占人力资源成本比为 80%，得 80 分；在此基础上，每低 5%，加 5 分；每高 5%，扣 5 分
	薪资总额预算准确率	实际总薪资 / 计划薪资 ×100%	薪资预算准确率为 100%，得 100 分，在此基础上，每高或每低 10%，扣 5 分。 当计划薪资为 0 时，得 50 分

续表

绩效考核大类	绩效考核指标	指标含义	考核标准
	当年绩效奖金占薪资比	绩效奖金（本年度发放的所有员工的绩效奖金总和）/ 薪酬总额 ×100%	绩效奖金占薪资比高于市场平均的 100%，得 80 分；在此基础上，每高 10%，加 5 分；每低 10%，扣 5 分
薪酬结构	当年人才引进津贴占薪资比	人才引进津贴 / 薪酬总额 ×100%	人才引进津贴占薪资比低于市场平均的 90%，得 80 分；在此基础上，每低 10%，加 5 分；每高 10%，扣 5 分
	薪酬结构丰富化	薪酬结构选择项目的数量 / 市场平均薪酬结构选择项目的数量	薪酬结构选择数量占市场平均选择数的 100%，得 80 分；在此基础上，每比市场平均多选一项，加 5 分，每少选一项，扣 5 分

3.6.2　管理人员价值和薪酬等级

对管理人员的绩效考核结果将会影响管理人员的薪酬等级、绩效工资和价值。管理人员的价值增减最低不得低于初始价值。管理人员的薪酬等级不得低于本岗位的最低薪酬等级，不得高于本岗位的最高薪酬等级（见表 3-13）。

表 3-13　管理人员的价值和薪酬等级

考核结果 M	$M \geqslant 85$	$65 \leqslant M < 85$	$M < 65$
管理人员价值	+2	0	−1
薪酬等级	+1	0	−1

3.7　薪酬管理中心

薪酬福利测试题

3.7.1　市场调查

1. 发布社会平均工资

从第二年开始，每年初政府发布上一年度社会平均工资。

社会平均工资 = 上一年度市场上所有企业实际支付的全部职工工资总额 / [（第一期招聘的人数 + 上年末人数）×4+ 第三期招聘的人数 ×2+ 管理人员人数 ×4× 组数]

2. 薪酬调查

从第二年开始，每年初每家企业可以购买市场基本工资报表，内含上年度各类各级员工和管理人员的市场平均基本工资，费用为 10K。薪酬报告为各公司制定当年的基本工资提供了参考。

市场基本工资报表样表如表 3-14 所示。

表 3-14　市场基本工资报表

年份	第 × 年			
各级员工平均基本工资（K/ 期）	级别	研发人员	生产人员	销售人员
	A 级			
	B 级			
	C 级			
	D 级			
管理人员平均基本工资（K/ 期）	总经理			
	人力资源经理			
	招聘甄选主管			
	培训开发主管			
	绩效考评主管			
	薪酬福利主管			

第二年开始，各公司还可以购买其他公司上一年的薪酬报告，该薪酬报告会显示所购买公司上一年度各类、各级员工的基本工资区间和管理人员的基本工资。购买费用为20K/ 次。

公司上一年的薪酬报告样表如表 3-15 所示。

表 3-15　公司上一年的薪酬报告

公司名称		公司编号	
各级员工基本工资区间	研发人员	生产人员	销售人员
上年度 A 级员工基本工资区间			
上年度 B 级员工基本工资区间			
上年度 C 级员工基本工资区间			
上年度 D 级员工基本工资区间			
总经理		人力资源经理	
招聘甄选主管		培训开发主管	
绩效考评主管		薪酬福利主管	

3.7.2　薪酬设计

1. 薪酬结构设计

本平台采用的薪酬结构为：

管理人员薪酬 = 基本工资 + 绩效奖金 + 年终奖金 + 福利 + 各类津贴和补贴

研发人员薪酬 = 基本工资 + 福利 + 各类津贴和补贴

生产人员薪酬 = 基本工资 + 绩效奖金 + 福利 + 各类津贴和补贴

销售人员薪酬 = 基本工资 + 绩效奖金 + 福利 + 各类津贴和补贴

其中：福利包括了法定福利和企业福利。法定福利包括养老保险、医疗保险、失业保险、工伤保险、生育保险、住房公积金。各类津贴和补贴包括岗位津贴、人才引进津贴、工龄工资、交通 / 通信 / 住房 / 高温补贴等。

2. 基本工资设定

各公司每年初设定员工的基本工资，基本工资须在工作说明书要求的基本工资区间内，每年第一周期可调整一次。基本工资可以下调，每次下调最低限额为上年基本工资的 80%。员工和管理人员的基本工资按等级递减，低一级员工的基本工资不得高于高一级员工的基本工资。

最低基本工资标准：公司员工最低基本工资标准为 3K/ 期。

管理人员基本工资：每个管理人员都对应三个薪酬等级，管理人员的薪酬等级是：总经理为 10 ～ 12，人力资源经理为 7 ～ 9，各类主管为 4 ～ 6。通过绩效考核，管理人员的薪酬等级会有增减（薪酬等级降到最低等级后不再下降，升到最高等级后不再上升）。管理人员基本工资设定如表 3-16 所示。

表 3-16　管理人员基本工资设定

项目	总经理			人力资源经理			各类主管		
管理人员薪酬等级	12	11	10	9	8	7	6	5	4
基本工资（年）	56K	52K	48K	44K	40K	36K	32K	28K	24K

3. 绩效奖金

生产人员的绩效奖金采用计件工资的形式，每生产一批产品支付相应的绩效奖金（见表 3-17）。

表 3-17　生产人员每生产一批产品的绩效奖金

产品种类	P1	P2	P3	P4
绩效奖金	0.2K	0.4K	0.6K	0.8K

销售人员的绩效奖金采用提成的形式，每销售一批产品支付相应的绩效奖金（见表 3-18）。

表 3-18　销售人员每销售一批产品的绩效奖金

产品种类	P1	P2	P3	P4
绩效奖金	0.4K	0.8K	1.2K	1.6K

研发人员无绩效奖金。

管理人员的绩效奖金受每一年绩效考核的影响。当每位管理人员的价值增加时，发放一期基本工资作为管理人员的绩效奖金。如果无价值增加或价值减少，则无绩效奖金。

4. 管理人员年终奖

管理人员年终奖金受公司净利润与管理人员价值的影响。具体计算方法如下：

$$各管理人员奖金 = 净利润 \times 10\% \times \frac{管理人员个人价值}{\sum_{i=1}^{n} 管理人员总价值}$$

其中，n 是管理人员人数。

5. 法定福利

法定福利是指根据国家法律法规，公司依法替员工缴纳的各项社会统筹和保险等。用员工薪资表核算个人社保的缴费基数，公司和个人缴费比例如表 3-19 所示。

表 3-19 公司和个人缴费比例

项目	养老保险	医疗保险	失业保险	工伤保险	生育保险	住房公积金
公司缴费比例	20%	8%	1.5%	0.8%	0.8%	10%
个人缴费比例	8%	2%	1%	无须缴纳	无须缴纳	10%
缴费基数	员工应付工资＜上年社会平均工资 ×60%，缴费基数＝上年社会平均工资 ×60%； 上年社会平均工资 ×60% ≤员工应付工资≤上年社会平均工资 ×300%，缴费基数＝员工应付工资； 上年社会平均工资 ×300% ＜员工应付工资，缴费基数＝上年社会平均工资 ×300% （第一年仅按员工应付工资计算）					

6. 企业福利

公司每年从净利润中计提 10% 作为企业福利，次年初计发。如果企业的净利润为零或负数，则不予计提。

7. 人才引进津贴

人才引进津贴的最高上限为员工年基本工资（四期）的 100%。

如果在薪酬结构设计中未选择人才引进津贴，则在人员招聘时不能填写人才引进津贴。

8. 工龄工资

为鼓励员工和管理人员安心在本公司工作，对本公司工龄一年以上的人员按工作年限长短给予相应的补贴，实行每满一年加 1K/ 期的工龄工资，上不封顶。

9. 岗位津贴

岗位津贴是指对于公司的研发、生产、销售人员，在工作时间内补偿该员工在其岗位上所从事工作的特殊性和技术性的津贴。岗位津贴如表 3-20 所示。

表 3-20 岗位津贴

级别	P1	P2	P3	P4
岗位津贴（期）	1K	2K	3K	4K

10. 各类补贴

补贴是指为保障职工的身体健康、提高幸福感、降低人员流失率而提供的一些工资补充形式。具体补贴费用如表 3-21 所示。

表 3-21　各类补贴的费用

项目	发放时间	员工	管理人员
交通补贴	每一期末	0.5K/（期·人）	1K/（期·人）
通信补贴	每一期末	0.5K/（期·人）	0.5K/（期·人）
住房补贴	每一期末	1K/（期·人）	2K/（期·人）
高温补贴	每年的第二期	1K/ 人	0.5K/ 人

3.7.3　薪酬发放

1. 个人所得税

工资个税（每期）的计算公式为：

应纳税额 =（应发工资 –“五险一金”– 免征额）× 适用税率 – 速算扣除数

个人所得税的免征额为 15K。个人所得税税率如表 3-22 所示。

表 3-22　个人所得税税率

级数	含税级距	税率	速算扣除数
1	0 ～ 9（含）K	3%	0K
2	9 ～ 36（含）K	10%	0.63K
3	36 ～ 75（含）K	20%	4.23K
4	75 ～ 105（含）K	25%	11.77K
5	105 ～ 165（含）K	30%	17.02K
6	165 ～ 240（含）K	35%	25.27K
7	240K 以上	45%	49.27K

2. 支付规则

各项薪酬福利皆在产生当期的期末支付。其中，管理人员的绩效奖金和年终奖以及企业福利于次年初进行计算并支付。人才引进津贴在招聘当期一次性支付。

3.8　员工关系管理中心

3.8.1　劳动合同

对于当期新入职的员工，公司必须与其签订劳动合同，确定劳动合同的期限。

3.8.2　劳动合同续签

公司需要时刻关注员工的劳动合同是否到期，劳动合同到期后，公司人力资源部门需要与员工续签合同，劳动合同到期后一个周期内，只需要补签劳动合同；如果一个周期后仍没有补签劳动合同，则会进行劳动争议处理，此时公司需要支付未续签合同期间的二倍期基本工资，并补签劳动合同。如果公司不想与员工续签合同，同样需要支付未续签期间的二倍期基本工资，同时可以选择辞退员工，并支付相应的经济补偿金。

3.8.3 员工辞退

公司每年每周期可对富余人员进行辞退。公司主动辞退员工需要支付经济补偿金，自动流失的人员则不需要支付经济补偿金。补偿金额需要由公司自己计算，如经济补偿金支付不足，则会进入劳动争议处理。经济补偿金的支付标准如表 3-23 所示。

表 3-23 经济补偿金的支付标准

员工在公司的工作年限	经济补偿金
不满 2 期	1/2 的一期基本工资
2 期以上不满 1 年	一期基本工资

注：员工的工作期限每满一年，累计增加一期基本工资作为经济补偿。

3.8.4 劳动争议处理

因未续签劳动合同或辞退员工导致劳动争议的，系统会直接判定劳动争议的处理结果，其经济补偿金在人力资源经费中扣除，并支付 3K 的劳动争议处理费用（见表 3-24）。

表 3-24 劳动争议处理

劳动争议原因	赔偿结果
合同到期一周期后没有续签合同	未续签合同期限内 2 倍的基本工资，并续签合同
经济补偿金有误	重新支付经济补偿金

3.8.5 员工流失

每年末，公司可能会有员工自动流失，具体比例如表 3-25 所示。

表 3-25 员工流失比率

x（$x=\dfrac{\text{员工平均期工资}}{\text{市场同类型同等级员工平均期工资}}$）	自动流失率
$x \geqslant 100\%$	0%
$100\%>x>50\%$	30%
$x \leqslant 50\%$	40%

处于脱产培训或者当年已支付人才引进津贴者不会流失（计入流失人员统计基数）。如有两名及以上同类型同等级的员工符合标准，则按照员工价值排序，价值高者优先流失，员工价值相同则由系统随机选择。经过企业文化培训，员工流失率会相对降低。

流失人员中按照员工价值排序，价值低的 50% 将被市场淘汰，员工价值相同则由系统随机选择淘汰人员，未被淘汰的流失人员将会进入再就业招聘渠道。

3.9　产品中心

3.9.1　生产与研发

公司各级生产人员针对不同类型产品，拥有不同的初始能力，具体各级生产人员初始产能和产品成本如表 3-26 所示。

表 3-26　各级生产人员初始产能和产品成本

员工	产品			
	P1	P2	P3	P4
A 级	10	9	6	4
B 级	6	5	2	0
C 级	3	2	0	0
D 级	1	0	0	0
单批产品成本	6K	12K	20K	35K

企业内产品的研发和研发成功之后的技术保障都需要研发人员的能力支持，具体各级研发人员的能力值和其他研发相关数据如表 3-27 所示。

表 3-27，各级研发人员的初始研发能力

产品	A 级	B 级	C 级	D 级	每期研发所需费用 /K	每期研发所需能力	单位产品所需技术保障的能力	研发周期（期）
P1	30	18	9	3	10	5	1	1
P2	27	15	6	0	10	8	2	3
P3	18	6	0	0	30	10	3	5
P4	12	0	0	0	30	12	4	7

注：1. 生产的产品必须为已研发成功的产品。

2. 在产品研发期间，员工能力达到产品研发要求之后，支付研发费用，产品即可进行研发。研发期间，研发进程可中断但不可加速。

3. 研发需要一定的周期，在达到研发周期之后，该产品即研发成功。（如第一周期有 1 名 D 级研发人员定岗 P1 产品，但因为没有达到研发所需的能力，该周期不能研发 P1 产品，当第三周期另 1 名 D 级研发人员加入 P1 产品的研发，此时公司 P1 产品达到其研发所需能力要求并可以进行产品研发，P1 产品花费一周期即可研发成功，在第四周期可以开始生产。）

4. 在产品研发成功后，企业还需要研发人员维持研发成果，以保障生产。

$$当期某产品的最大产量 = \frac{当期定岗在该产品的研发人员的总能力}{该产品的单位技术保障能力}$$

且该产量不超过当前定岗于该产品的生产人员的最大生产能力。

3.9.2　产品销售

各级销售人员的初始能力如表 3-28 所示。

表 3-28 各级销售人员的初始销售能力

员工	产品			
	P1	P2	P3	P4
A 级	60	54	36	24
B 级	36	30	12	0
C 级	18	12	0	0
D 级	6	0	0	0

注：1. 企业如果没有销售人员则不能进行产品销售。产品的销售量不得超过该销售人员的最大能力。

2. 每位销售人员只能销售其定岗的产品类型，其他销售人员只具有销售该产品的能力，但不可销售。

3. 每年第四期出售的产品，产品可以囤积到下一年度（囤积产品会产生每批 1K/ 年的管理费用）。

4. 各公司按以下顺序进行产品销售。

① 提交各类产品的销售量。

② 根据各公司出售的产品数量和市场需求量，提供市场指导价。

③ 根据市场指导价，各公司填写产品销售单价进行销售。销售单价不得高于市场指导价的 150%。市场按以下排序收购产品：根据公司报价从低到高的顺序收购；如果两家公司的报价相同，则优先选择上一年度总排名高的公司（第一年度比较报价提交时间，先提交的公司优先收购）；收购金额上限为市场需求量 × 产品参考价。

5. 年末根据各公司各类产品实际交货量与产品市场需求之间的关系公布市场指导价。市场指导价最低不得低于生产成本。

$$年末产品市场指导价格 = \left[1+\frac{全年市场需求量-全年市场交货量}{全年市场需求量}\right]\times 各类产品市场参考价$$

例如：某年，全年 P1 产品的市场需求量为 533，产品市场参考价格为 60。经营至第四周期，6 家公司交货的 P1 产品数量为 429，则年末产品市场指导价格 =[1+(533-429)/533]×60 ≈ 72。

6. 在每年末，没有成功出售产品的公司可以选择产品清仓，每类产品清仓价格计算如下所示。

① 当期有销售时：如果市场参考价 > 最低销售价，则产品清仓价格为最低销售价的 80%；如果市场参考价 < 最低销售价，则产品清仓价格为市场参考价的 80%。

② 如果有市场需求但是没有销售产品，则产品清仓价格为市场参考价的 80%。

③ 如果没有市场需求则不能清仓。

3.10 其他各类费用

3.10.1 人力资源经费

①人力资源经费申请：每年初人力资源经理根据人力资源规划向总经理申请人力资源经费，总经理从总经费中划拨人力资源经费。

②紧急人力资源经费申请：运营期间人力资源经理可随时向总经理进行紧急人力资源经费申请，但会产生一定紧急经费损失额（紧急经费损失额 = 紧急人力资源经费申请额 × 10%）。

③超额损失：年度结束，公司剩余人力资源经费若超过四周期累计支付人力资源经费的 20%，超过部分（公司当年剩余人力资源经费 −20% × 累计额）按照 15% 的比例产

生超额经费损失。

④人力资源经费回账：如公司在运营过程出现总经费资金短缺，人力资源经费较为充裕的情况，公司可对人力资源经费做回账处理，但需缴纳回账额的10%作为回账经费损失。

3.10.2 综合运营费用

公司每年末支付综合运营费用，综合运营费用=5K＋0.5K/人×人数。

3.10.3 企业所得税

企业应交所得税额＝应纳税所得额×25%

应纳税所得额＝利润总额－以前年度亏损

利润总额＝销售收入（包括清仓收入）－薪酬调查费用－研发费用－招聘费用－培训费用－薪酬总额－生产成本－囤货管理费用－综合运营费用－经费损失－劳动争议处理费用－经济补偿金＋政府补助＋服务期间流失人员违约金

薪酬总额＝企业应发工资＋企业承担的法定福利＋企业福利＋管理人员绩效奖金＋管理人员年终奖

净利润＝利润总额－企业应交所得税额

3.10.4 经费损失费用

紧急经费损失、回账经费损失从申请的额度中扣除；超额经费损失在人力资源经费中扣除。

3.11 政府行为

政府在企业经营过程中可能选择适当的年份对部分企业给予一定金额的补助，各项目最高补助为每公司50K。政府行为主要有以下几项，政策当年末计发，具体政策根据具体市场背景确定。

①支持企业做大做强。对A级员工占总人数比大于20%且总人数不低于10人的公司给予10K/年的奖励；对B级员工占总人数比大于50%且总人数不低于10人的公司，给予5K/年的奖励。

②鼓励支持应届毕业生就业。对D级员工占总人数比50%以上的公司，给予该公司新招D级员工0.5K/人的奖励。

③鼓励培养高级技术人才。对各公司自己培育的A级人才每年提供每人次15K的奖励。

④税费减免。对每年缴纳企业所得税最多的公司返还其所交企业所得税的50%作为奖励。

⑤社保返还。政府每年返还企业缴纳社保金额的50%作为奖励。

3.12 取整规则

本平台中个人所得税的计算应四舍五入并保留 2 位小数，年终奖、应付工资计算、企业福利、社会平均工资、流失人数计算、产品指导价、产品清仓价格的计算应四舍五入取整数，产量最大值计算按向下取整，其他未做详细规定的数据均向上取整。

法定福利取整：每项缴费基数 × 相应比例，计算结果应四舍五入并保留 2 位小数，再将 5 项（养老、医疗、失业、工伤和生育保险）相加。

3.13 评价标准

本平台根据以下公式计算排名，如果总评价的计算结果相等，则以时间先后顺序排名。（比赛期间其他扣分情况根据具体比赛规则确定）

总评价计算公式：

$M=\sum_{i=1}^{m}$ 价值 ×（$1+\sum_{i=1}^{n}$ 人力资本投资回报率）

其中：价值为年末企业内每个人员的自身价值；n 为经营年数，m 为公司该年度的总人数。

总经理相关测试题

$$人力资本投资回报率=\frac{净利润}{薪酬总额}\times 100\%$$

其中，薪酬总额的算法、净利润的算法详见 3.10.3。

CHAPTER 4

第 4 章 企业人力资源管理综合技能训练系统学生端操作

4.1 系统简介

平台产品介绍

人力资源管理智能仿真与竞赛对抗平台是浙江精创教育科技有限公司开发的一款人力资源管理实训产品，该产品融合了人力资源管理中的专业知识和重点内容。在相同的市场背景下，通过团队合作的形式进行分组对抗，对公司进行人力资源规划、工作分析、招聘与甄选、培训与开发、绩效管理、薪酬管理和劳动关系管理等一系列人力资源管理活动，学生在模拟竞争的过程中制订人力资源规划，进行工作分析、实施招聘策略、选择培训方案、制定薪酬标准、进行绩效考核以及规范劳动关系管理等，让学生在亲身实践中体验人力资源管理的精髓，增强人力资源实际操作能力，掌握人力资源管理技能。

人力资源管理智能仿真与竞赛对抗平台分为管理员、教师、学生三种角色子系统，每个角色在该平台操作中有不同的任务。该平台主要由管理员为教师与学生创建一种教学的氛围，教师发布相关背景资料内容和人员数据，组织学生团队进行人力资源管理综合技能训练。学生端包括人力资源规划、工作分析、招聘与甄选、培训与开发、绩效管理、薪酬管理、员工关系管理等人力资源模块，并采用分组对抗与模拟实战的方式使复杂、抽象、枯燥的人力资源管理知识变得趣味化、生动化、形象化。

本平台的用户类型分为管理员、教师、学生三级用户，基本权限如下：管理员用户具有系统数据整体备份权限，可添加和管理教师账号、设置默认背景资料，无开设课程权限；教师用户具有开设课程、添加和管理学生账号权限，可设置背景资料，可查看但无权限修改管理员上传的默认资料；学生用户具有操作本账号的权限，无管理其他账号的权限，可查看教师和管理员上传的各类资料但无修改权限。

4.2 学生端操作概述

在浏览器的地址栏中输入地址后按回车键进入人力资源管理智能仿真与竞赛对抗平台的登录界面。在登录界面中选择学生角色，输入用户名、密码，登录学生端。

性能与技术要求

登录学生端之后，可以看到，学生端界面分为左侧栏、右上角信息栏、右下角操作栏。可根据箭头指向或者通过左侧模块边栏进入各个操作界面，如图 4-1 所示。

图 4-1　学生端界面

左侧栏通过人力资源规划中心来进行人力资源战略规划的相关操作；工作分析中心可进行工作分析、制作岗位说明书等任务；招聘与甄选中心可进行人员招聘、挖人等任务；培训与开发中心可完成技能培训、转岗培训等任务；绩效管理中心的主要功能是绩效考核；薪酬福利中心可以进行薪酬调查、薪酬设计等活动；员工关系管理中心可以进行劳动合同续签、劳动争议处理等活动；产品中心主要负责产品研发、产品生产和产品销售。

学生端常规问题解决方案

右上角信息栏包括：用户名、公司名称、步骤、状态、总经费和人力资源经费等内容。通过该信息栏学生可以了解本公司生产经营情况以及当前的操作步骤。

通过右下角操作栏的时间控制进行当期、当年时间的跳转；通过紧急操作进行经费紧急申请、经费回账、申请注资和申请破产等一些紧急操作；通过其他操作可以查看案例详细资料，通过现金明细查看资金的流入和流出详情，可完善公司信息等。

4.3　学生端详细操作

4.3.1　当年开始

平台学生端简介

点击系统首页右下角操作栏“时间控制”中的“当年开始”按钮，跳出的窗口中显示上一年度的社会平均工资（第一年除外），点击“确定开始”完成该步骤，如图 4-2 和图 4-3 所示。

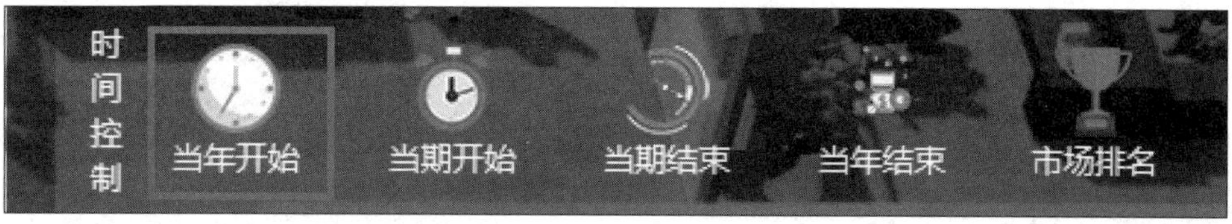

图 4-2　当年开始

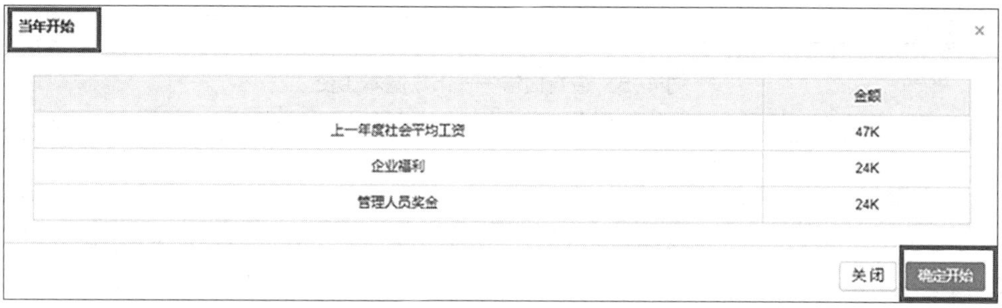

当年开始
金额
上一年度社会平均工资
47K
企业福利
24K
管理人员奖金
24K
关闭
确定开始

图 4-3　确定当年开始

4.3.2　薪酬调查

从第二年开始，每年初每家企业可以购买市场基本工资报表，也可以购买其他公司上一年的薪酬报告。在系统首页点击“薪酬办公室”进入薪酬主管办公室，点击“薪酬调查”按钮，点击“确定购买”，可以购买上一年度（第一年除外）市场基本工资报表。选择想要了解上一年度薪酬情况的公司，点击“确定购买”还可以查看该公司上一年度的薪酬报告，如图 4-4 至图 4-6 所示。

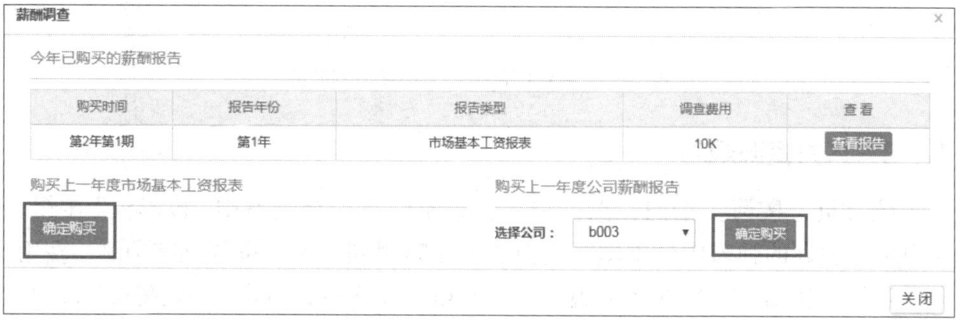

图 4-4　薪酬调查

查看报告 ×

第1年				
		研发人员	生产人员	销售人员
各级员工平均基本工资（K/期）：	A级：	18.5	17.5	16.75
	B级：	15.5	13.75	13.75
	C级：	11	9.75	9.75
	D级：	6.25	5.75	5.75
管理人员平均基本工资(K/期)：	总经理：		48	
	人力资源经理：		42	
	招聘甄选主管：		29	
	培训开发主管：		30	
	绩效考评主管：		30	
	薪酬福利主管：		28	

关闭

图 4-5　查看报告——市场基本工资

查看报告 ×

第1年			
	研发人员	生产人员	销售人员
上年度A级员工基本工资区间	[22,28]	[18,20]	[15,21]
上年度B级员工基本工资区间	[18,22]	[11,16]	[11,15]
上年度C级员工基本工资区间	[11,17]	[6,10]	[6,10]
上年度D级员工基本工资区间	[5,11]	[3,6]	[3,5]
总经理：		48	
人力资源经理：		44	
招聘甄选主管：		28	
培训开发主管：		32	
绩效考评主管：		32	
薪酬福利主管：		32	

关闭

图 4-6　查看报告——上年度薪酬报告

4.3.3　人力资源规划

在系统首页，按箭头指向，点击进入会议室，点击会议室中“投影仪”按钮，在跳出的人力资源规划的弹窗中依次填写人力资源战略规划，人力资源供需预测，费用预算、培训、晋升计划和调岗计划的相关表格，全部填写完成后，点击“确定提交”按钮，完成人力资源规划的制定，如图 4-7 至图 4-9 所示。

图 4-7　会议室

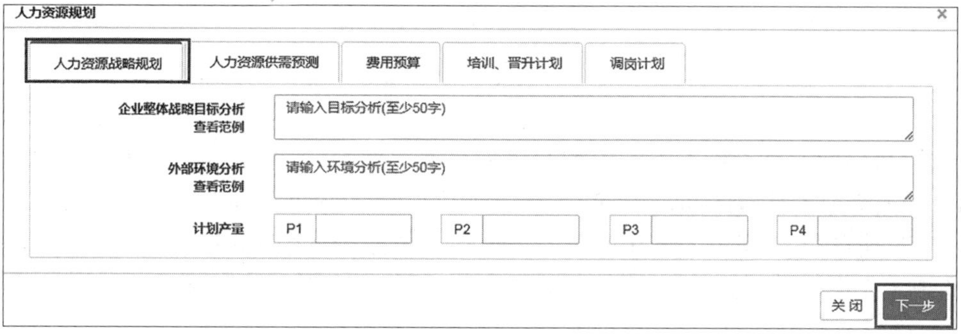

图 4-8　人力资源规划

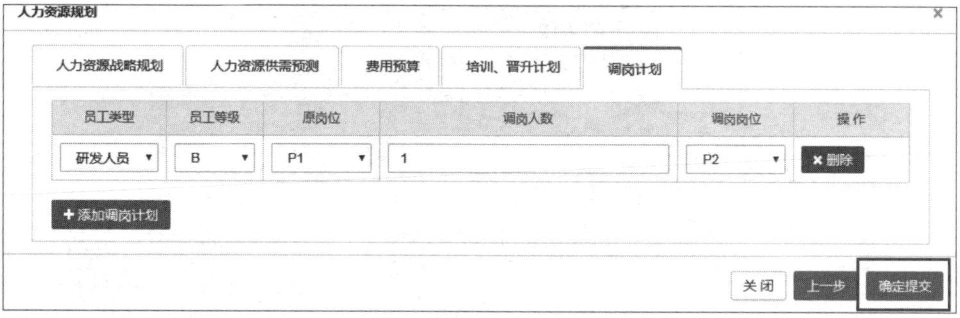

图 4-9　人力资源规划——确定与提交

4.3.4　人力资源经费申请

按箭头指向，点击进入人力资源经理办公室，点击“人力资源管理经费申请”按钮，在跳出的弹窗中输入本年度经费申请的数额，点击“确认申请”，完成当前步骤，如图 4-10 所示。

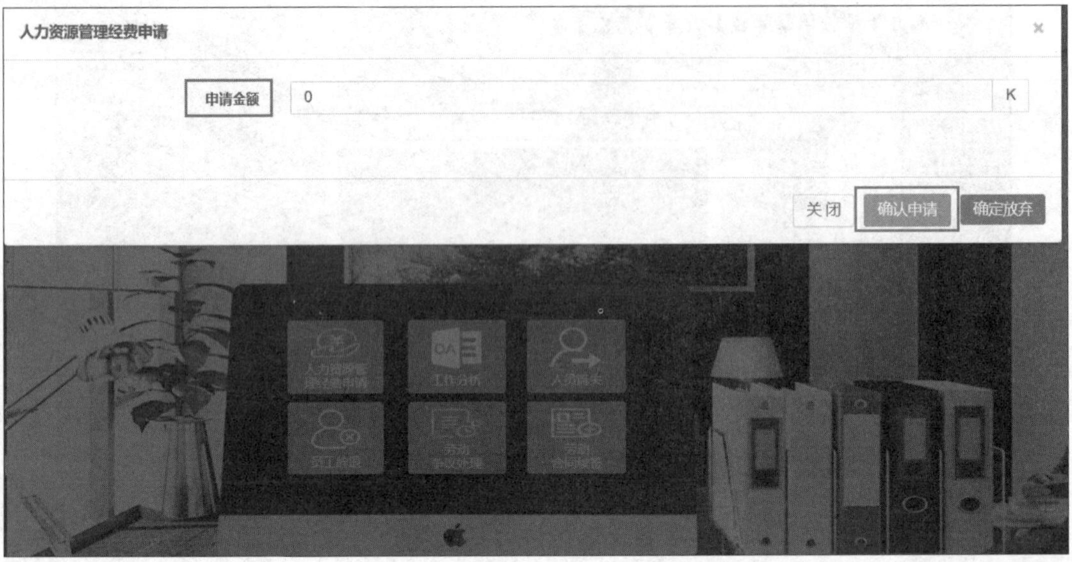

图 4-10　人力资源经费申请

4.3.5　工作分析

按箭头指向，点击进入人力资源经理办公室，点击“工作分析”按钮，在跳出的弹窗内，输入岗位的薪资区间，并选择合适的岗位职责，灰色已勾选的属于必选项，点击“下一步”，填写下一岗位的工作说明书，所有岗位的工作说明书都填写勾选完成后，点击“生成工作说明书”按钮，完成当前步骤，如图 4-11 和图 4-12 所示。

图 4-11　人力资源经理办公室

工作分析
×
研发人员
生产人员
销售人员
总经理
人力资源经理
招聘甄选主管
培训开发主管
绩效考评主管
薪酬福利主管
员工等级
A
B
C
D
基本工资区间
0 到 0
0 到 0
0 到 0
0 到 0
直属上级
总经理
所在部门
研发部
职责描述
根据公司的发展和市场需求，进行新产品开发，对公司现有品种工艺改进等。
岗位职责:
对市场进行调研服务与信息反馈工作。
搜集国内国外本行业新产品、新材料、新技术信息，并进行分析和研究。
全面负责公司的技术研发工作，并推进项目的工艺、技术进步和改造。
研发专员主要以研发企业的各类产品为主，不同等级的研发人员对不同的产品研发能力不同。
负责公司新技术引进和产品开发工作计划、实施，确保产品品种扩大。
负责制定或修改技术规程，编制工艺操作方法、机器设备及工器具的正确使用、维修和技术安全等有关的技术规定。
完成公司领导下达的其它任务。
关闭
下一步

图 4-12　工作分析

4.3.6　薪酬设计

按箭头指向，点击进入薪酬主管办公室，点击“薪酬设计”按钮，在跳出的弹窗内选择本年度需要选择的薪资福利，灰色已勾选的属于必选项，点击“确定提交”，完成当前步骤，如图 4-13 和图 4-14 所示。

图 4-13　薪酬主管办公室——薪酬设计

薪酬设计
基本工资
法定福利
个人所得税
绩效奖金
年终奖
工龄工资
岗位津贴
交通补贴
通讯补贴
住房补贴
高温补贴
人才引进津贴
管理人员
研发人员
生产人员
销售人员
关闭
确定提交

图 4-14　薪酬设计

4.3.7　基本工资设定

按箭头指向，点击进入薪酬主管办公室，点击“基本工资设定”按钮，在跳出的弹窗内制定生产、研发、销售三类员工的不同等级的本年度每期基本工资。点击“确定提交”，完成当前步骤，操作如图 4-15 和图 4-16 所示。

图 4-15　薪酬主管办公室——基本工资设定

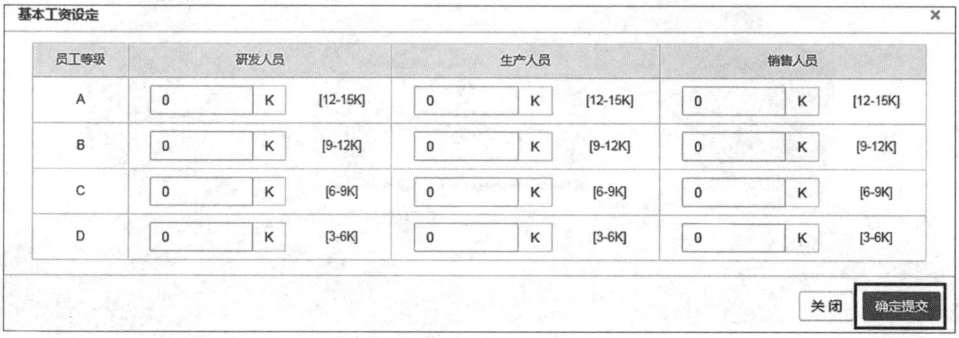

基本工资设定
员工等级
研发人员
生产人员
销售人员
A
B
C
D
0
K
[12-15K]
[9-12K]
[6-9K]
[3-6K]
关闭
确定提交

图 4-16　基本工资设定

4.3.8　绩效指标确定

按箭头指向，点击进入绩效主管办公室，点击“绩效指标确定”按钮，分别为总经理、人力资源经理和四位主管选择本年度考核的绩效指标，指标全部选择完后，点击“确定选择指标”完成指标的选择，如图 4-17 和图 4-18 所示。

图 4-17　绩效主管办公室

绩效指标确定
总经理
人力资源经理
招聘甄选主管
培训开发主管
绩效考评主管
薪酬福利主管
绩效考核大类
选择
绩效考核指标
企业净利润
净利润
净利润增长率
销售情况
产品销量
销售计划达成率
销售额达成率
产品销量增长率
产品获利
产品利润
产品利润增长率
生产情况
生产计划达成率
关闭
下一步

图 4-18　绩效指标确认

指标选择完成后，为所选择的指标设定权重，每个管理人员的各指标权重和为 100%，点击“确定选择指标”，完成当前步骤，如图 4-19 所示。

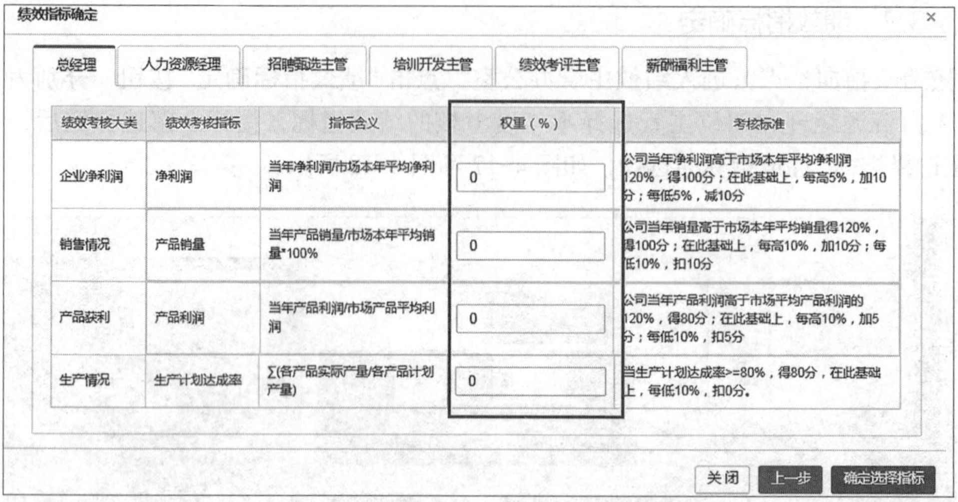

绩效考核大类	绩效考核指标	指标含义	权重（%）	考核标准
企业净利润	净利润	当年净利润/市场本年平均净利润	0	公司当年净利润高于市场本年平均净利润120%，得100分；在此基础上，每高5%，加10分；每低5%，减10分
销售情况	产品销量	当年产品销量/市场本年平均销量*100%	0	公司当年销量高于市场本年平均销量得120%，得100分；在此基础上，每高10%，加10分；每低10%，扣10分
产品获利	产品利润	当年产品利润/市场产品平均利润	0	公司当年产品利润高于市场平均产品利润的120%，得80分；在此基础上，每高10%，加5分；每低10%，扣5分
生产情况	生产计划达成率	∑(各产品实际产量/各产品计划产量)	0	当生产计划达成率>=80%，得80分，在此基础上，每低10%，扣0分。

图 4-19　确定设置权重

4.3.9　当期开始

完成上述年初准备工作后，在时间控制栏中点击“当期开始”，如图 4-20 所示。

图 4-20　当期开始

4.3.10　挖人

从第二年开始，每一年的第一期企业可以挖人。按箭头指向，点击进入招聘主管办公室，点击“挖人”按钮，勾选需要挖的员工，选择被挖员工的类型、等级、岗位和所在公司，输入人才引进津贴后，点击“确定挖人”按钮，等待所有公司都同步到这一步骤，系统根据内置规则判定挖人是否成功，并将信息展示出来，该步即完成，如图 4-21 至图 4-23 所示。

图 4-21　招聘主管办公室

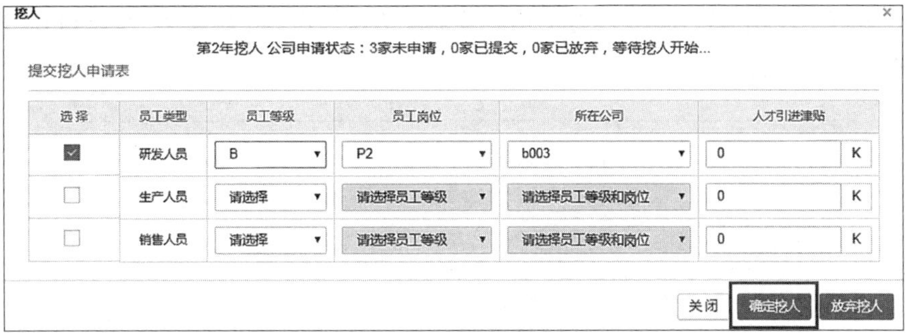

图 4-22　挖人申请

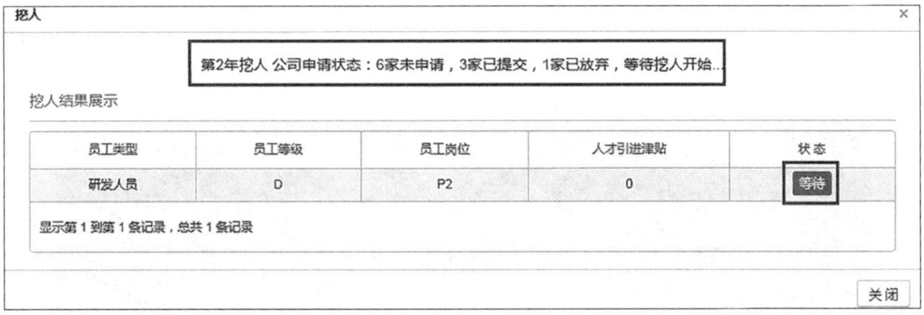

图 4-23　挖人结果

4.3.11　员工招聘

每年的第一期和第三期企业可以进行员工招聘。按箭头指向，点击进入招聘主管办公室，点击“员工招聘”按钮。勾选想要招聘的员工，选择员工时可按人员类型、人员等级和招聘渠道进行筛选。选择员工进行定岗，输入人才引进津贴（薪酬设计时，如果没有选择人才引进津贴，此时就不能输入），点击“加入备选库”按钮，如图 4-24 所示。

图 4-24　员工招聘

在“我的备选库”中可以查看需招聘的员工，可勾选不需要的员工，然后点击“移出备选库”，将人员退回，如图 4-25 所示。在确定备选库中的人员都是要招聘的人员之后，点击“确定招聘申请”按钮，提交招聘申请，然后等待所有公司一起进行招聘，如图4-25至图4-27所示。

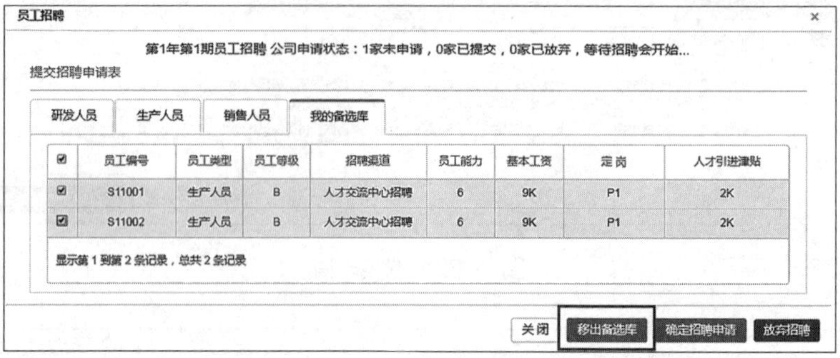

图4-25　我的备选库

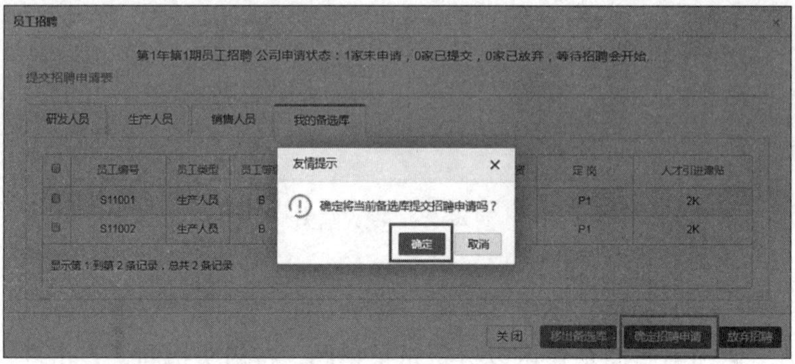

图4-26　确定招聘申请

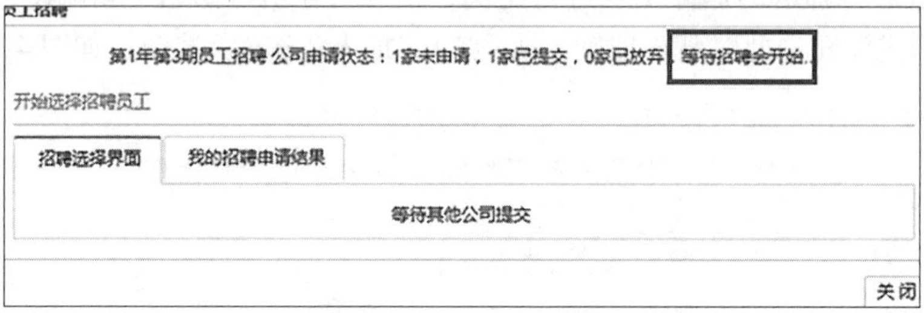

图4-27　等待招聘会开始

点击“确定招聘申请”按钮后，需等待所有公司都进行到这一步骤，方可进入招聘市场正式开始人员招聘。招聘员工时按员工类别进行招聘，首先招聘研发人员，其次是招聘生产人员，最后是招聘销售人员。招聘员工时，公司会根据员工排名轮流招聘员工，没有轮到的员工显示等待排队；公司要在规定的时间内招聘，否则招聘失败，当轮到当前公司进行招聘时，可以根据实际需求选择招聘，也可以选择放弃招聘该人员，如图4-28所示。在招聘时点击“我的招聘申请结果”，可以查看当前时间所有备选库中员工的招聘状态，如图4-29所示。当全部公司招聘完成后，界面显示员工招聘已经结束，可以查询招聘的具体情况，如图 4-30 所示。

图 4-28　开始招聘

员工招聘

第1年第3期 员工招聘正式开始

开始选择招聘员工 当前招聘：生产人员

招聘选择界面　我的招聘申请结果

员工编号	员工类型	员工等级	招聘渠道	定岗	人才引进津贴	入职公司	状态
Y13030	研发人员	B	人才交流中心招聘	P2	0K	stu001	招聘成功
Y13031	研发人员	B	人才交流中心招聘	P1	0K	-	放弃招聘
Y13032	研发人员	B	Internet 平台招聘	P1	0K	stu001	招聘成功
S13022	生产人员	B	人才交流中心招聘	P2	0K	stu001	招聘成功
S13025	生产人员	B	Internet 平台招聘	P2	0K	-	等您选择
S13026	生产人员	B	传统媒体招聘	P1	0K	-	等您选择
S13027	生产人员	C	人才交流中心招聘	P1	0K	stu001	招聘成功
S13028	生产人员	C	人才交流中心招聘	P1	0K	stu001	招聘成功
X13003	销售人员	B	人才交流中心招聘	P2	0K	-	等待排队
X13004	销售人员	B	传统媒体招聘	P1	0K	-	等待排队
X13005	销售人员	C	校园招聘	P1	0K	-	等待排队
X13006	销售人员	C	人才交流中心招聘	P2	0K	-	等待排队
X13007	销售人员	C	人才交流中心招聘	P1	0K	-	等待排队
X13008	销售人员	C	人才交流中心招聘	P1	0K	-	等待排队

显示第 1 到第 14 条记录，总共 14 条记录

关闭

图 4-29　员工招聘记录

员工招聘

第1年第1期 员工招聘已经结束

我的招聘结果

员工编号	员工类型	员工等级	招聘渠道	定岗	人才引进津贴	入职公司	状态
Y11002	研发人员	B	人才交流中心招聘	P1	0K	stu001	招聘成功
Y11003	研发人员	B	人才交流中心招聘	P1	0K	stu001	招聘成功
Y11004	研发人员	B	人才交流中心招聘	P1	0K	stu001	招聘成功
Y11005	研发人员	B	Internet 平台招聘	P2	0K	stu001	招聘成功
Y11006	研发人员	B	Internet 平台招聘	P2	0K	stu001	招聘成功
S11001	生产人员	B	人才交流中心招聘	P1	0K	stu001	招聘成功
S11002	生产人员	B	Internet 平台招聘	P1	0K	stu001	招聘成功
S11003	生产人员	C	人才交流中心招聘	P1	0K	stu001	招聘成功
S11004	生产人员	C	人才交流中心招聘	P1	0K	stu001	招聘成功

显示第 1 到第 9 条记录，总共 9 条记录

关闭

图 4-30　招聘结束

4.3.12　新员工入职

在每年的第一期和第三期招聘结束后，企业需要与新入职员工（包括挖人时入职的员工）签订劳动合同，并办理新员工入职手续。点击进入招聘主管办公室，点击“员工入职”按钮，在操作栏中，点击“签署劳动合同”按钮，完善合同内容后，点击“确定签署合同”，合同全部签订完后点击“结束新员工入职”完成当前步骤，如图 4-31 至图 4-33 所示。注意，签署劳动合同前必须先完善公司的信息。

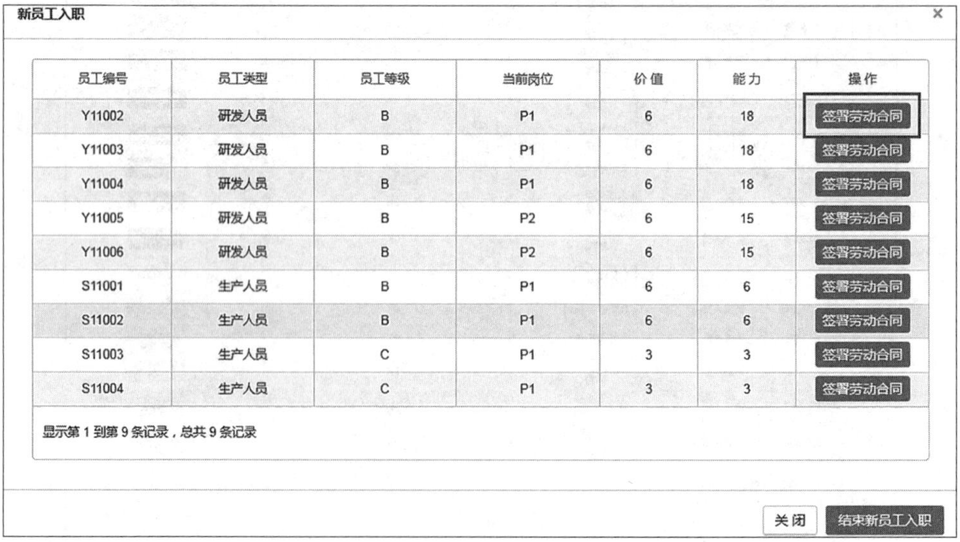

新员工入职

员工编号	员工类型	员工等级	当前岗位	价值	能力	操作
Y11002	研发人员	B	P1	6	18	签署劳动合同
Y11003	研发人员	B	P1	6	18	签署劳动合同
Y11004	研发人员	B	P1	6	18	签署劳动合同
Y11005	研发人员	B	P2	6	15	签署劳动合同
Y11006	研发人员	B	P2	6	15	签署劳动合同
S11001	生产人员	B	P1	6	6	签署劳动合同
S11002	生产人员	B	P1	6	6	签署劳动合同
S11003	生产人员	C	P1	3	3	签署劳动合同
S11004	生产人员	C	P1	3	3	签署劳动合同

显示第 1 到第 9 条记录，总共 9 条记录

关闭　结束新员工入职

图 4-31　新员工入职

签署劳动合同 ×

劳动合同	
甲方	b001
法定代表人姓名	刘一
单位地址	XX省XX市XX区XX街道XX大厦
乙方编号	Y11009
身份证号	33072220110102361X

根据《中华人民共和国劳动合同法》及有关法律、法规和政策规定，甲方与乙方经过平等协商，一致同意签订（续订）如下条款，用书面劳动合同形式确定劳动关系，明确双方的权利和义务，双方共同遵照执行。

一、劳动合同期限：本合同期限自第 1 年 第 1 期起至 第4年 - 第2期 止。

二、工作内容及工作地点：乙方同意按甲方工作需要，安排在 P1 岗位进行 研发人员 工作。甲方因工作变化需要，可以调整乙方的工作岗位。

三、工作时间：8小时

四、劳动报酬：甲方按期支付给乙方，每期现定为 9K，以后按甲方经济效益情况晋升乙方工资。

五、社会保险和福利待遇：

在合同期内，甲乙双方每期按国家和当地政府规定缴纳社会保险费、住房公积金，乙方依法应当缴纳社会保险费和住房公积金，由甲方在乙方的工资中代扣代缴。

六、劳动纪律

乙方必须遵守国家法律、法规及地方法规、规章、政策，遵守甲方依法制定的规章制度，认真履行岗位职责。

七、劳动合同的变更、解除和终止

（一）经甲乙双方协商一致，劳动合同可以变更或解除，否则不得无故解除或终止合同。

（二）甲方有下列情形之一的，乙方可以解除劳动合同：

1、未及时足额支付劳动报酬的；

2、未依法为劳动者缴纳社会保险费的；

（三）乙方有下列情形之一的，甲方可以解除劳动合同：

1、在试用期间被证明不符合录用条件的；

2、严重违反甲方的规章制度的；

3、严重失职，营私舞弊，给甲方造成重大损害的；

4、乙方同时与其他用人单位建立劳动关系，对完成本单位的工作任务造成严重影响，或者经甲方提出，拒不改正的；

5、被依法追究刑事责任的。

八、劳动争议处理和违反劳动合同的法律责任：

劳动合同依法订立后，即具有法律约束力，双方必须严格履行。如果发生劳动争议，双方可以协商解决，也可以依法申请调解、仲裁、提起诉讼。任何一方违反本合同约定，应当承担相应的法律责任。

九、甲乙双方协商的其他事宜：

十、本合同签订后，应在一个月之内报区劳动仲裁机关办理签证手续。本合同一式三份，甲乙双方和劳动仲裁机关各一份。本劳动合同未尽事宜应按《劳动合同法》及相关法律法规的规定执行。

甲方（单位）盖章：b001 第1年第1期	乙方（劳动者）签字：Y11009 第1年第1期

关闭　确定签署合同

图 4-32　签订劳动合同

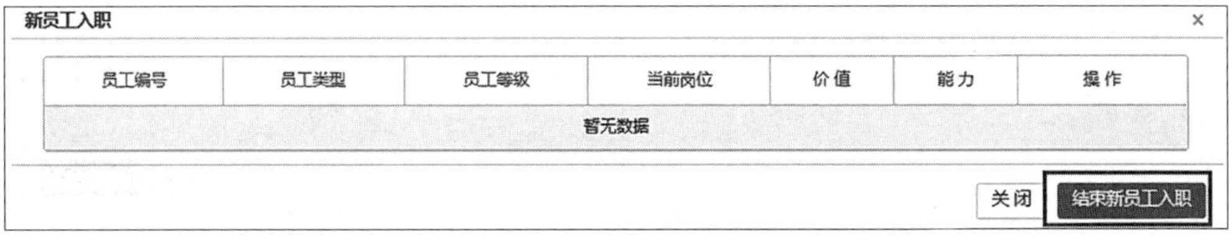

新员工入职 ×

员工编号	员工类型	员工等级	当前岗位	价值	能力	操作
暂无数据						

关闭　结束新员工入职

图 4-33　结束新员工入职

4.3.13 培训需求分析

按箭头指向，点击进入培训主管办公室，点击“培训需求分析”按钮，在跳出的弹窗里填写培训需求分析报告，填写完成之后，点击“确定分析”，完成当前步骤，如图 4-34 和图 4-35 所示。

图 4-34 培训办公室

培训需求分析

培训需求分析			
分析方向	需求分析		分析的结果
公司战略	请输入公司战略(至少15字)		请输入分析的结果(至少15字)
组织任务	人员招聘计划	请输入人员招聘计划(至少15字)	请输入分析的结果(至少15字)
	研发计划	请输入研发计划(至少15字)	请输入分析的结果(至少15字)
	生产计划	请输入生产计划(至少15字)	请输入分析的结果(至少15字)
	销售计划	请输入销售计划(至少15字)	请输入分析的结果(至少15字)
组织资源	资金	请输入资金	请输入分析的结果(至少15字)
	人员	请输入人员(至少15字)	请输入分析的结果(至少15字)
结论	请输入结论(至少15字)		

关闭　确定分析

图 4-35　培训需求分析

4.3.14　人员培训

按箭头指向，点击进入培训主管办公室，点击“新员工培训”按钮，对新员工进行培训是必须进行的。点击“确定提交”，完成当前步骤，如图 4-36 所示。

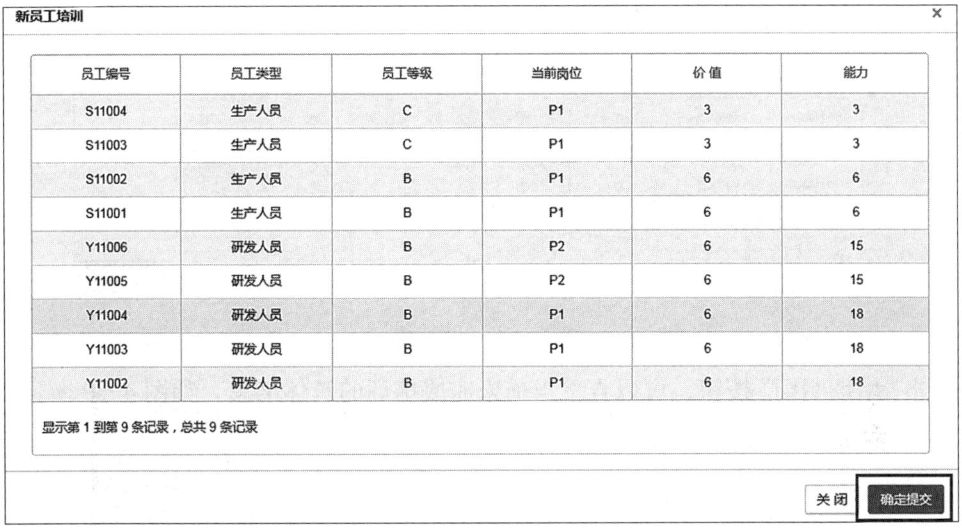

员工编号	员工类型	员工等级	当前岗位	价值	能力
S11004	生产人员	C	P1	3	3
S11003	生产人员	C	P1	3	3
S11002	生产人员	B	P1	6	6
S11001	生产人员	B	P1	6	6
Y11006	研发人员	B	P2	6	15
Y11005	研发人员	B	P2	6	15
Y11004	研发人员	B	P1	6	18
Y11003	研发人员	B	P1	6	18
Y11002	研发人员	B	P1	6	18

图 4-36　新员工培训

点击“技能培训”，可对老员工进行技能提升培训。点击“转岗培训”可对老员工进行岗位轮换培训。技能培训和转岗培训没有固定的流程要求，在每期的产品研发之前都可以进行培训，也可以多次打开培训界面选择人员进行培训，本期已进行过培训的人员将会显示培训情况。操作如图 4-37 和图 4-38 所示。

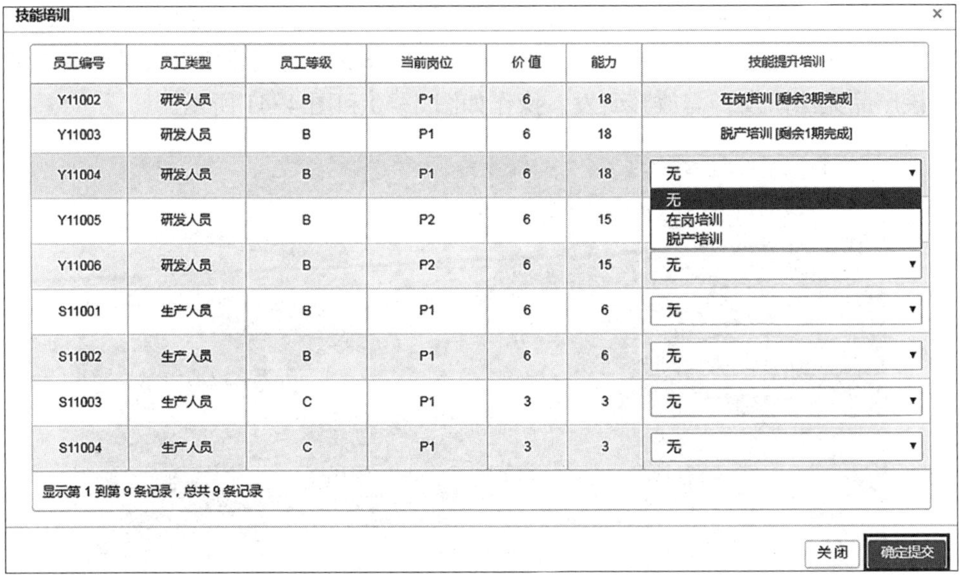

员工编号	员工类型	员工等级	当前岗位	价值	能力	技能提升培训
Y11002	研发人员	B	P1	6	18	在岗培训 [剩余3期完成]
Y11003	研发人员	B	P1	6	18	脱产培训 [剩余1期完成]
Y11004	研发人员	B	P1	6	18	无
Y11005	研发人员	B	P2	6	15	
Y11006	研发人员	B	P2	6	15	无
S11001	生产人员	B	P1	6	6	无
S11002	生产人员	B	P1	6	6	无
S11003	生产人员	C	P1	3	3	无
S11004	生产人员	C	P1	3	3	无

图 4-37　技能培训

转岗培训

员工编号	员工类型	员工等级	当前岗位	价值	能力	岗位轮换培训
Y11003	研发人员	B	P1	6	18	无
Y11004	研发人员	B	P1	6	18	
Y11005	研发人员	B	P2	6	15	无
Y11006	研发人员	B	P2	6	15	无
S11001	生产人员	B	P1	6	6	无
S11002	生产人员	B	P1	6	6	无
S11003	生产人员	C	P1	3	3	转岗到P2 [下期完成]
S11004	生产人员	C	P1	3	3	无

图 4-38　转岗培训

点击“培训明细”按钮，可以查看当前未完成培训的具体信息，如图 4-39 所示。

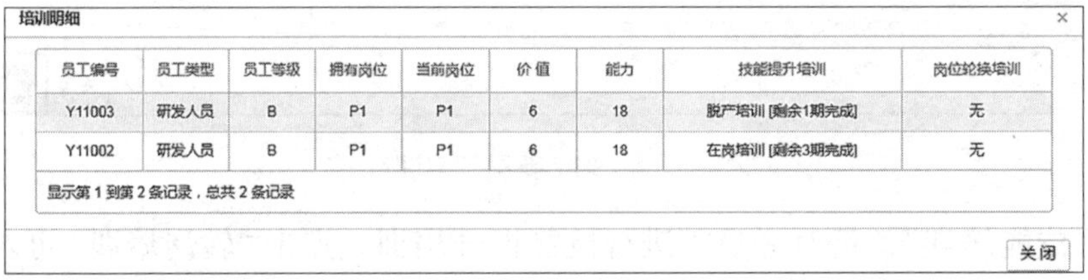

培训明细

员工编号	员工类型	员工等级	拥有岗位	当前岗位	价值	能力	技能提升培训	岗位轮换培训
Y11003	研发人员	B	P1	P1	6	18	脱产培训 [剩余1期完成]	无
Y11002	研发人员	B	P1	P1	6	18	在岗培训 [剩余3期完成]	无

图 4-39　培训明细

4.3.15　产品研发

按箭头指向，点击系统首页的研发部进入研发页面，点击“产品研发”，勾选需要研发的产品，点击“确定研发”，完成当前步骤。当无研发人员或者研发人员的研发能力不足时，该产品无法研发，需放弃研发。操作如图 4-40 和图 4-41 所示。

图 4-40　产品部

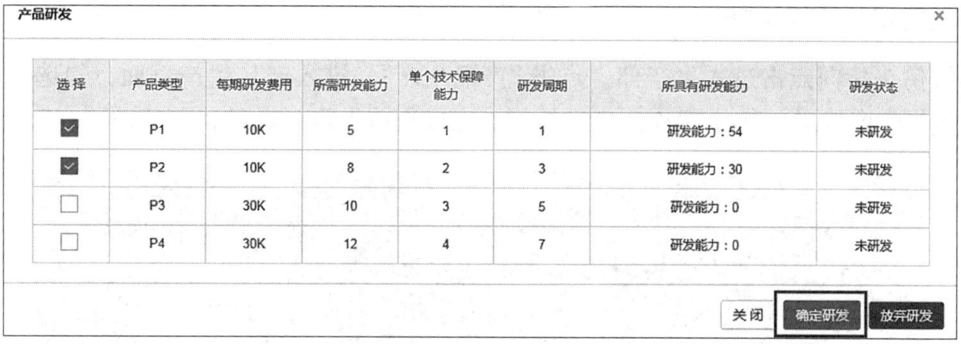
产品研发

选 择	产品类型	每期研发费用	所需研发能力	单个技术保障能力	研发周期	所具有研发能力	研发状态
☑	P1	10K	5	1	1	研发能力：54	未研发
☑	P2	10K	8	2	3	研发能力：30	未研发
☐	P3	30K	10	3	5	研发能力：0	未研发
☐	P4	30K	12	4	7	研发能力：0	未研发

图 4-41　产品研发

在研发页面点击“产品信息”可以查看当前各类产品的研发状态，如图 4-42 所示。

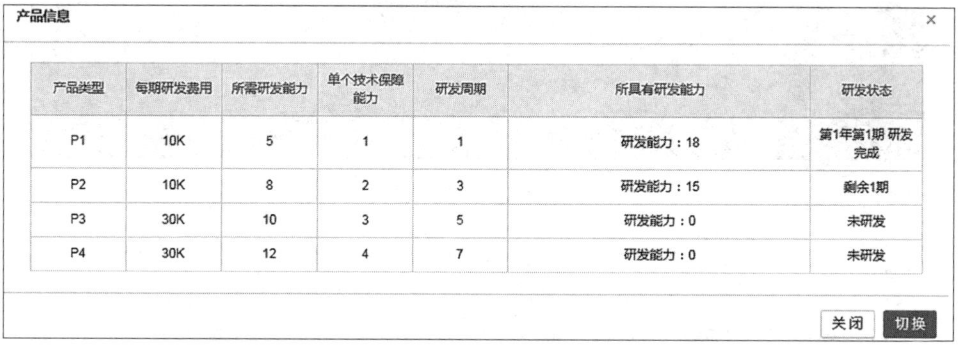
产品信息

产品类型	每期研发费用	所需研发能力	单个技术保障能力	研发周期	所具有研发能力	研发状态
P1	10K	5	1	1	研发能力：18	第1年第1期 研发完成
P2	10K	8	2	3	研发能力：15	剩余1期
P3	30K	10	3	5	研发能力：0	未研发
P4	30K	12	4	7	研发能力：0	未研发

图 4-42　产品信息

在研发页面点击“公司员工”可以查看当前公司所有员工的相关信息，如图 4-43 所示。

公司员工

员工编号	员工类型	员工等级	当前岗位	价 值	能 力	新员工培训	合同期限
Y13035	研发人员	C	P1	3	9	已培训	从 第1年第3期 到 第5年第1期
Y13032	研发人员	B	P2	6	15	已培训	从 第1年第3期 到 第5年第1期
Y11009	研发人员	C	P1	3	9	已培训	从 第1年第1期 到 第4年第2期
X13009	销售人员	C	P1	3	18	已培训	从 第1年第3期 到 第5年第1期
X13008	销售人员	C	P1	3	18	已培训	从 第1年第3期 到 第5年第1期
S13050	生产人员	C	P1	3	3	已培训	从 第1年第3期 到 第5年第1期
S13027	生产人员	C	P1	3	3	已培训	从 第1年第3期 到 第5年第1期

图 4-43　公司员工

4.3.16 产品生产

按箭头指向点击进入生产部，点击“产品生产”，进入产品生产页面，勾选生产人员，选择生产数量，点击“确定生产”按钮，完成当前步骤，如图 4-44 和图 4-45 所示。

图 4-44 生产部

产品生产 ×

☑	员工编号	员工类型	员工等级	当前岗位	产能	单个成本	研发状态
☑	S13050	生产人员	C	P1	3	10K	技术保障力：18/1，可生产3个 生产3个 ▼
☑	S13027	生产人员	C	P1	3	10K	技术保障力：18/1，可生产3个 生产3个 ▼

生产1个
生产2个
生产3个

显示第 1 到第 2 条记录，总共 2 条记录

关闭 确定生产 放弃生产

图 4-45 产品生产

在生产部页面点击“产品库存”，可以查看当前产品的库存信息，如图 4-46 所示。点击“切换”按钮，可以查看产品库存的饼图，如图 4-47 所示

产品库存 ×

产品类型	产品数量
P1	0
P2	0
P3	0
P4	0

关闭 切换

图 4-46 产品库存

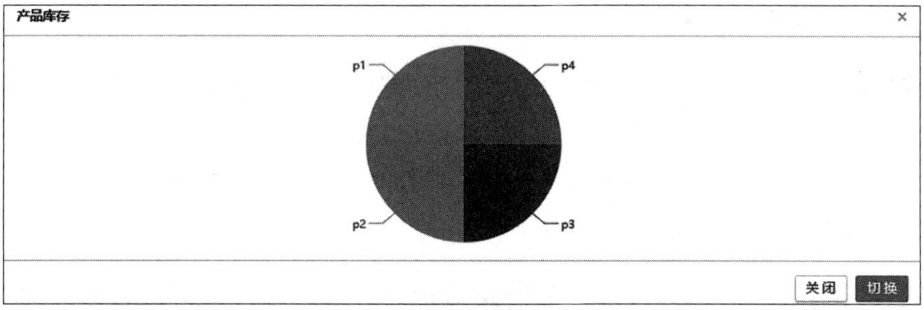

图 4-47　产品库存饼图

4.3.17　劳动合同续签

按箭头指向，点击进入人力资源经理办公室，点击“续签劳动合同”，对于合同已经到期的员工需要重新订立新的劳动合同，点击“确定提交”，完成当前步骤。如图 4-48 所示。

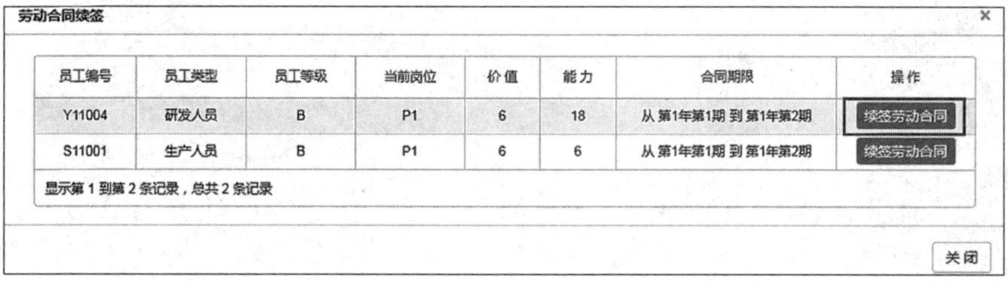
劳动合同续签

员工编号	员工类型	员工等级	当前岗位	价值	能力	合同期限	操作
Y11004	研发人员	B	P1	6	18	从 第1年第1期 到 第1年第2期	续签劳动合同
S11001	生产人员	B	P1	6	6	从 第1年第1期 到 第1年第2期	续签劳动合同

显示第 1 到第 2 条记录，总共 2 条记录

关闭

图 4-48　劳动合同续签

4.3.18　员工辞退

按箭头指向，点击进入人力资源经理办公室，点击“员工辞退”，列表显示所有在职员工，勾选需要辞退的员工，输入辞退补偿金，点击“确定辞退”，完成当前步骤，如图 4-49 所示。辞退补偿金如果输入错误，将会进行劳动争议处理。

员工辞退

☐	员工编号	员工类型	员工等级	当前岗位	价值	能力	合同期限	辞退补偿金
☑	Y13035	研发人员	C	P1	3	9	从 第1年第3期 到 第5年第1期	5
☐	Y13032	研发人员	B	P2	6	15	从 第1年第3期 到 第5年第1期	0
☐	Y11009	研发人员	C	P1	3	9	从 第1年第1期 到 第4年第2期	0
☐	X13009	销售人员	C	P1	3	18	从 第1年第3期 到 第5年第1期	0
☐	X13008	销售人员	C	P1	3	18	从 第1年第3期 到 第5年第1期	0
☐	S13050	生产人员	C	P1	3	3	从 第1年第3期 到 第5年第1期	0
☐	S13027	生产人员	C	P1	3	3	从 第1年第3期 到 第5年第1期	0

显示第 1 到第 7 条记录，总共 7 条记录

关闭　确定辞退

图 4-49　员工辞退

4.3.19 劳动争议处理

企业如果存在劳动争议未处理，则当期无法结束。按箭头指向，点击进入人力资源经理办公室，点击“劳动争议处理”，可以查看是否有劳动争议存在。没有续签劳动合同或者辞退给付的经济补偿金有误都会导致劳动争议。当存在劳动争议的时候，企业一定要及时处理，如图 4-50 和图 4-51 所示。

图 4-50 劳动争议处理

劳动争议处理

员工编号	员工类型	员工等级	当前岗位	价值	能力	劳动争议原因	操作
Y11004	研发人员	B	P1	6	18	合同到期一周期后没有续签合同	续签劳动合同
S11001	生产人员	B	P1	6	6	合同到期一周期后没有续签合同	续签劳动合同

显示第 1 到第 2 条记录，总共 2 条记录

关闭

图 4-51 处理劳动争议

4.3.20 产品销售

每年的第四期企业可进行产品销售。按箭头指向，点击进入销售部，点击“产品销售”后，根据公司产品库存提交销售数量，如图 4-52 和图 4-53 所示。确定提交销售数量后，根据市场指导价（销售正式开始时出现市场指导价）提交销售单价。等待所有公司都同步到这一步骤时，系统根据内置规则收取全部或部分产品，销售结束，如图 4-54

和图 4-55 所示。

图 4-52　销售部

产品销售　×

第1年产品销售 公司申请状态：1家未提交，0家已提交销售数量，0家已提交销售单价，0家已放弃，等待产品销售开始...

提交产品销售数量

产品类型	销售人员	产品库存	提交销售数量
P1	编号：X13004，等级:B，能力:36 编号：X13005，等级:C，能力:18 编号：X13007，等级:C，能力:18 编号：X13008，等级:C，能力:18	72	72 批
P2	编号：X13003，等级:B，能力:30 编号：X13006，等级:C，能力:12	12	12 批
P3	无	0	0 批
P4	无	0	0 批

关闭　提交销售数量　放弃销售

图 4-53　产品销售

产品销售　×

第1年产品销售 公司申请状态：0家未提交，1家已提交销售数量，0家已提交销售单价，0家已放弃，等待产品销售开始...

提交产品销售单价

产品类型	市场指导价	提交销售数量	提交销售单价
P1	94K	72批	0 K
P2	122K	12批	0 K

关闭　提交销售单价

图 4-54　提交销售单价

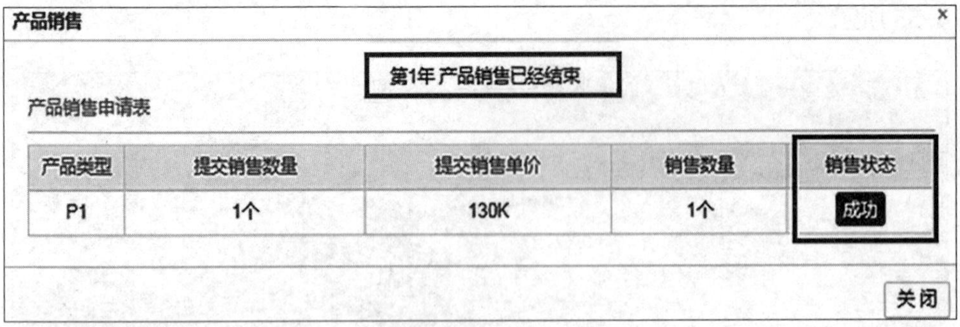

图 4-55　销售结束

4.3.21　企业文化培训

按箭头指向，点击进入培训主管办公室，点击“企业文化培训”按钮，输入人均企业文化培训费用，点击“确定提交”，完成当前步骤，如图 4-56 所示。

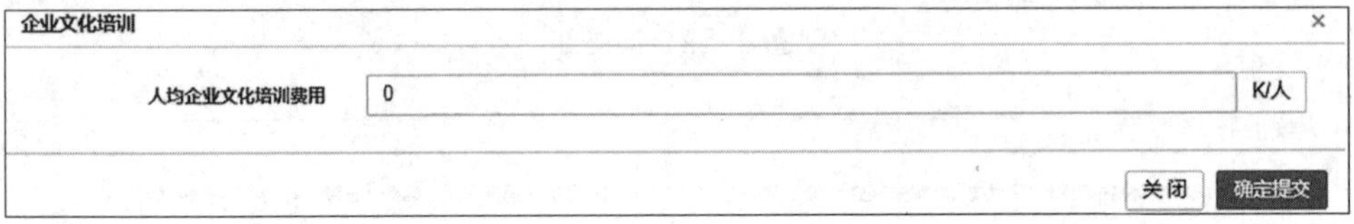

图 4-56　企业文化培训

4.3.22　薪资核算

按箭头指向，点击进入薪酬主管办公室，点击“薪资核算”按钮完成管理人员的薪资表和员工的工资表填写，点击“确定核算”，显示扣费明细，完成当前步骤，如图 4-57 至图 4-59 所示。

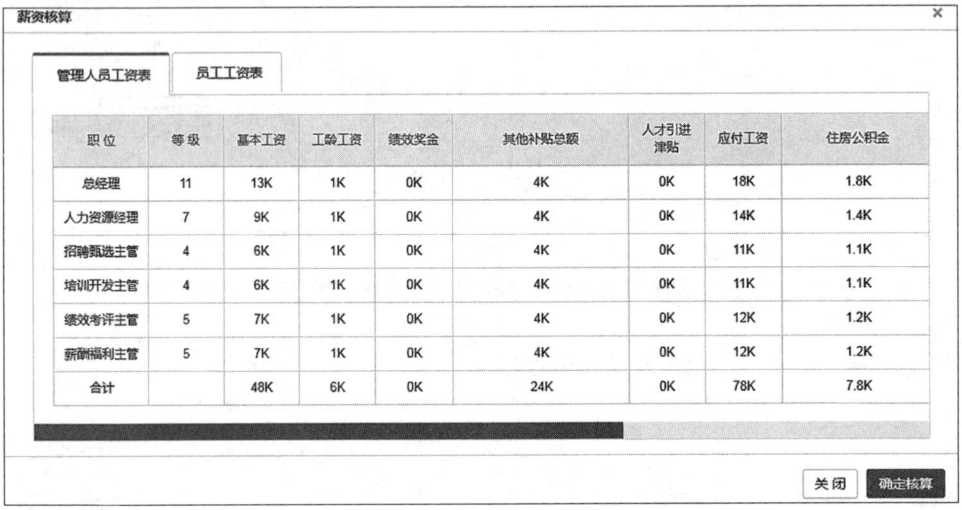

职位	等级	基本工资	工龄工资	绩效奖金	其他补贴总额	人才引进津贴	应付工资	住房公积金
总经理	11	13K	1K	0K	4K	0K	18K	1.8K
人力资源经理	7	9K	1K	0K	4K	0K	14K	1.4K
招聘甄选主管	4	6K	1K	0K	4K	0K	11K	1.1K
培训开发主管	4	6K	1K	0K	4K	0K	11K	1.1K
绩效考评主管	5	7K	1K	0K	4K	0K	12K	1.2K
薪酬福利主管	5	7K	1K	0K	4K	0K	12K	1.2K
合计		48K	6K	0K	24K	0K	78K	7.8K

图 4-57　管理人员薪资核算

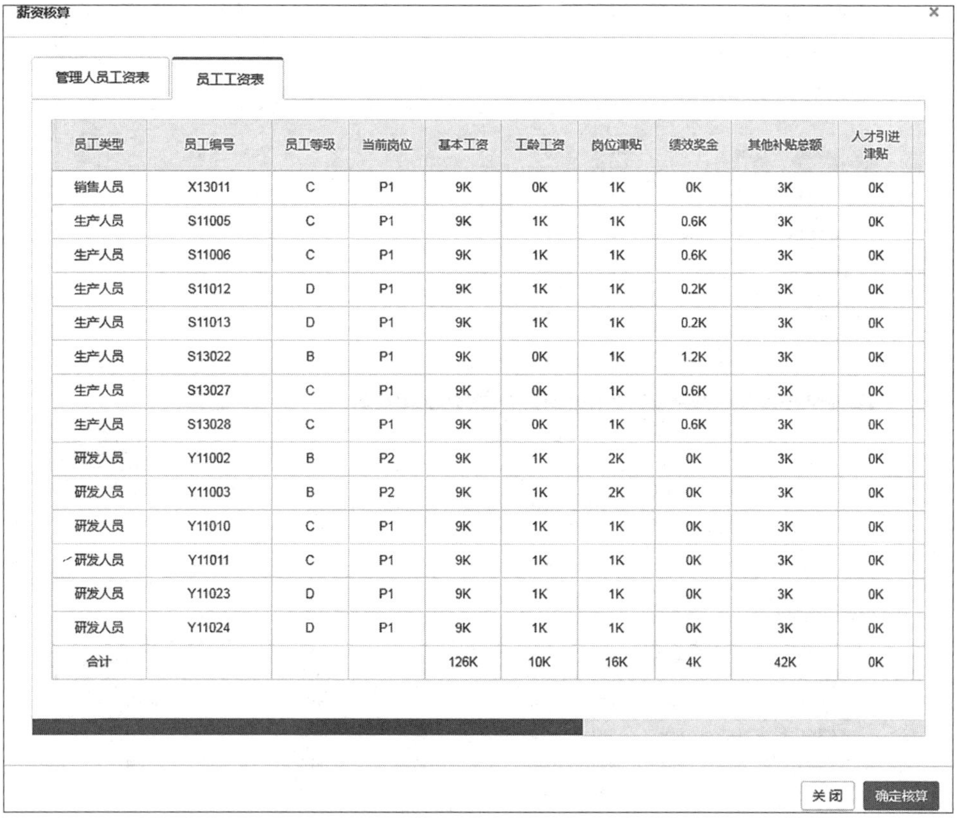
薪资核算

管理人员工资表　员工工资表

员工类型	员工编号	员工等级	当前岗位	基本工资	工龄工资	岗位津贴	绩效奖金	其他补贴总额	人才引进津贴
销售人员	X13011	C	P1	9K	0K	1K	0K	3K	0K
生产人员	S11005	C	P1	9K	1K	1K	0.6K	3K	0K
生产人员	S11006	C	P1	9K	1K	1K	0.6K	3K	0K
生产人员	S11012	D	P1	9K	1K	1K	0.2K	3K	0K
生产人员	S11013	D	P1	9K	1K	1K	0.2K	3K	0K
生产人员	S13022	B	P1	9K	0K	1K	1.2K	3K	0K
生产人员	S13027	C	P1	9K	0K	1K	0.6K	3K	0K
生产人员	S13028	C	P1	9K	0K	1K	0.6K	3K	0K
研发人员	Y11002	B	P2	9K	1K	2K	0K	3K	0K
研发人员	Y11003	B	P2	9K	1K	2K	0K	3K	0K
研发人员	Y11010	C	P1	9K	1K	1K	0K	3K	0K
研发人员	Y11011	C	P1	9K	1K	1K	0K	3K	0K
研发人员	Y11023	D	P1	9K	1K	1K	0K	3K	0K
研发人员	Y11024	D	P1	9K	1K	1K	0K	3K	0K
合计				126K	10K	16K	4K	42K	0K

关闭　确定核算

图 4-58　员工薪资核算

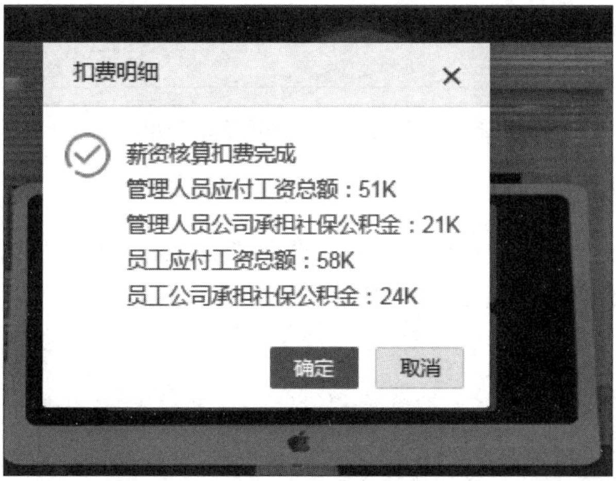

图 4-59　扣费明细

如果选择教学模式训练任务，则该步骤学生需要自主填写薪资核算表格，点击“确定核算”后再次点击“薪资核算”按钮，可以查看实际支付的薪酬的明细，如图 4-60 和图 4-61 所示。

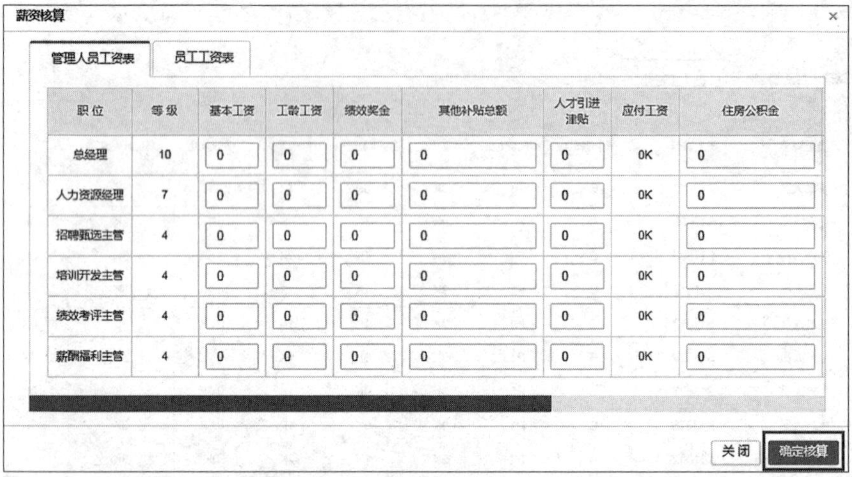

职位	等级	基本工资	工龄工资	绩效奖金	其他补贴总额	人才引进津贴	应付工资	住房公积金
总经理	10	0	0	0	0	0	0K	0
人力资源经理	7	0	0	0	0	0	0K	0
招聘甄选主管	4	0	0	0	0	0	0K	0
培训开发主管	4	0	0	0	0	0	0K	0
绩效考评主管	4	0	0	0	0	0	0K	0
薪酬福利主管	4	0	0	0	0	0	0K	0

图 4-60　确定管理人员的薪资核算

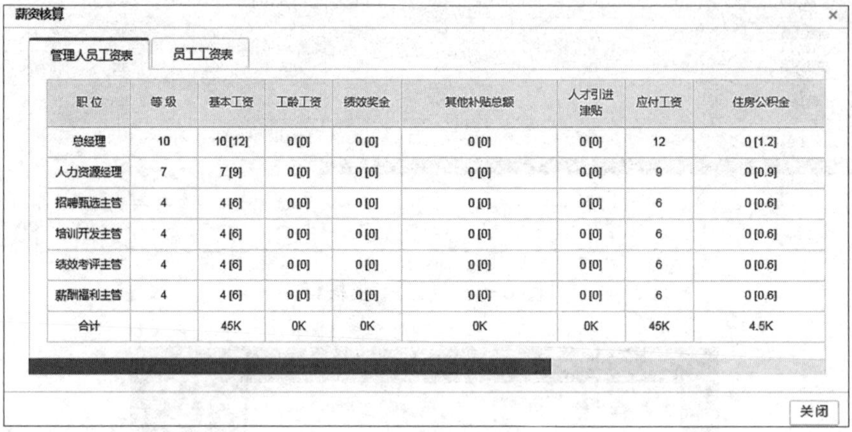

职位	等级	基本工资	工龄工资	绩效奖金	其他补贴总额	人才引进津贴	应付工资	住房公积金
总经理	10	10 [12]	0 [0]	0 [0]	0 [0]	0 [0]	12	0 [1.2]
人力资源经理	7	7 [9]	0 [0]	0 [0]	0 [0]	0 [0]	9	0 [0.9]
招聘甄选主管	4	4 [6]	0 [0]	0 [0]	0 [0]	0 [0]	6	0 [0.6]
培训开发主管	4	4 [6]	0 [0]	0 [0]	0 [0]	0 [0]	6	0 [0.6]
绩效考评主管	4	4 [6]	0 [0]	0 [0]	0 [0]	0 [0]	6	0 [0.6]
薪酬福利主管	4	4 [6]	0 [0]	0 [0]	0 [0]	0 [0]	6	0 [0.6]
合计		45K	0K	0K	0K	0K	45K	4.5K

图 4-61　管理人员薪资核算的结果

4.3.23　产品清仓

按箭头指向，点击系统首页的销售部，进入销售页面，点击“产品清仓”输入清仓数量，确定清仓，如图 4-62 所示。

产品类型	库存数量	单个清仓价格	清仓数量
P1	0	64K	0
P2	0	68K	0
P3	0	180K	0
P4	0	0K	0

图 4-62　产品清仓

4.3.24　绩效考核

按箭头指向，点击进入绩效主管办公室，点击“绩效考核”按钮，等待所有学生都进行到绩效考核后，将会根据学生在年初所选择的绩效考核指标和当年经营数据计算总经理、人力资源经理和四位主管绩效考核评分，点击“确定提交”，完成当前步骤，如图 4-63 和图 4-64 所示。

图 4-63　绩效主管办公室

总经理　人力资源经理　招聘甄选主管　培训开发主管　绩效考评主管　薪酬福利主管

绩效考核大类	绩效考核指标	指标含义	权重（%）	考核标准	评分
企业净利润	净利润增长率	净利润增长率=（本年净利润-上年同期净利润）/上年同期净利润*100%	10%	当净利润增长率>=50%,得80分；在此基础上，每高10%，加5分；每低10%，扣5分 当本年净利润和上年净利润都为0时，得50分；只有上年净利润为0时，得100分。	100
销售情况	销售计划准确率	∑（各产品实际销量/各产品计划销量）÷n	10%	当销售计划准确率100%,得100分；在此基础上，每高或每低10%，扣5分。 当所有产品实际销量和计划销量都为0时，得100分；只有所有产品计划销量为0时，得50分。	100
产品获利	产品利润增长率	利润增长率=（本年产品利润-上年产品利润）/上年产品利润*100%	10%	当产品利润增长率>=30%，得80分；在此基础上，每高10%，加5分；每低10%，扣5分 当本年产品利润和上年产品利润都为0时，得50分；只有上年产品净利润为0时，得100分。	65
生产情况	生产计划达成率	∑(各产品实际产量/各产品计划产量)	70%	当生产计划准确率为100%时，得100分；在此基础上，每低或每高10%，扣5分 当所有产品实际产量和计划产量都为0时，得100分；只有所有产品计划产量为0时，得50分。	50
加权总分	61				

关闭　下一步

图 4-64　管理人员绩效考核

选择教学模式的训练任务，在点击绩效考核按钮时需要自主填写绩效考核分数，点击提交后将会显示正确的考核分数，如图 4-65 所示。

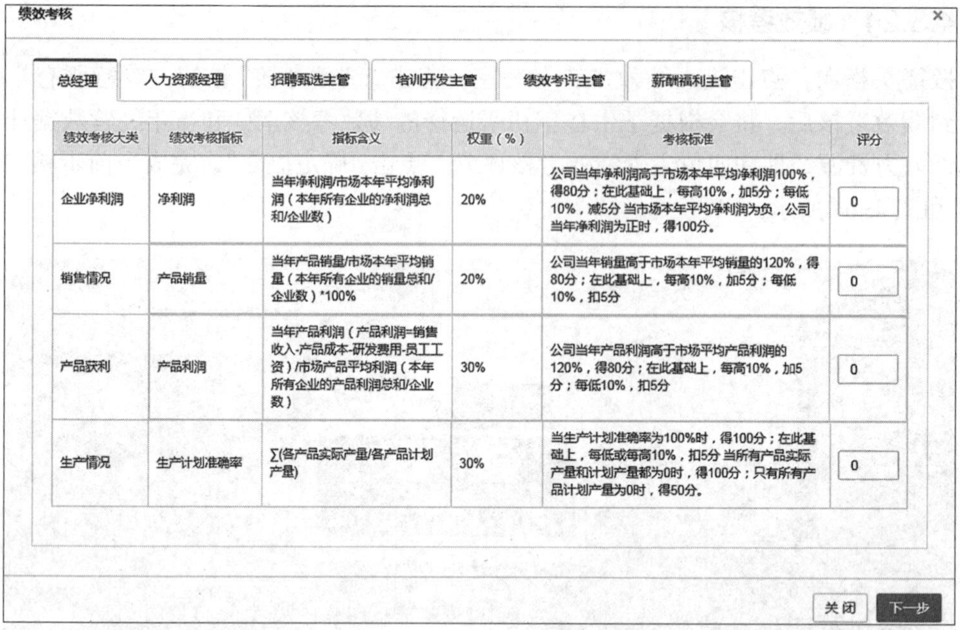

绩效考核

总经理 | 人力资源经理 | 招聘甄选主管 | 培训开发主管 | 绩效考评主管 | 薪酬福利主管

绩效考核大类	绩效考核指标	指标含义	权重（%）	考核标准	评分
企业净利润	净利润	当年净利润/市场本年平均净利润（本年所有企业的净利润总和/企业数）	20%	公司当年净利润高于市场本年平均净利润100%，得80分；在此基础上，每高10%，加5分；每低10%，减5分 当市场本年平均净利润为负，公司当年净利润为正时，得100分。	0
销售情况	产品销量	当年产品销量/市场本年平均销量（本年所有企业的销量总和/企业数）*100%	20%	公司当年销量高于市场本年平均销量的120%，得80分；在此基础上，每高10%，加5分；每低10%，扣5分	0
产品获利	产品利润	当年产品利润（产品利润=销售收入-产品成本-研发费用-员工工资）/市场产品平均利润（本年所有企业的产品利润总和/企业数）	30%	公司当年产品利润高于市场平均产品利润的120%，得80分；在此基础上，每高10%，加5分；每低10%，扣5分	0
生产情况	生产计划准确率	∑(各产品实际产量/各产品计划产量)	30%	当生产计划准确率为100%时，得100分；在此基础上，每低或每高10%，扣5分 当所有产品实际产量和计划产量都为0时，得100分；只有所有产品计划产量为0时，得50分。	0

关闭　下一步

图 4-65　确定管理人员绩效考核结果

点击“绩效考核结果应用”，可以查看当年绩效考核结果，如图 4-66 所示。

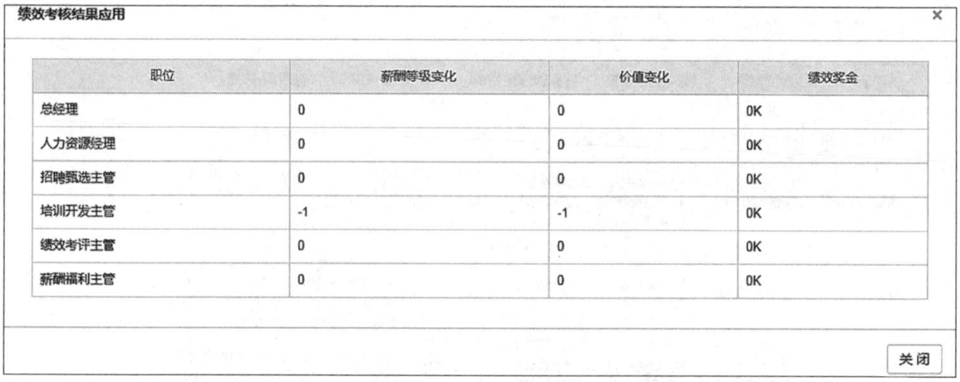

绩效考核结果应用

职位	薪酬等级变化	价值变化	绩效奖金
总经理	0	0	0K
人力资源经理	0	0	0K
招聘甄选主管	0	0	0K
培训开发主管	-1	-1	0K
绩效考评主管	0	0	0K
薪酬福利主管	0	0	0K

关闭

图 4-66　绩效考核结果应用

4.3.25　当期结束

完成当期相应操作后，点击“当期结束”，显示当前是第几年第几期结束，完成当期运营，如图 4-67 所示。

图 4-67　当期结束

4.3.26　人员流失

当年第四期结束之后，可以查看当年人员流失情况。点击进入人力资源经理办公室，点击“人员流失”按钮，查看当年人员流失情况，点击“确定提交”，完成当前步骤，如图 4-68 所示。

人员流失

员工编号	员工类型	员工等级	当前岗位	价值	能力
Y13022	研发人员	C	P1	3	9
Y11213	研发人员	A	P1	6	28
Y11212	研发人员	A	P1	6	28
Y11211	研发人员	B	P1	6	18
Y11209	研发人员	B	P1	6	18
Y11204	研发人员	B	P1	6	18

显示第 1 到第 6 条记录，总共 6 条记录

关闭　确定提交

图 4-68　人员流失

4.3.27　当年结束

完成当期相应操作后，点击“当年结束”，显示当年企业应缴纳的企业所得税额，点击“确定结束”完成当年运营，如图 4-69 和图 4-70 所示。

图 4-69　当年结束

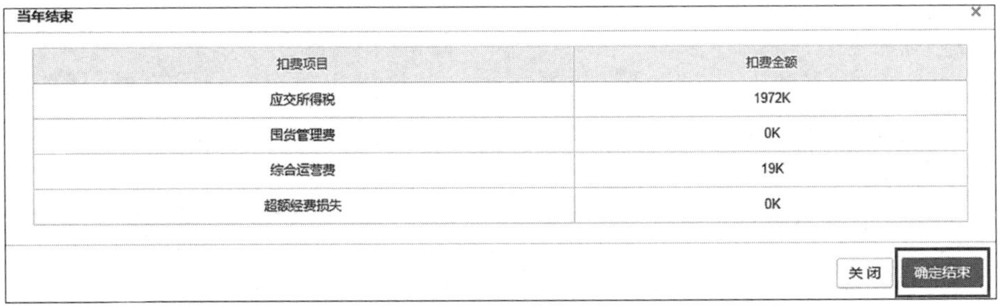

当年结束

扣费项目	扣费金额
应交所得税	1972K
囤货管理费	0K
综合运营费	19K
超额经费损失	0K

关闭　确定结束

图 4-70　确定当年结束

4.3.28 市场排名

每年结束之后，所有小组可以点击“市场排名”按钮，查看当年小组得分和市场排名情况。点击“进入下一年”开始下一年的运营，如图 4-71 和图 4-72 所示。

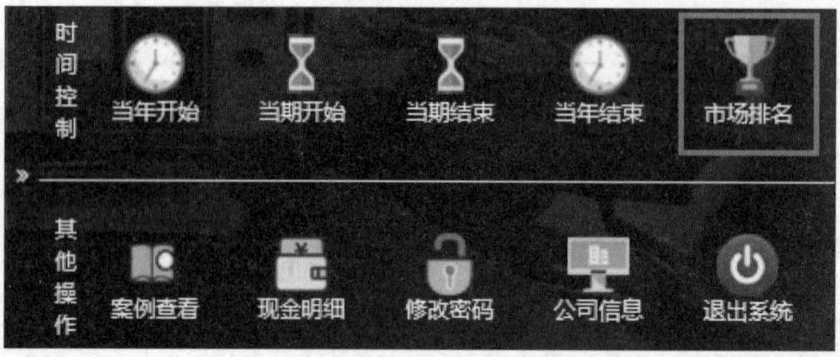

图 4-71 市场排名

市场排名

用户	员工价值总和	净利润	薪酬	扣分	总评分	排名
b003	62	1635	776	0	192.73	1
b001	24	1010	498	0	72.75	2
b004	4	-147	280	0	1.9	3

关闭 进入下一年

图 4-72 查看市场排名

CHAPTER 5

第 5 章　企业人力资源管理综合技能训练系统管理员端及教师端操作

5.1　管理员端操作指南

5.1.1　教师管理

登录系统管理员端后，点击“教师管理”，然后点击“添加”，如图 5-1 所示。

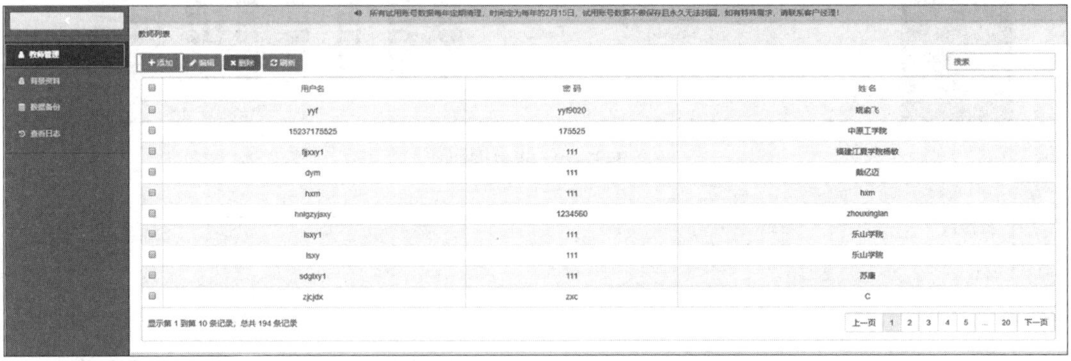

图 5-1　教师管理

输入用户名、密码、姓名，点击“确定添加”按钮完成新增操作，如图 5-2 所示。

图 5-2　添加教师

勾选对应的教师账号，管理员可对现有的教师账号进行编辑和删除操作，如图 5-3 所示。

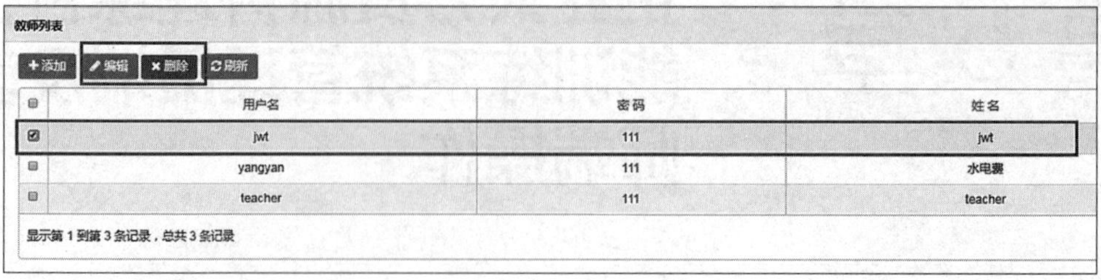

图 5-3　编辑或删除教师列表

5.1.2　背景资料

点击“背景资料”，管理员端可以上传背景资料供所有教师端查看并使用。点击“添加”按钮，输入背景资料名称与描述文字，点击“确定添加”，完成背景资料的添加，如图 5-4 和图 5-5 所示。

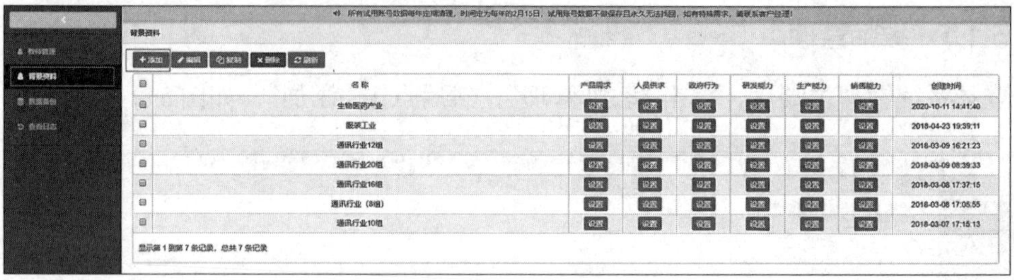

图 5-4　背景资料

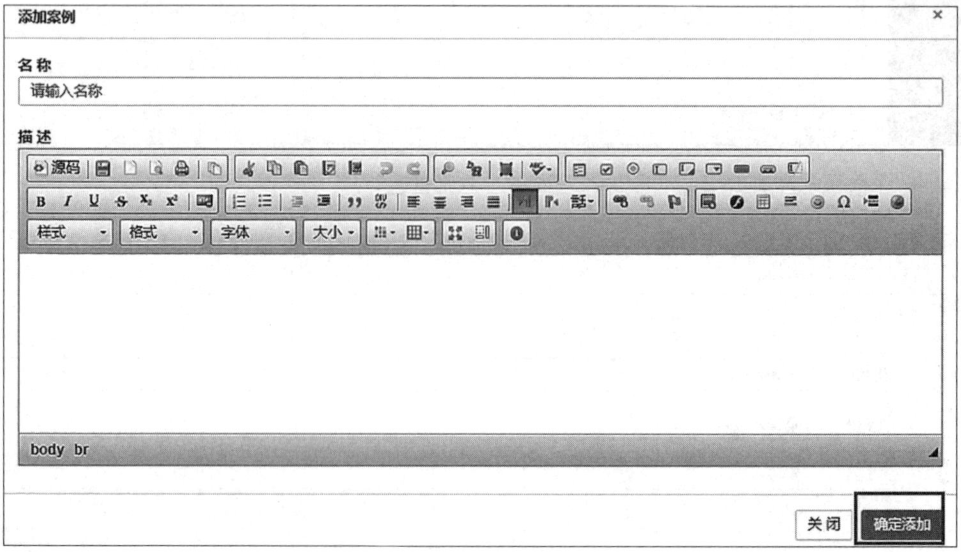

图 5-5　添加背景资料

对于已建好的背景资料，首先勾选背景资料，然后点击“设置”按钮，就可以根据背景资料自主添加产品需求、人员供求、政府行为等参数。最后点击“确定添加”按钮，出现产品需求、人员供给、政府参数等页面，如图 5-6 至图 5-8 所示。

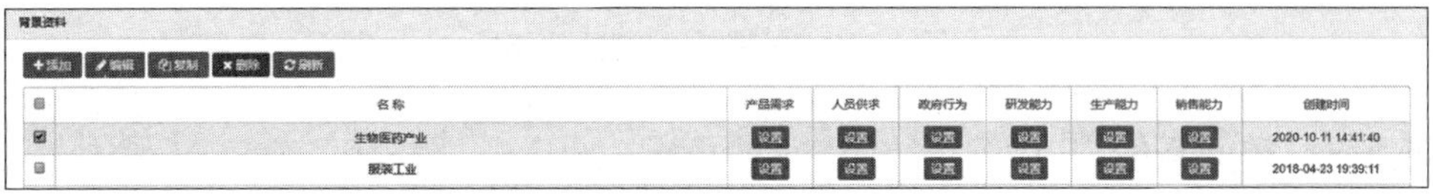

图 5-6　选择背景资料

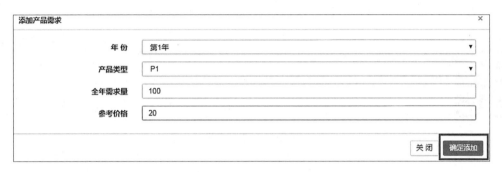

图 5-7　添加产品需求

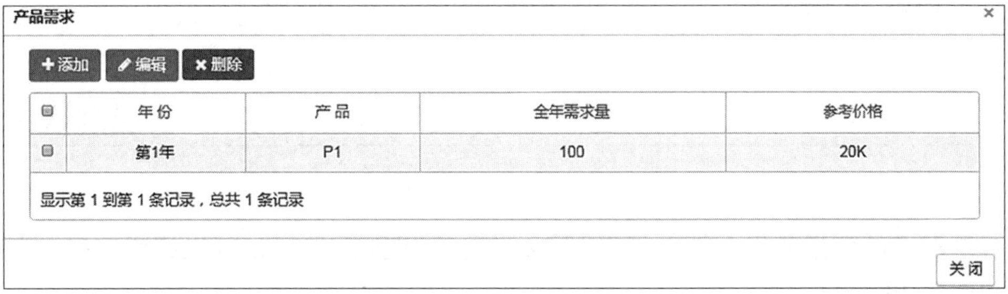

图 5-8　产品需求

对于背景资料还可以进行复制操作，勾选背景资料，点击“复制”按钮，出现背景资料名称为背景资料·复制 1，如图 5-9 所示。

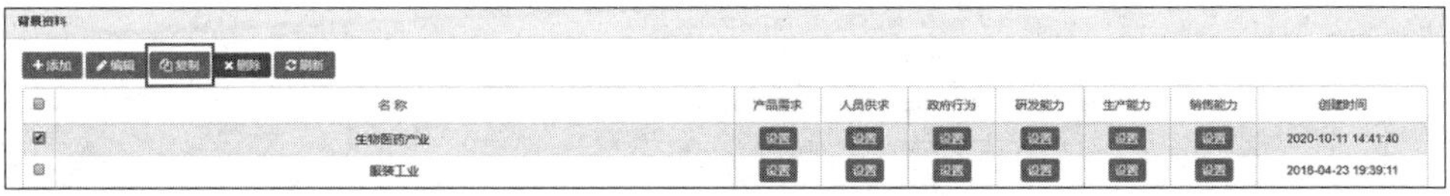

图 5-9　背景资料

对于背景资料还可以进行编辑和删除命令，选中要编辑或删除的背景资料，进行编辑和删除，如图 5-10 所示。

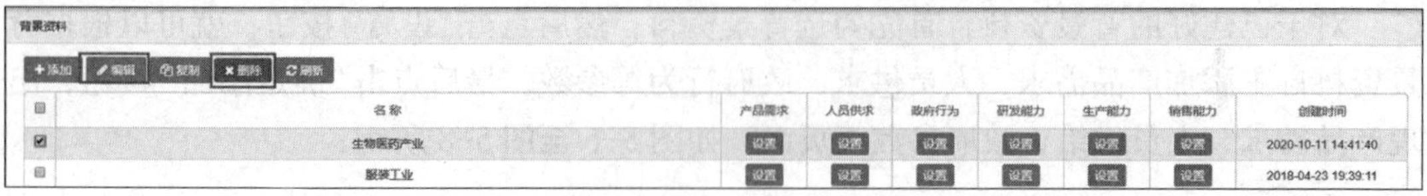

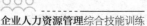

图 5-10　编辑或删除背景资料

5.1.3　数据备份

点击“数据备份”，进入备份界面，点击“备份”按钮跳出弹框填写文件名称，“确认备份”可直接对当前数据进行备份，如图 5-11 和图 5-12 所示。

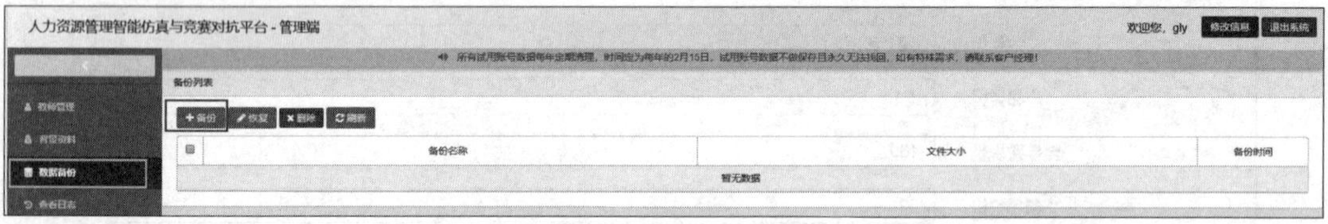

图 5-11　数据备份

图 5-12　添加备份数据

勾选对应的数据备份文件，点击“恢复”或者“删除”按钮，可以还原数据或删除数据，如图 5-13 所示。

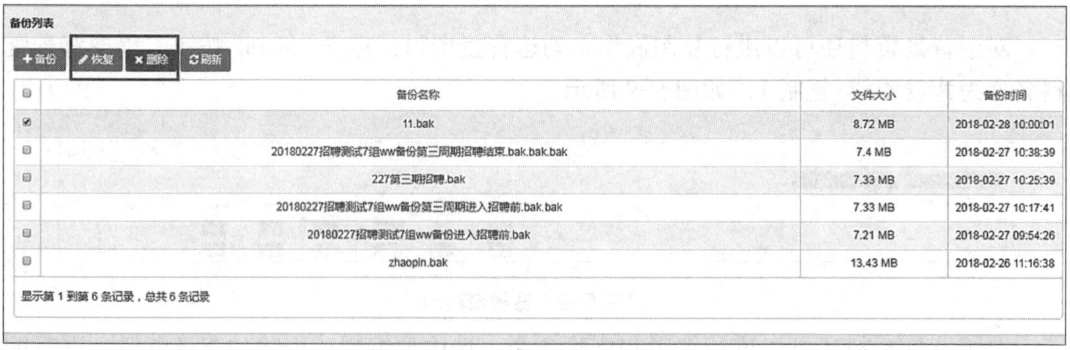

图 5-13　恢复或删除数据备份

5.1.4 查看日志

点击“查看日志”，可以查看各个端口账号登录和退出系统的具体情况，勾选该条信息，点击“删除”，可以删除该条信息。日志列表附有查询功能，可以手动输入用户名称和角色查看用户登录情况，如图 5-14 所示。

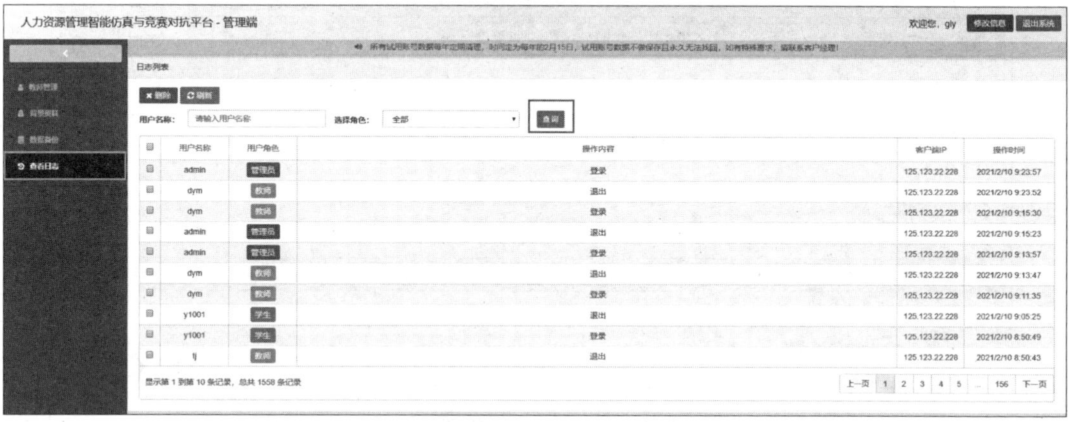

图 5-14 查看日志

5.2 教师端操作指南

5.2.1 背景资料

1. 教师端操作视频
2. 教师端首页

登入系统教师端后，点击“背景资料”，进入教学背景资料编辑页面。点击“添加”按钮，在跳出的弹窗中输入需要新添加的背景资料名称和描述内容，点击“确定添加”，完成背景资料的添加，如图 5-15 和图 5-16 所示。

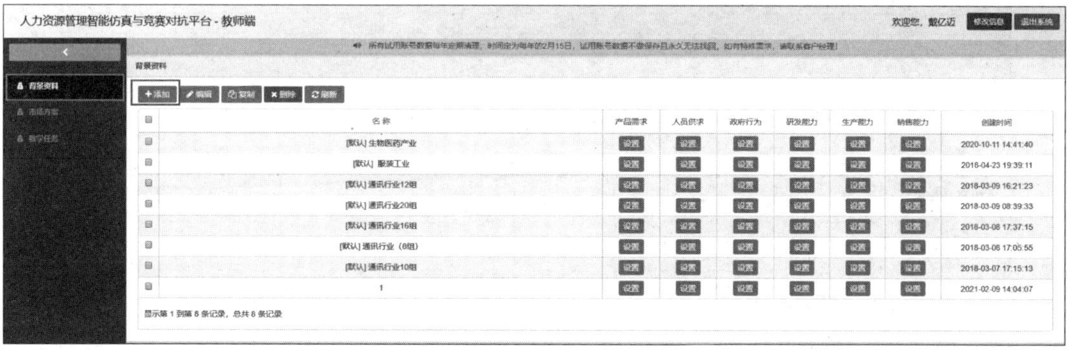

图 5-15 背景资料

图 5-16　添加背景资料

点击新建的背景资料的“产品需求”设置按钮，在跳出的弹窗中，点击“添加”按钮，选择年份、产品类型、全年需求量和参考价格后，点击“确定添加”。逐条添加背景资料所对应的产品需求的详细内容，如图 5-17 和图 5-18 所示。

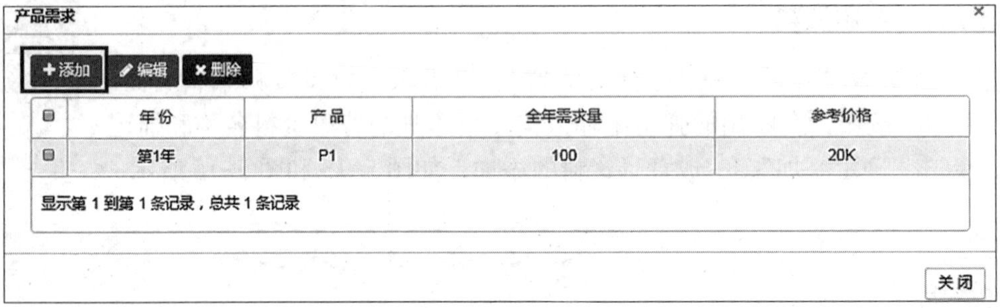

图 5-17　产品需求

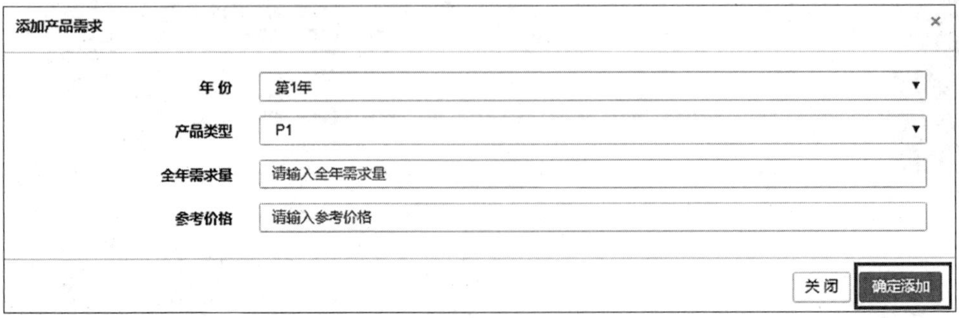

图 5-18　添加产品需求

勾选需要修改或删除的需求信息，点击“编辑”或者“删除”按钮即可，如图 5-19 所示。

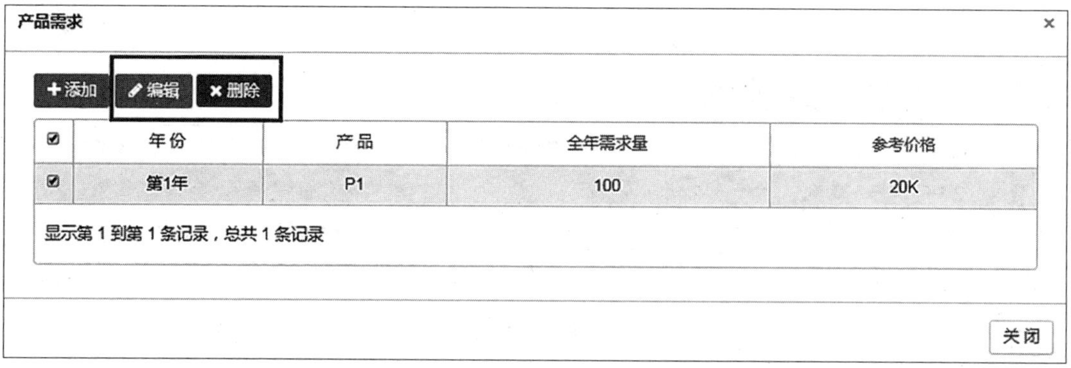

图 5-19　编辑或删除产品需求

点击新建背景资料的人员供求设置按钮，在跳出的弹窗中，点击“添加”按钮，选择年份、周期、员工类型、员工等级、招聘渠道和供应量后点击“确定添加”。逐条添加背景资料所对应的人员供求信息，如图 5-20 和图 5-21 所示。

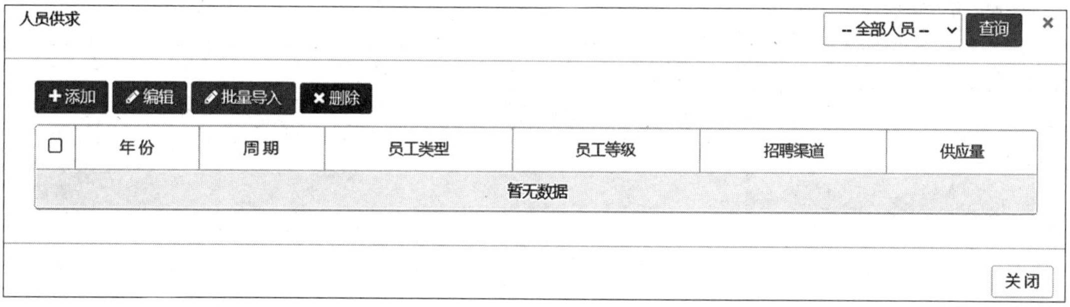

图 5-20　人员供求

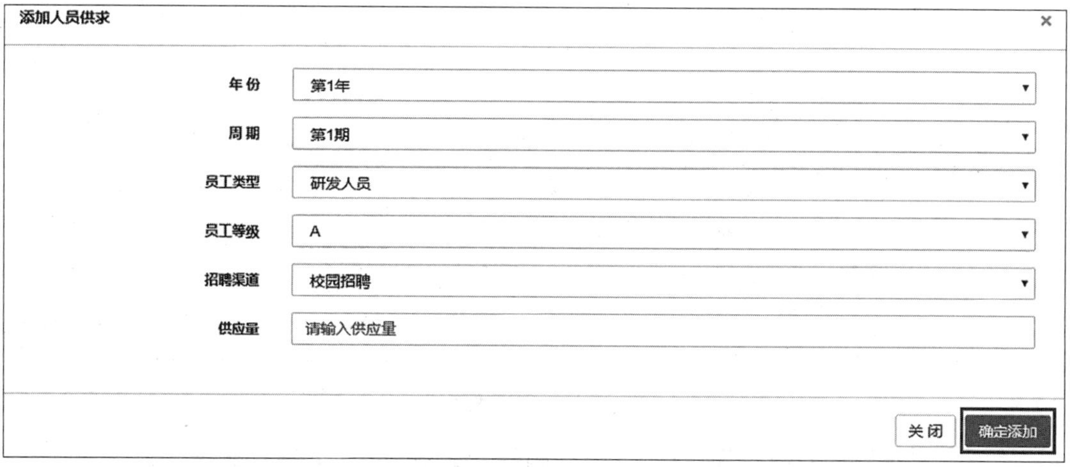

图 5-21　添加人员供求

勾选需要修改或删除的人员供给信息，点击“编辑”或者“删除”按钮即可，如图 5-22 所示。

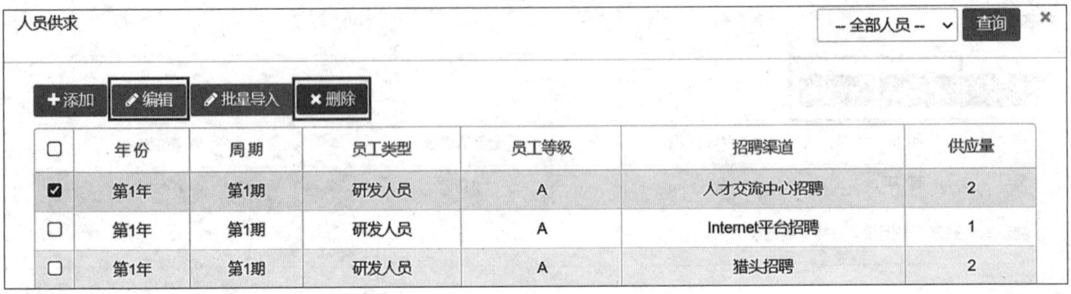

图 5-22　编辑或删除人员供求

点击新建的背景资料的政府行为设置按钮，在跳出的弹窗中，点击“添加”按钮，选择开始年份、结束年份、政策类型后点击“确定添加”。逐条添加背景资料所对应的政府行为，如图 5-23 和图 5-24 所示。

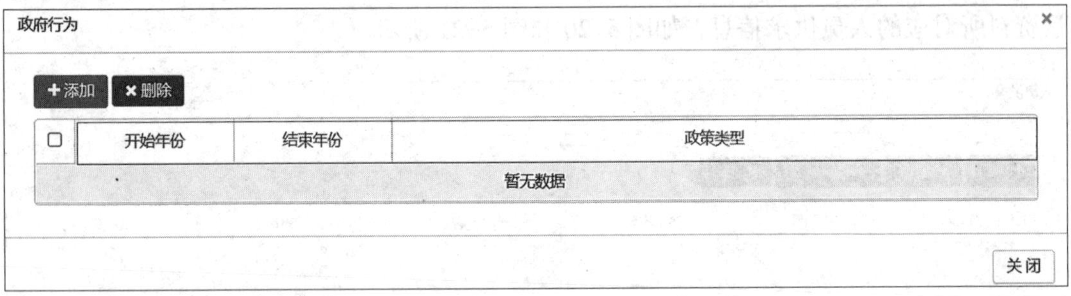

图 5-23　政府行为

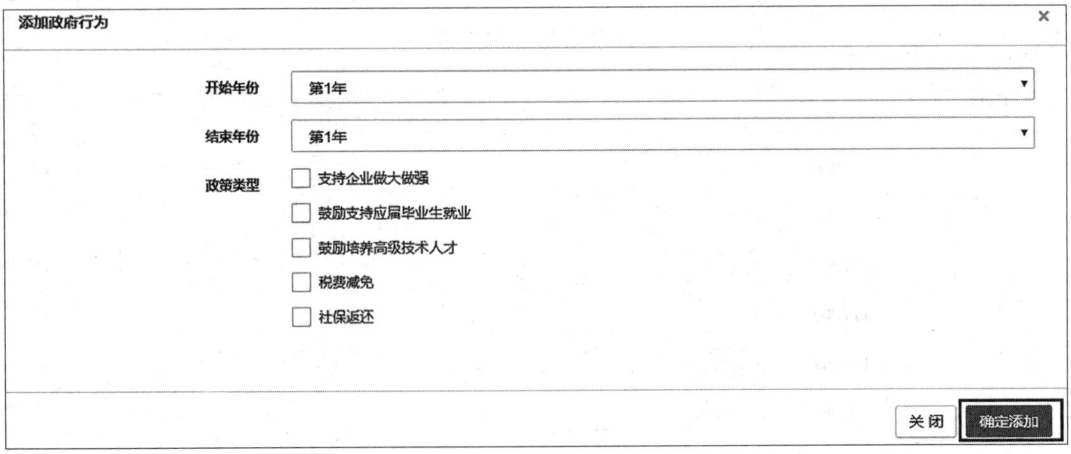

图 5-24　添加政府行为

勾选需要删除的政府行为信息，点击“删除”按钮即可，如图 5-25 所示。

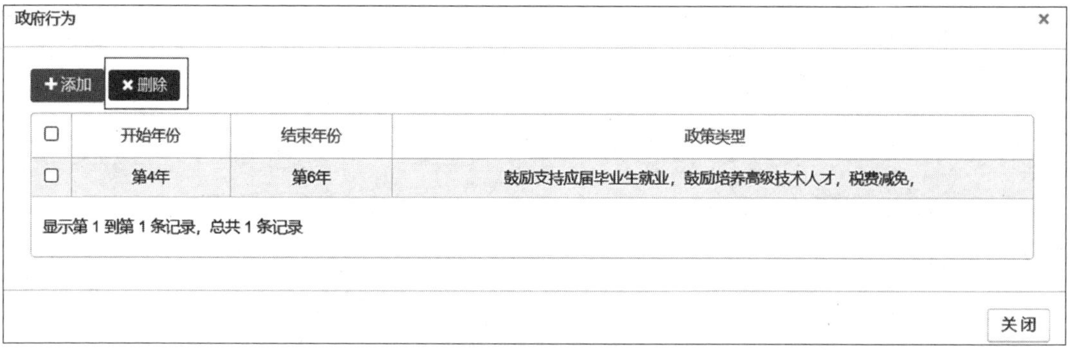

图 5-25　删除政府行为

研发能力、生产能力和销售能力具有初始模板，教师可以根据初始模板调整能力值的大小。

5.2.2　市场方案

点击“市场方案”，进入市场参数设置和编辑界面。点击“添加”按钮，可以新增市场参数，输入名称和描述之后，点击“确定添加”按钮。由于新建好的市场参数值是默认值，教师可根据需求点击“设置”按钮修改市场参数，如图 5-26 至图 5-28 所示。

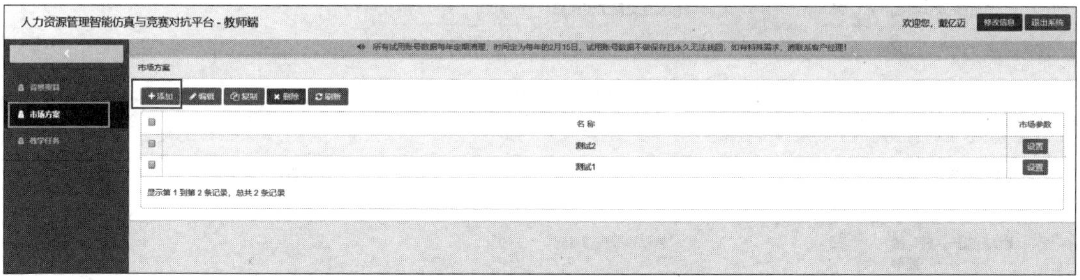

图 5-26　市场方案

图 5-27　添加方案

市场参数

招聘

挖人费用 3 K	招聘倒计时 90 秒	猎头招聘奖励 1 K
挖人资格 120 %		

培训

培训人员限额 50 %	脱产培训 3 K	在岗培训 2 K
员工服务期内流失违约金 100 %		

薪酬

市场工资报表 10 K	薪酬报告 20 K	企业福利 10 %
法定福利 40 %	员工最低工资标准 3 K	人才引进津贴限额 1 K
应交企业所得税 25 %	2级员工之间工资差幅 100 %	

劳动关系

最高降低员工流失率 10 %	员工流失率 40 %	降低员工流失率 10 %
上年度流失人员再就业率 50 %	劳动争议处理费用 3 K	

产品

销售单价限额 150 %	清仓价格限额 80 %

其他

申请经费损失 10 %	回账损失 10 %	超额经费损失 15 %
综合运营成本 10 K		

关闭　确定设置

图 5-28　修改市场参数

勾选需要修改、复制或删除的市场方案，点击“编辑”“复制”或者“删除”按钮即可，如图 5-29 所示。

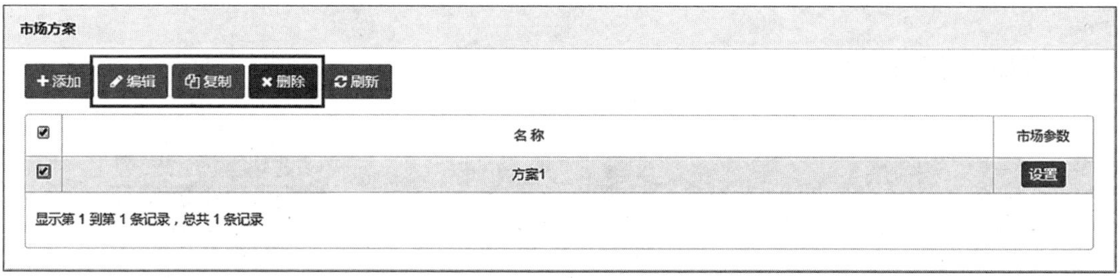

图 5-29　编辑、复制或删除市场方案

5.2.3　教学任务

点击“教学任务”，进入教学任务管理界面，点击“添加”按钮，在跳出的弹窗中输入任务名称、用户前缀、用户组数、初始资金、案例模板、市场方案，同时选择是否为竞赛任务，点击“确定添加”完成教学任务的创建，如图 5-30 和图 5-31 所示。

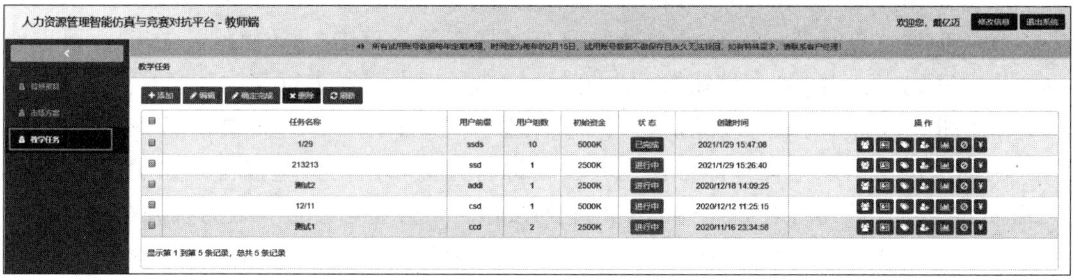

图 5-30　教学任务

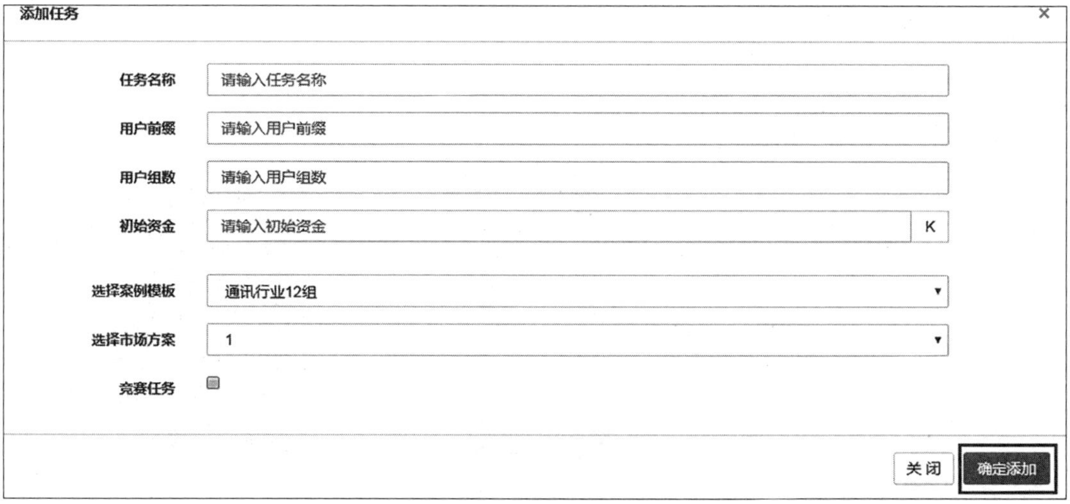

图 5-31　添加教学任务

对于进行中的教学任务，可以点击操作栏的各个按钮，查看每一组的具体操作情况和各类数据，实时跟踪学生操作进程，给学生提供注资破产的功能，如图 5-32 所示。

任务名称	用户前缀	用户组数	初始资金	状态	创建时间	操作
12345	jtdx	8	2000K	进行中	2020/11/12 15:32:23	
1026	bnm	1	50000K	进行中	2020/10/26 8:25:48	
0919竞赛	jss	11	2500K	进行中	2020/9/19 13:07:39	
0910测试问题	add	3	2500K	进行中	2020/9/10 18:54:04	
9999测试问题	abb	3	2500K	已完成	2020/9/10 18:22:48	
0910	cp	11	2500K	已完成	2020/9/10 18:25:33	
0827	at	10	5000K	已完成	2020/8/27 18:23:08	
yuyu	yuyu	1	1500K	已完成	2020/8/27 16:45:53	
87	wwz	1	2000K	已完成	2020/8/7 10:58:51	
1	ye	1	2000K	已完成	2020/7/21 11:57:00	

图 5-32　教学任务管理

点击操作栏的“学生管理”按钮，可以查看学生的账号、密码、公司名称、法人姓名、操作步骤、总经费、人力资源经费及公司状态等。点击“密码修改”按钮，可以修改学生的密码。点击“破产按钮”，可以对已勾选的学生账号进行强制破产。点击“查看详细”按钮，查看学生的项目信息、公司信息、产品库存、管理人员信息、产品研发、培训明细、员工信息等各种详细信息、公司综合查询和角色实验报告，如图 5-33 至图 5-35 所示。点击公司综合查询界面中的下列按钮，可查看总经费，人力资源经费，利润表，总评分，员工基本工资、注资、人员流失、绩效考评、盈利能力指标、运作能力指标、计划制定类指标，如图 5-36 所示。点击角色实验报告界面中的下列按钮，可以查看绩效考评主管、培训开发主管、人力资源经理、薪酬福利主管、招聘主管，总经理的实验报告，如图 5-37 所示。

任务名称	用户前缀	用户组数	初始资金	状态	创建时间	操作
12345	jtdx	8	2000K	进行中	2020/11/12 15:32:23	
1026	bnm	1	50000K	进行中	2020/10/26 8:25:48	
0919竞赛	jss	11	2500K	进行中	2020/9/19 13:07:39	
0910测试问题	add	3	2500K	进行中	2020/9/10 18:54:04	
9999测试问题	abb	3	2500K	已完成	2020/9/10 18:22:48	
0910	cp	11	2500K	已完成	2020/9/10 18:25:33	
0827	at	10	5000K	已完成	2020/8/27 18:23:08	
yuyu	yuyu	1	1500K	已完成	2020/8/27 16:45:53	
87	wwz	1	2000K	已完成	2020/8/7 10:58:51	
1	ye	1	2000K	已完成	2020/7/21 11:57:00	

图 5-33　教学任务——学生管理

图 5-34　学生管理

图 5-35　查看详细

总经费

选择年份 第 1 年 查询

第1年

类型	金额	类型	金额
年初总经费：2500K			
人力资源经费申请	1000K	人力资源经费紧急申请	0K
产品综合成本	352K	综合运营费用	15K
人力资源经费回账	0K	员工被挖补偿金	0K
销售收入	8550K	注资金额	0K
产品清仓收入	0K	应交所得税	1887K
剩余总经费：7796K			

图 5-36　总经费

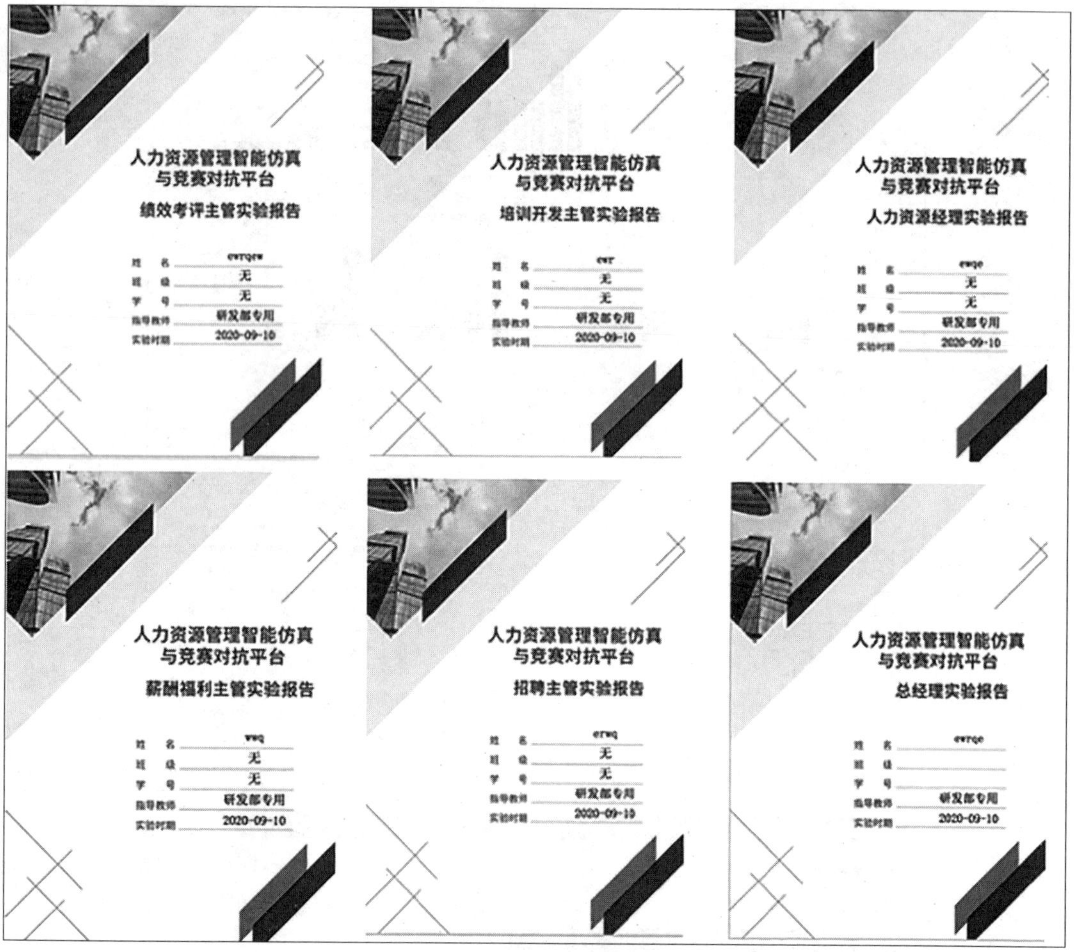

图 5-37　实验报告

点击“招聘情况”按钮，可以查看当期学生招聘提交情况和人员招聘明细，如图 5-38 和图 5-39 所示。

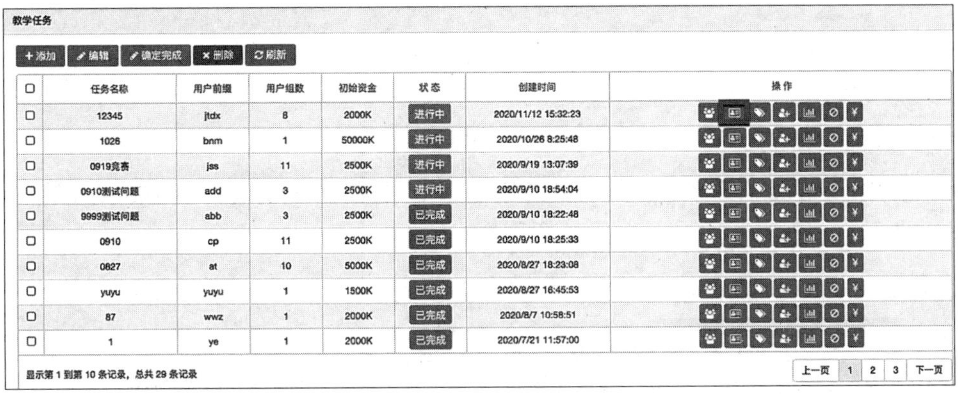
教学任务

+添加　编辑　确定完成　×删除　刷新

	任务名称	用户前缀	用户组数	初始资金	状态	创建时间	操作
	12345	jtdx	8	2000K	进行中	2020/11/12 15:32:23	
	1026	bnm	1	50000K	进行中	2020/10/26 8:25:48	
	0919竞赛	jss	11	2500K	进行中	2020/9/19 13:07:39	
	0910测试问题	add	3	2500K	进行中	2020/9/10 18:54:04	
	9999测试问题	abb	3	2500K	已完成	2020/9/10 18:22:48	
	0910	cp	11	2500K	已完成	2020/9/10 18:25:33	
	0827	at	10	5000K	已完成	2020/8/27 18:23:08	
	yuyu	yuyu	1	1500K	已完成	2020/8/27 16:45:53	
	87	wwz	1	2000K	已完成	2020/8/7 10:58:51	
	1	ye	1	2000K	已完成	2020/7/21 11:57:00	

显示第 1 到第 10 条记录，总共 29 条记录　上一页 1 2 3 下一页

图 5-38　教学任务——招聘情况

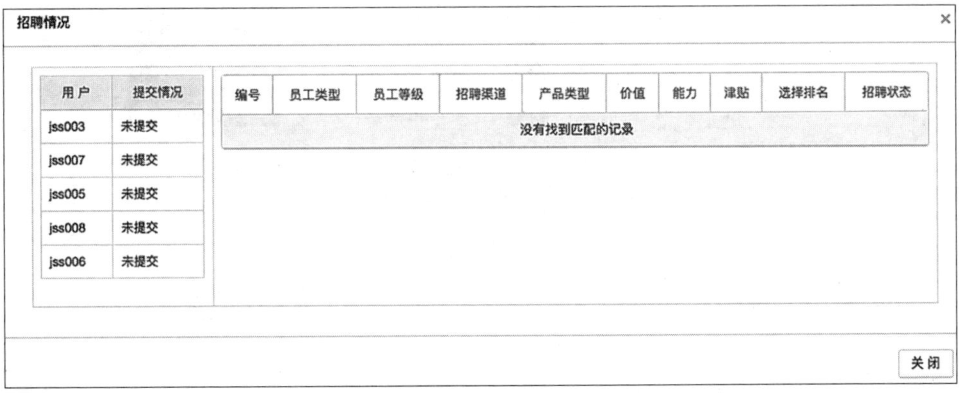
招聘情况

用户	提交情况
jss003	未提交
jss007	未提交
jss005	未提交
jss008	未提交
jss006	未提交

编号	员工类型	员工等级	招聘渠道	产品类型	价值	能力	津贴	选择排名	招聘状态
没有找到匹配的记录									

关闭

图 5-39　招聘情况明细

点击“销售情况”按钮，可以查看当年学生销售提交情况和销售明细，如图 5-40 和图 5-41 所示。

教学任务

+添加　编辑　确定完成　×删除　刷新

	任务名称	用户前缀	用户组数	初始资金	状态	创建时间	操作
	12345	jtdx	8	2000K	进行中	2020/11/12 15:32:23	
	1026	bnm	1	50000K	进行中	2020/10/26 8:25:48	
	0919竞赛	jss	11	2500K	进行中	2020/9/19 13:07:39	
	0910测试问题	add	3	2500K	进行中	2020/9/10 18:54:04	
	9999测试问题	abb	3	2500K	已完成	2020/9/10 18:22:48	
	0910	cp	11	2500K	已完成	2020/9/10 18:25:33	
	0827	at	10	5000K	已完成	2020/8/27 18:23:08	
	yuyu	yuyu	1	1500K	已完成	2020/8/27 16:45:53	
	87	wwz	1	2000K	已完成	2020/8/7 10:58:51	
	1	ye	1	2000K	已完成	2020/7/21 11:57:00	

显示第 1 到第 10 条记录，总共 29 条记录　上一页 1 2 3 下一页

图 5-40　教学任务——销售情况

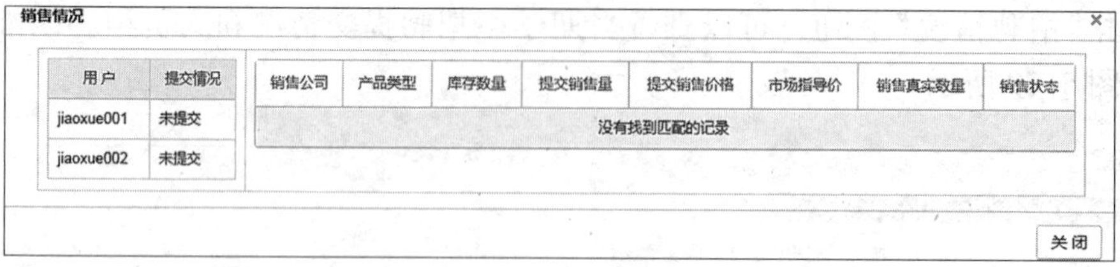

图 5-41　销售情况明细

点击“挖人情况”按钮，可以查看当年学生挖人提交情况和挖人明细，如图 5-42 和图 5-43 所示。

图 5-42　教学任务——挖人情况

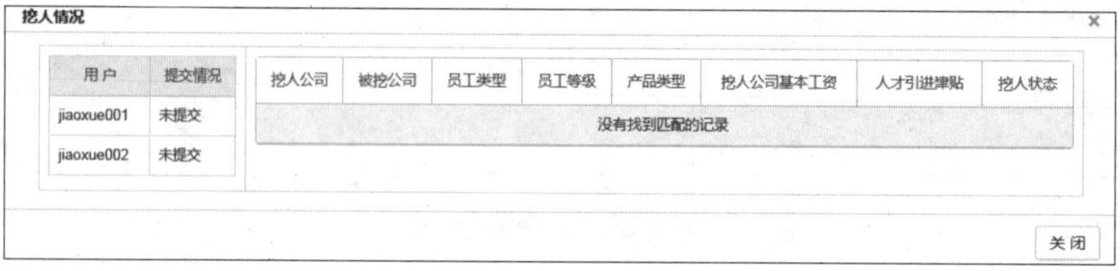

图 5-43　挖人情况明细

点击“市场排名”按钮，可以查看历年市场排名数据，如图 5-44 和图 5-45 所示。

图 5-44　教学任务——市场排名

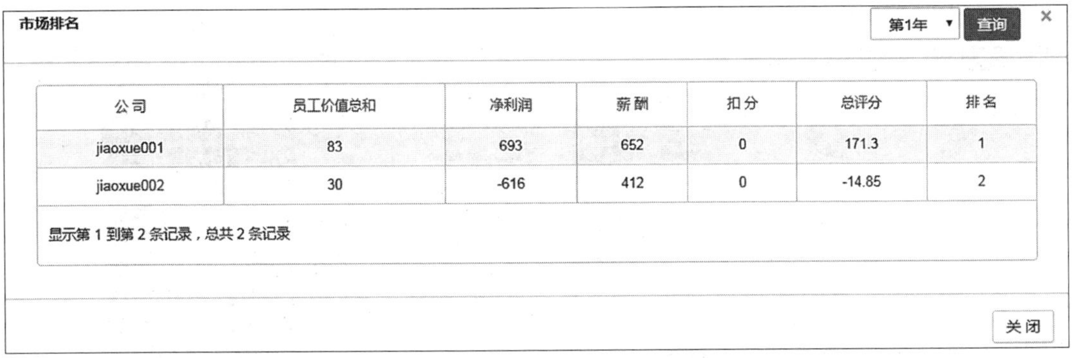
市场排名　第1年　查询　×

公司	员工价值总和	净利润	薪酬	扣分	总评分	排名
jiaoxue001	83	693	652	0	171.3	1
jiaoxue002	30	-616	412	0	-14.85	2

显示第 1 到第 2 条记录，总共 2 条记录

关闭

图 5-45　市场排名明细

点击“破产处理”按钮，可以处理学生申请破产的信息，勾选一条信息，点击“确定处理”，即可同意该破产要求，如图 5-46 和图 5-47 所示。

教学任务

+添加　编辑　确定完成　×删除　刷新

	任务名称	用户前缀	用户组数	初始资金	状态	创建时间	操作
☐	12345	jtdx	8	2000K	进行中	2020/11/12 15:32:23	
☐	1026	bnm	1	50000K	进行中	2020/10/26 8:25:48	
☐	0919竞赛	jss	11	2500K	进行中	2020/9/19 13:07:39	
☐	0910测试问题	add	3	2500K	进行中	2020/9/10 18:54:04	
☐	9999测试问题	abb	3	2500K	已完成	2020/9/10 18:22:48	
☐	0910	cp	11	2500K	已完成	2020/9/10 18:25:33	
☐	0827	at	10	5000K	已完成	2020/8/27 18:23:08	
☐	yuyu	yuyu	1	1500K	已完成	2020/8/27 16:45:53	
☐	87	wwz	1	2000K	已完成	2020/8/7 10:58:51	
☐	1	ye	1	2000K	已完成	2020/7/21 11:57:00	

显示第 1 到第 10 条记录，总共 29 条记录　上一页　1　2　3　下一页

图 5-46　教学任务——破产处理

破产处理　×

	用户名	公司名称	运营时间	当前步骤	总经费	人力资源经费
☐	jiaoxue002	jiaoxue002	第2年第1期	人力资源规划	8492K	873K

显示第 1 到第 1 条记录，总共 1 条记录

关闭　确定处理

图 5-47　破产处理明细

点击“注资处理”按钮，可以处理学生申请注资的信息，勾选一条信息，点击“确定处理”，即可同意该注资要求，如图 5-48 和图 5-49 所示。

	任务名称	用户前缀	用户组数	初始资金	状态	创建时间	操作
	12345	jtdx	8	2000K	进行中	2020/11/12 15:32:23	
	1026	bnm	1	50000K	进行中	2020/10/26 8:25:48	
	0919竞赛	jss	11	2500K	进行中	2020/9/19 13:07:39	
	0910测试问题	add	3	2500K	进行中	2020/9/10 18:54:04	
	9999测试问题	abb	3	2500K	已完成	2020/9/10 18:22:48	
	0910	cp	11	2500K	已完成	2020/9/10 18:25:33	
	0827	at	10	5000K	已完成	2020/8/27 18:23:08	
	yuyu	yuyu	1	1500K	已完成	2020/8/27 16:45:53	
	87	wwz	1	2000K	已完成	2020/8/7 10:58:51	
	1	ye	1	2000K	已完成	2020/7/21 11:57:00	

图 5-48　教学任务——注资处理

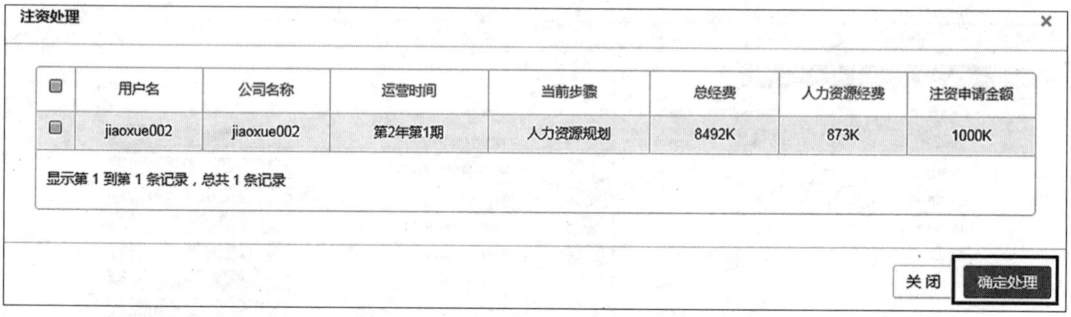

	用户名	公司名称	运营时间	当前步骤	总经费	人力资源经费	注资申请金额
	jiaoxue002	jiaoxue002	第2年第1期	人力资源规划	8492K	873K	1000K

图 5-49　注资处理明细

对于已建立的任务，勾选并点击“编辑”“确定完成”或“删除”按钮，可以修改任务名称、完成任务和删除任务，如图 5-50 所示。

	任务名称	用户前缀	用户组数	初始资金	状态	创建时间	操作
	12345	jtdx	8	2000K	进行中	2020/11/12 15:32:23	
	1026	bnm	1	50000K	进行中	2020/10/26 8:25:48	
	0919竞赛	jss	11	2500K	进行中	2020/9/19 13:07:39	
	0910测试问题	add	3	2500K	进行中	2020/9/10 18:54:04	
	9999测试问题	abb	3	2500K	已完成	2020/9/10 18:22:48	
	0910	cp	11	2500K	已完成	2020/9/10 18:25:33	
	0827	at	10	5000K	已完成	2020/8/27 18:23:08	
	yuyu	yuyu	1	1500K	已完成	2020/8/27 16:45:53	
	87	wwz	1	2000K	已完成	2020/8/7 10:58:51	
	1	ye	1	2000K	已完成	2020/7/21 11:57:00	

图 5-50　编辑、确定完成或删除教学任务

CHAPTER 6

第 6 章 企业人力资源管理综合技能训练实战经营

6.1　经营背景

本次实战演练以经济萧条、紧缩市场环境下的移动通信行业为模拟经营背景。实战演练初始总经费为 2500K，6 个小组同时进行对抗。

6.1.1　公司简介

移动通信技术的进步促进了移动通信设备的更新与变革，原有的移动通信设备已不能满足新的需求，这给通信设备制造业带来了新的市场机遇。× × 公司是国内一家拥有 30 多家子公司的大型上市公司，以移动通信技术起家，涉足多个行业领域。现如今公司董事会非常看好移动通信设备的发展前景，刚好市场上也出现了一项新的移动通信技术，可以改良现有的通信设备，因此董事会提议并讨论，一致决定组建一个移动通信设备公司。董事会成员也非常清楚，随着经济社会的发展，人力资源管理已经成为现代企业发展的核心推动力量。新公司成立之初的人员配置包括总经理、人力资源经理、招聘主管、培训主管、绩效主管、薪酬主管等。

现在，董事会聘请你们为新公司的核心人员，需要你们运用现代管理方法，对人力资源的获取（选人）、开发（育人）、保持（留人）和利用（用人）等方面进行计划、组织、指挥、控制和协调等一系列活动，从而实现人才价值的持续增长，最终实现企业的发展目标。

6.1.2　政府宏观环境

为了保障全体公民能够老有所养、病有所医、住有所居，同时保证物质及劳动力的再生产和社会的稳定，社会保险跟住房公积金已经成为政府强制性的一种保障计划，要求企业和雇员分别按工资收入的一定比例缴纳费用。社会保险在满足一定条件的情况下，可从社保基金中获得固定的收入或损失的补偿，住房公积金在满足一定的条件下可以申请相应额度的贷款等。

每年初政府会公布一次社会平均工资，各单位需要按照社会保险及公积金缴费基数及缴费比例规定按时缴纳各项费用，缴费基数以个人工资为准。当个人工资高于市场社会平均工资的 300% 时，以社会平均工资的 300% 为个人缴费基数；当个人工资低于市场社会平均工资的 60% 时，以社会平均工资的 60% 为个人缴费基数，缴费比例则严格按照政府发布的相关数据确定。同时，为了调节收入分配、监管经济活动并保障政府权益，对企业和个人分别需要征收所得税。根据《中华人民共和国企业所得税法》（2007 年 3 月 16 日第十届全国人民代表大会第五次会议通过）的规定，企业所得税采用 25%的比例税率，但当地政府会发布一些所得税减免政策。个人所得税采用超额累进税率，按其应纳税所得额计算征税，免征额为 15K，具体的征税标准见二维码“个人所得税征税标准”中的相关内容。

个人所得税征税标准

6.1.3 生产经营

1. 研发

基于行业本身的动态性，研发对于 IT（information technology，信息技术）行业和其他高科技行业来说是非常重要的。虽然新的移动通信技术已被发现，但是要将新技术应用到移动通信设备中还需要一定的研发投入，以及一批优秀的研发人员不断进行尝试与创新。当新产品研发成功并进行生产时，同样需要研发人员的辅助才能确保生产出合格的产品，同时，旧产品的利润会很快下降。因此，各公司都需要选聘优秀的研发人员加快研发步伐，确保自己在市场中的竞争优势。而人才市场上会有不同等级的研发人员，分别具有不同的研发能力。

研发人员的研发能力

2. 生产

高科技公司具有新产品生产初期过程复杂、成本高昂及产品生命周期短等特征，这些特征迫使公司需要在低成本的基础上尽快地生产出新产品。同时需要考虑市场需求及市场竞争。市场每年的总需求是有限的，由于市场本身具有自我调节作用，总会达到供需平衡，所以各公司必须控制好生产目标，生产正确的数量和产品，确保生产目标与预计需求相符。过多的需求估算和生产指标将会导致销售损失或降低单位产品收益，但是过少的需求估算和生产指标则容易不能及时满足消费者的需求，公司也将面临销售损失。人才市场上有不同等级的生产人员，分别具有不同的生产能力。

不同产品的生产成本

3. 销售

公司一般是指以营利为目的，从事商业经营活动的组织，主要目标就是利润最大化，而利润的来源主要就是销售收入。有计划地组织产品销售，取得销售收入，加强销售收入管理，对企业来说有着重要意义。及时获取销售收入，是加速资金周转、提高资金利用效率的重要环节，是补偿耗费、持续经营的基本前提。

销售人员的销售能力

所有移动通信设备制造业公司生产的产品都在一个市场中流通，由于存在市场供需不平衡的情况，必然会导致价格的上下波动，直接影响公司的销售收入。同时，流通市场又存在一定的开放性和竞争性，对任何公司进入市场都没有限制，任何公司随时可以进入市场进行交易，同时不论公司大小、性质如何，在市场竞争面前一律平等，但与此同时也必然会导致激烈的价格竞争。

因此，公司不仅要对销售收入有一个合理的规划，保障公司资金链的正常运转，同时还需要考虑产品的销售单价，确保产品利润的最大化。综合考虑销售收入与利润的协调，必要的情况下可以采取囤货策略。同时，人才市场上有不同等级的销售人员，分别具有不同的销售能力。

6.1.4　市场环境

1. 第一年市场环境

由于新技术的诞生，部分消费者会对第一代移动手机产品（简称 P1）产生需求，同时，部分消费者对产品的熟悉度不够，接受度有待提高。分析师预测本年度手机的销售量将会在整个市场上有一个快速的起步增长，预估定价 64 元 / 批次，预计销量在 160 批次。

第一年人员供应情况

由于是新技术的诞生，各大公司也会面临一个比较严峻的挑战，人才市场上熟识该技术，能够参与研发产品、生产产品的技术人员非常紧缺。据不完全统计，预计有研发高级人员（A）1 人，出现在猎头招聘平台；研发中级人员（B）6 人，主要出现在人才交流中心和 Internet 平台招聘；研发初级人员（C）11 人，主要出现在人才交流中心；研发助理人员（D）13 人，主要出现在校园招聘中。生产高级人员（A）预计有 1 人，出现在猎头招聘平台；生产中级人员（B）5 人和生产初级人员（C）8 人，主要集中在 Internet 平台招聘和人才交流中心；生产助理人员（D）21 人，主要集中在校园招聘中。

由于是新技术、新产品，市场上了解该产品的销售人员非常少。据收集到的信息资料，本年度招聘市场上的销售人员中，有高级人员（A）1 人，主要出现在猎头招聘平台；中级人员（B）2 人，主要分布在传统媒体和人才交流市场；销售初级人员（C）7 人，主要分布在 Internet 平台；销售助理人员（D）14 人，主要分布在校园招聘渠道。

2. 第二年市场环境

据估计，本年度消费者将会普遍接受使用新一代 P1 手机，P1 手机的需求量将有大幅增加，同时随着 P1 产品的普及，部分消费者会想要追求更加优质的产品，此时 P2 产品的需求也会逐渐显现。分析师们预测 P1 手机的销售量将会在市场上有一个强劲的增长，估计会达到 50% ～ 55%，其售价也会有小幅度的提升。

第二年人员供应情况

根据 Tecno Analytics（TA）公司的一项市场调研发现，下一代手机（P2）“会让消费者感到疯狂”，TA 公司的首席执行官透露，TA 已向使用核心技术的 100 位亚洲消费者和

100 位欧洲消费者提供了 P2 手机并让其使用两周，以对新技术的可行性加以评估并同时把新技术介绍到市场。试用两周后，只有 2 位试用者觉得产品性价比不高、手机分辨率不佳、看久以后会出现眼部不适、音质不佳和电池容量小的问题。

同时市场上仍存在对移动手机质疑的声音，不少人声称自己在进行长时间的通话后出现了耳聋、耳鸣的状况，还有一些家长抱怨，自己的孩子每天花费在手机上的时间平均有两小时，这在很大程度上干扰了其日常生活。分析师认为，社会上的质疑声和 75 元 / 批次的售价使得刚出现的 P2 产品销量仅有 192 批次。

以消费者需求为中心，以市场为出发点，随着新一代手机的推广普及，越来越多的销售人员看到这一发展机遇。据不完全统计，市场上预计有销售高级人员（A）2 人，主要集中在人才交流中心；销售中级人员（B）3 人，主要集中在人才交流中心和 Internet 平台；销售初级人员（C）和销售助理人员（D）分别为 3 人和 7 人，主要集中在人才交流中心和校园招聘。科技的不断进步使各公司产生危机感，他们仍需要大量的研发人员来保障研发力量。市场上预计有研发高级人员（A）5 人，主要集中在人才交流中心；研发中级人员（B）7 人，主要分布在人才交流中心和 Internet 平台；研发初级人员（C）和研发助理人员（D）分别为 8 人和 10 人，主要分布在校园招聘和 Internet 平台。市场上预计有生产高级人员（A）2 人，生产中级人员（B）4 人，主要集中出现在人才交流中心；生产初级人员（C）6 人，主要集中在 Internet 平台招聘和人才交流中心；生产助理人员（D）15 人，主要集中在校园招聘和人才交流中心。

3. 第三年市场环境

由于网络技术的突破，P3 手机开始面世，并且很快有了一部分市场需求，新技术的研发费用将会大幅增加。P3 产品自一出世，就受到了多方关注。TA 公司发布的一份关于 P3 产品的行业市场调查分析报告，报告指出，P3 产品问世后，其发售价格提升至 150 元 / 批次以上，但因研发、生产能力的限制，其在手机市场的销售占比并不是很高，预计销量在 64 批次左右。P3 产品的创新将推动手机行业价位带的向上延伸。从整体来看，移动通信制造产业将有望实现快速增长。TA 公司声称，继续看好移动通信制造业，市场上的各公司有望迎来春种秋收的良机。

第三年人员供应情况

P1 产品的增长势头在本年度虽有所放缓，但还是保持强劲增长，分析师预测 P1 产品的市场需求仍将增长 40%。预计销量 336 批次，售价 64 元 / 批次。TA 公司发现，随着 P1 产品的大众化程度提高，消费者对产品的要求也不断地增加，他们希望能使用更高科技的手机产品，因此 P2 产品比以往任何时候都更有吸引力。TA 公司分析认为，P2 产品在今年将会成为一匹黑马，P2 产品的技术含量和它的中低端产品定位使得它将在今年大放异彩。预计 P2 产品的售价将为 72 元 / 批次，预计销量在 269 批次左右。

随着移动通信制造业的迅速崛起，更多人意识到其背后的产业价值，但移动通信制造业仍面临着人才短缺的问题，产品需求的增加与生产能力短缺之间的矛盾使各公司焦头烂额，不得不出台高薪（人才吸引）政策来吸引高端生产人员。据不完全统计，该年市场上的生产高级人员（A）有 3 人，主要集中在 Internet 平台招聘和人才交流市场；生产中级人员（B）有 4 人，主要集中在 Internet 平台招聘和人才交流市场；生产初级人员（C）有 8 人，主要集中在 Internet 平台招聘和人才交流市场；生产助理人员（D）有 16 人，主要集中在校园招聘和人才交流市场。市场竞争的白热化使得各公司都加紧了研发生产，研发人员的研发进程不断加快，行业中研发人员呈现饱和状态。本年度预计会出现研发高级人员（A）4 人，主要集中在 Internet 平台招聘和人才交流市场；研发中级人员（B）7 人，主要集中在人才交流中心；研发初级人员（C）8 人，主要集中在人才交流市场和传统媒体招聘；研发助理人员（D）12 人，主要集中在校园招聘上。

TA 公司分析认为，该年度是产品销售的"旺季"，市场需求和预计售价普遍呈增长趋势。强大的销售队伍是推动企业业绩增长至关重要的因素。本年度预计会出现销售高级人员（A）2 人，主要集中在 Internet 平台招聘；销售中级人员（B）3 人，主要集中在 Internet 平台招聘；销售初级人员（C）8 人，主要集中在 Internet 平台招聘和人才交流市场；销售助理人员（D）14 人，主要集中在校园招聘上。

4. 第四年市场环境

到了第四年，P4 产品横空出世，吸引了绝大多数消费者的目光，P4 产品因其拥有的"黑科技"和新颖的外观，受到了不少手机"发烧友"的追捧，不少人认为 P4 产品是"国产手机之光"。新技术的研发费用将会惊人的巨大，其销售价格将高达 205 元 / 批次。分析师预测 P4 产品的需求为 80 批次。在世界移动通信大会上，Android Authority 、Wired、Mobile Geeks 等媒体对 P4 产品的"黑科技"也给予了高度评价，并授予 P4 手机多个重大奖项。虽然 P4 产品的定位和定价都是专注于高端人士，但这阻挡不了普通消费者对 P4 产品的热情。

第四年人员供应情况

市场竞争的白热化程度不断加剧，各大公司都期望能在市场中拔得头筹。根据收集到的信息资料，P1 产品由于技术水平低，市场售价预计为 62 元 / 批次，较低的售价使得 P1 产品的需求仍能保持 30% 的增长，但随着消费者的需求向高层次转变，P1、P2 产品的需求增长将得到抑制，P2 产品本年度的需求为 349 批次，其市场售价预计为 70 元 / 批次。P3 产品因具有较高的科技含量，以及消费者对高层次产品的需求增长，预计本年度 P3 产品的需求为 102 批次，预计售价为 162 元 / 批次。

TA 公司指出，由于 P4 产品的科技含量非常高，P4 产品存在供不应求的现象，各大公司仍然面临严峻的生产人员短缺问题，本年度人才需求主要集中在生产和销售中高端人才上。据不完全统计，市场上有生产高级人员（A）3 人，主要分布在人才交流市场和 Internet 平台招聘；生产中级人员（B）4 人，主要分布在人才交流市场和 Internet 平台招聘；生产初级人员（C）7 人和生产助理人员（D）12 人，主要分布在 Internet 平台和校园招聘上。研发市场预计会出现研发高级人员（A）3 人，主要集中在 Internet 平台招聘；研发中级人员（B）6 人，主要分布在人才交流市场和 Internet 平台招聘；研发初级人员 8 人，主要集中在 Internet 平台招聘；研发助理人员 14 人，主要集中在校园招聘上。销售市场预计将会出现大量的人员，其中销售高级人员（A）5 人，主要集中在人才交流市场；

销售中级人员(B)5人，主要分布在人才交流市场和Internet平台招聘；销售初级人员(C)11人，主要集中在人才交流中心和传统媒体招聘；销售助理人员（D）14人，主要集中在校园招聘上。

5. 第五年市场环境

手机市场在最近几年，处于高速发展阶段，移动通信产业也在以几何级的增长速度实现跨越式发展。不过在市场日渐成熟时，强劲的市场增长率将在这几年（回合）逐步下降，预示着手机市场已经接近饱和的趋势。

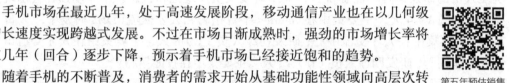

第五年预估销售量与参考价

随着手机的不断普及，消费者的需求开始从基础功能性领域向高层次转变，更加注重产品的性能和美感。IDC（互联网数据中心）发布的数据显示，市场手机产品的售价已经从第一年的64元/批次上涨到了第四年的225元/批次。售价的提升固然有高端产品的拉动，但是也预示着用户对更高品质的追求。

TA公司发布的行业调研分析指出，换机将成为本年度手机市场的主流，二次换机的现状决定了用户体验要求会更高，外形美观、性能强劲、用户体验极佳的中高端手机受到越来越多的关注，将拉动中高端手机的市场份额，手机市场向高端化布局已是整体的大趋势，对于各大公司而言，这是个契机。

分析师指出，各大公司抢的都是同一类人才，生产、销售中高端人员均是本年度移动通信制造业企业的招聘热点。通过对收集的数据进行统计分析，各大公司在招聘渠道上，校园招聘和社会招聘平分秋色，薪酬水平和公司的价值是吸引人员流入的重要因素。分析指出，本年度市场上有生产高级人员（A）2人，主要分布在Internet平台；生产中级人员（B）和生产初级人员(C)都为6人，主要集中在人才交流中心和Internet平台；生产助理人员(D)13人，主要分布在校园招聘渠道上。本年度有研发高级人员（A）1人，出现在人才交流中心；研发中级人员（B）3人，主要集中在人才交流中心；还有初级人员和一部分助理级人员，其中研发初级人员4人，也主要在人才交流中心，研发助理人员6人，主要集中在校园招聘渠道上。市场上的销售高级和中级人员分别为1人和2人，主要分布在Internet平台；销售初级和助理人员分别为1人和4人，主要分布在人才交流中心和校园招聘渠道。

第五年人员供应情况

6. 第六年市场环境

相比第五年，第六年的产品销量增长速度明显放缓，一方面是去年各公司之间的激烈竞争，生产速度和数量都属空前，另一方面是消费者的换机热情减退，手机消费回归理性。不过，面对这样不利的市场环境，手机行业也有新的增长点，那就是4G的进一步全面建设与推广。

第六年预估销售量与参考价

IDC发布了第五年中国手机销量分析报告，P1、P2、P3位居前三。同时市场上各大公司都提升了产品的生产效率，不管是中低端手机还是高端手机，同样都受到了消费者的青睐。P1、P2产品预计指导价稳定，P3、P4产品价格仍将持续上升。

人力资源和社会保障部的报告指出，市场的饱和不仅使产品呈现供过于求的现象，也带来了员工过剩的问题。据统计，本年度市场上仅出现销售人员和生产人员。预计有销售高级人员（A）2 人，主要出现在人才交流市场和 Internet 平台；销售高级人员（B）2 人，主要出现在人才交流市场；销售初级人员（C）和助理人员（D）分别为 2 人和 4 人，主要集中在人才交流中心。市场上有生产高级人员（A）5 人，主要出现在传统媒体招聘；生产中级人员（B）5 人，主要分布在人才交流中心；生产初级人员（C）7 人，也主要在人才交流中心；生产助理人员（D）17 人，主要集中在校园招聘渠道上。

1. 第六年预估销售量与参考价
2. 历年市场人员供应情况

6.2　实战演练

本节对人力资源管理智能仿真与运营对抗平台 C1 小组至 C6 小组进行企业人力资源管理综合技能训练运营对抗实战演练时每年的运营对抗情况做一简要说明。

6.2.1　C1 小组

下面是企业人力资源管理综合技能训练模拟实战时 C1 小组在人力资源管理智能仿真与运营对抗平台每年的运营对抗情况。

1. 第一年

（1）年初经营

1）人力资源规划

C1 小组规划在短期内抢占 P1 产品市场并在未来三年内把重点放在中低端产品的研发和生产上。C1 小组第一年计划生产 P1 产品 36 批，P2 产品 20 批。

第一年预计外部招聘研发 A 级 1 人，研发 B 级 1 人，研发 C 级 1 人；生产 A 级 1 人，生产 B 级 2 人，生产 C 级 7 人，生产 D 级 1 人，销售 B 级 1 人，销售 C 级 2 人。第一年无培训晋升计划。

C1 小组第一年运营对抗经验总结

C1 小组第一年的费用预算如表 6-1 所示。

表 6-1　C1 小组第一年的费用预算

单位：K

项目	费用	项目	费用
人力资源总经费	1850	计划工资总支出	1500
计划招聘费用	400	其他人力资源支出	300
计划培训费用	20	非人力资源经费	650

2）人力资源经费申请

根据费用预算，C1 小组申请了 1850K 的人力资源经费。

3）工作分析与薪酬设计

工作分析中，工资区间的设定将影响基本工资的设置。根据公司发展规划，C1 小组在第一年设置了较高的基本工资，以保证对外竞争性。同时薪酬结构设计主要包括工龄工资、岗位津贴、交通补贴、通信补贴、住房补贴、高温补贴、人才引进津贴。具体设定如表 6-2 所示。

表 6-2 C1 小组第一年的基本工资设定

单位：K

员工等级	研发人员	生产人员	销售人员
A	26K [23 ～ 28K]	27K [23 ～ 29K]	24K [22 ～ 27K]
B	20K [16 ～ 22K]	21K [17 ～ 22K]	18K [16 ～ 21K]
C	13K [9 ～ 15K]	14K [10 ～ 16K]	13K [9 ～ 15K]
D	6K [4 ～ 8K]	6K [5 ～ 9K]	5K [4 ～ 8K]

注：表格中的数据前者代表该岗位该等级员工的基本工资，后者括号中的数字代表该岗位该等级员工工资设定的区间范围。下文出现此格式的表格不再加注说明。

4）绩效指标确定

绩效考核指标能够明确工作目标以及考核标准，准确选择绩效指标对管理人员的绩效考核起着重要作用。C1 小组第一年各岗位绩效考核分别设定如下。

总经理：净利润（20%）、产品销量（20%）、销售额（30%）、产品利润（20%）、生产计划准确率（10%）

人力资源经理：人力资源规划方案提交及时率（20%）、人力资源成本（20%）、人均人力资源成本（10%）、员工流失率（20%）、劳动争议发生次数（20%）、经费申请不当产生的损失（10%）。

招聘主管：人均招聘成本（35%）、招聘计划达成率（35%）、招聘人员流失率（30%）。

培训主管：人均培训费用（25%）、培训计划（25%）、培训能力提升（25%）、培训人次（25%）。

绩效主管：管理人员价值增量（35%）、员工价值增量（35%）、当年所选考核指标数（30%）。

薪酬主管：人均薪酬（25%）、薪资总额占人力资源成本比（25%）、当年绩效奖金占薪资比（25%）、薪酬结构丰富化（25%）。

（2）年中经营

C1 小组第一年运营情况良好，成功研发并生产 P1、P2 产品。C1 小组第一年四期运营情况如表 6-3 所示。

表 6-3 C1 小组第一年四期运营情况

项目	第一期	第二期	第三期	第四期
招聘	第一期招聘共花费 65K，其中人（研 C、生 D），传（研 B、研 C），校（研 D、生 D）。招聘结果见表 6-4		第三期招聘共花费 63K，其中人（研 B、C，生 C，销 B、C），网（研 B，生 C，销 C、D）。招聘结果见表 6-4	
培训	新（10 人，10K）	无	新（12 人，12K）	企业文化（22 人，1K/ 人）

续表

项目	第一期	第二期	第三期	第四期
研发	P1（5/15，1 期），P2（8/21，3 期）	P1 第一年第一期研发完成，P2（8/21，2 期）	P2（8/21，1 期），P3（10/12，5 期）	P2 第一年第一期研发完成，P3（10/12，4 期）
生产	无	P1（5/5，30K）	P1（13/13，96K）	P1（13/13，96K），P2（2/2，24K）
销售	P1（9 批 /9 批，117K/65K，9 批，1053K），P2（2 批 /2 批，186K/120K，2 批，372K）			
薪资核算	合计 301K。其中 M=66K，K=28K；J=146K，L=61K	合计 283K。其中 M=69K，K=29K；J=131K，L=54K	合计 714K。其中 M=66K，K=28K；J=439K，L=181K	合计 577K。其中 M=66K，K=28K；J=342K，L=141K
其他	第四期：紧急申请 232K			

注：实战演练中，C1 至 C6 小组运营情况表中具体填写内容解释如下。

1. 招聘：招聘费用，招聘渠道（员工类型和级别）。挖人（员工类型，级别，岗位，所在公司，津贴，结果）。

2. 培训：新员工培训（人数，培训费用）；在岗培训（培训人员编号，培训费用）；脱产培训（培训人员编号，培训费用）；转岗培训（培训人员编号，转岗后的岗位，转岗费用）；企业文化培训（总人数，每人费用）。

3. 研发产品（研发所需能力 / 实际能力，剩余期数）；生产产品（可生产批数 / 实际生产批数，生产成本）；销售产品（提交销售数量 / 库存，出厂价 / 指导价，实际销量，销售收入）；清仓产品（数量，价格，收入）。

4. 薪资核算中：M 为管理人员应付工资总额，K 为管理人员公司承担社保公积金；J 为员工应付工资总额，L 为员工公司承担社保公积金。

C1 小组第一年第一期成功招聘 10 人，第三期成功招聘 12 人，招聘结果如表 6-4 所示。

表 6-4　C1 小组第一年的招聘结果

招聘渠道	招聘员工信息（员工类型，级别，定岗，人才引进津贴，合同期限）
人才交流中心、传统媒体招聘、网络招聘、校园招聘	第一期：（Y11038，B，P2，12K，6 年）、（Y11039，C，P1，5K，6 年）、（Y11048，D，P1，1K，6 年）、（Y11049，D，P1，1K，6 年）、（Y11056，C，P2，2K，6 年）、（S11032，D，P1，1K，6 年）、（S11034，D，P1，1K，6 年）、（S11036，D，P1，1K，6 年）、（S11039，D，P1，1K，6 年）、（S11041，D，P1，1K，6 年）
	第三期（Y13058，B，P3，6K，6 年）、（Y13059，B，P3，6K，6 年）、（Y13060，B，P2，6K，6 年）、（Y13061，C，P2，5K，6 年）、（S13049，C，P2，13K，6 年）、（S13050，C，P1，15K，6 年）、（S13051，C，P1，13K，6 年）、（X13028，B，P1，15K，6 年）、（X13031，C，P2，10K，6 年）、（X13036，C，P1，10K，6 年）、（X13046，D，P1，2K，6 年）、（X13047，D，P1，2K，6 年）

（3）年末经营

C1 小组年末进行绩效考核和市场排名，详情如表 6-5 所示。

表 6-5　C1 小组第一年的经营结果

项目	总经理	人力资源经理	招聘主管	培训主管	绩效主管	薪酬主管
考核总分	53	83	93	83	81	75
薪酬等级变化	−1	0	+1	0	0	0

续表

项目	总经理	人力资源经理		招聘主管	培训主管	绩效主管	薪酬主管
价值变化	-1	0		+2	0	0	0
绩效奖金	0	0		7K	0	0	0
综合运营费	19K	超额损失	56K	应交所得税	0K	囤货	0K
总分	95.7			排名	4		

2. 第二年

（1）年初经营

C1 小组第二年运营对抗经验总结

1）当年开始

2）人力资源规划

第二年初 C1 小组计划生产 P1 产品 44 批，P2 产品 28 批。

C1 小组计划从外部招聘生产 B 级 1 人。第二年无晋升计划、培训计划，将定岗 P1 的 C 级销售人员调岗至 P2 产品销售岗位。

费用规划是人力资源规划的重要内容之一，C1 小组第二年的费用预算如表 6-6 所示。

表 6-6　C1 小组第二年的费用预算

单位：K

费用预算			
人力资源总经费	2000	计划工资总支出	2400
计划招聘费用	200	其他人力资源支出	0
计划培训费用	3	非人力资源经费	600

3）人力资源经费申请

根据费用预算，C1 小组申请了 2000K 的人力资源经费。

4）工作分析与薪酬设计

第二年 C1 小组制定的基本工资区间与上年相同，没有调整员工的基本工资。薪酬结构设计调整为工龄工资、交通补贴、住房补贴、人才引进津贴。

5）绩效指标确定

C1 小组第二年绩效考核指标选择和权重设置与上年相同。

（2）年中经营

C1 小组第二年以生产 P1、P2 产品为主，四期运营情况如表 6-7 所示。

表 6-7　C1 小组第二年四期运营情况

	第一期	第二期	第三期	第四期
招聘	第一期放弃挖人，招聘共花费 21K，未招到人。招聘结果见表 6-8		第三期招聘共花费 41K，其中人（生 D），网（生 C、D），校（生 D）。招聘结果见表 6-8	
培训	无	无	新（6 人，6K）	企业文化（28 人，2K/ 人）

续表

	第一期	第二期	第三期	第四期
研发	P3（10/12，3 期）	P3（10/12，2 期）	P3（10/12，1 期）	
生产	P1（5/5，30K），P2（6/6，72K）	P1（5/5，30K），P2（6/6，72K）	P1（10/10，60K），P2（8/8，96K）	P1（10/10，60K），P2（8/8，96K）
销售	P1（17 批 /17 批，45K/38K，17 批，765K）			
薪资核算	合计 529K。其中 M=70K，K=29K；J=303K，L=127K	合计 530K。其中 M=70K，K=29K；J=304K，L=127K	合计 640K。其中 M=70K，K=29K；J=383K，L=158K	合计 670K。其中 M=70K，K=29K；J=403K，L=168K
其他	第四期：回账经费 156K，紧急申请 735K			

C1 小组第二年第一期未能招聘成功，第三期成功招聘 6 人，招聘结果如表 6-8 所示。

表 6-8　C1 小组第二年的招聘结果

招聘渠道	招聘员工信息（员工类型，级别，定岗，人才引进津贴，合同到期年份）
网络招聘人才交流中心	第一期：无
	第三期（S23115，D，P1，2K，6 年）、（S23114，D，P1，1K，6 年）、（S23112，D，P1，1K，6 年）、（S23110，D，P1，1K，6 年）、（S23108，D，P1，1K，6 年）、（S23107，C，P1，6K，6 年）

（3）年末经营

C1 小组年末进行绩效考核和市场排名，详情如表 6-9 所示。

表 6-9　C1 小组第二年的经营结果

项目	总经理	人力资源经理		招聘主管	培训主管	绩效主管	薪酬主管
考核总分	88	71		79	87	60	77
薪酬等级变化	+1	0		0	+1	−1	0
价值变化	+2	0		0	+2	−1	0
绩效奖金	13K	0		0	7K	0	0
综合运营费	13K	超额损失	0K	应交所得税	754K	囤货	0K
总分	190.77			排名	4		

3. 第三年

（1）年初经营

1）当年开始

C1 小组第三年运营对抗经验总结

第三年，政府鼓励毕业生就业奖励 1K，支付管理人员绩效奖金 15K，上一年度社会平均工资为 16K。

2）人力资源规划

第三年初 C1 小组计划生产 P1 产品 40 批，P2 产品 24 批，P3 产品 10 批。

C1 小组计划从外部招聘：研发 B 级 1 人，研发 C 级 1 人；生产 C 级 2 人，生产 D 级

4 人；销售 D 级 2 人。第三年无晋升培训、调岗计划。

费用规划是人力资源规划的重要内容之一，C1 小组第三年费用预算如表 6-10 所示。

表 6-10　C1 小组第三年的费用预算

单位：K

项目	费用	项目	费用
人力资源总经费	3220	计划工资总支出	3000
计划招聘费用	200	其他人力资源支出	0
计划培训费用	20	非人力资源经费	900

3）人力资源经费申请

根据费用预算，C1 小组申请了 3220K 的人力资源经费。

4）工作分析与薪酬设计

C1 小组第三年基本工资区间和薪酬设计与上年相同，但在招聘时上调了人才引进津贴。

5）绩效指标确定

C1 小组第三年各岗位绩效考核指标的选择和权重设置与上年相同。

（2）年中经营

C1 小组第三年主要以生产 P1、P2 产品为主，四期运营情况如表 6-11 所示。

表 6-11　C1 小组第三年四期运营情况

项目	第一期	第二期	第三期	第四期
招聘	第一期放弃挖人，招聘共花费 86K，其中人（研 D，生 C，销 C，销 D），网（研 B，生 C，销 C），传（研 B，生 C），校（研 D）		第三期招聘共花费 27K，其中校（生 D），网（销 C）	
培训	新（13 人，13K）	无	新（3 人，3K）	无
研发	无	无	无	无
生产	P1（10/10，60K），P2（12/12，144K）	P1（10/10，60K），P2（12/12，144K）	P1（12/12，72K），P2（14/14，168K）	P1（12/12，72K），P2（14/14，168K）
销售	P1（44 批 /44 批，83K/70K，44 批，3652K），P2（34 批 /34 批，111K/91K，34 批，3774K）			
薪资核算	合计 1077K。其中 M=81K，K=34K；J=684K，L=278K	合计 965K。其中 M=84K，K=35K；J=599K，L=247K	合计 993K。其中 M=81K，K=34K；J=620K，L=258K	合计 1048K。其中 M=81K，K=34K；J=660K，L=273K
其他	第四期：紧急申请 1036K			

（3）年末经营

C1 小组年末进行绩效考核和市场排名，详情如表 6-12 所示。

表 6-12　C1 小组第三年的经营结果

项目	总经理	人力资源经理		招聘主管	培训主管	绩效主管	薪酬主管
考核总分	66	70		86	91	92	72
薪酬等级变化	0	0		+1	+1	+1	0
价值变化	0	0		+2	+2	+2	0
绩效奖金	0	0		7K	7K	6K	0
综合运营费	29K	超额损失	0K	应交所得税	619K	囤货	0K
总分	334.14			排名	4		

4. 第四年

（1）年初经营

1）当年开始

第四年，社保返还 50K，支付管理人员绩效奖金 16K，上一年度社会平均工资为 19K。

C1 小组第四年运营对抗经验总结

2）人力资源规划

第四年初 C1 小组生产 P1 产品 48 批，P2 产品 48 批，P3 产品 32 批。

第四年 C1 小组从外部招聘：生产 A 级 1 个，生产 B 级 1 个；生产 A 级 1 人，生产 B 级 2 人。

费用规划是人力资源规划的重要内容之一，C1 小组第四年的费用预算如表 6-13 所示。

表 6-13　C1 小组第四年的费用预算

单位：K

项目	费用	项目	费用
人力资源总经费	4820	计划工资总支出	4500
计划招聘费用	300	其他人力资源支出	0
计划培训费用	20	非人力资源经费	1000

3）人力资源经费申请

根据费用预算，C1 小组申请了 4820K 的人力资源经费。

4）工作分析与薪酬设计

C1 小组第四年基本工资区间、基本工资设定与上年相同，薪酬设计不勾选。

5）绩效指标确定

C1 小组第四年各岗位绩效考核指标的选择和权重设置与上年相同。

（2）年中经营

C1 小组第四年继续招聘，以生产 P1、P2、P3 产品为主，四期运营情况如表 6-14 所示。

表 6-14　C1 小组第四年四期运营情况

项目	第一期	第二期	第三期	第四期
招聘	第一期放弃挖人，招聘共花费 86K，其中人（生 B，生 C，销 B，销 C），网（研 C，生 B，生 B、C），再就业（生 B）		放弃招聘	
培训	新（9 人，9K）	无	无	企业文化（16 人，1K/ 人）
研发	无	无	无	无
生产	P1（12/12，72K），P2（16/16，192K），P3（6/6，120K）	P1（12/12，72K），P2（16/16，192K），P3（6/6，120K）	P1（12/12，72K），P2（16/16，192K），P3（6/6，120K）	P1（12/12，72K），P2（16/16，192K），P3（6/6，120K）
销售	P1（48 批 /48 批，89K/72K，16 批，1424K），P2（60 批 60 批，89K/72K，16 批，1424K），P3（22 批 /22 批，89K/72K，16 批，1424K）			
薪资核算	合计 1789K。其中 M=90K，K=37K；J=1245K，L=417K	合计 1402K。其中 M=93K，K=39K；J=897K，L=373K	合计 1356K。其中 M=90K，K=37K；J=866K，L=363K	合计 1484K。其中 M=90K，K=37K；J=959K，L=398K
其他	第四期：紧急申请 1638K			

（3）年末经营

C1 小组年末进行绩效考核和市场排名，详情如表 6-15 所示。

表 6-15　C1 小组第四年的经营结果

项目	总经理	人力资源经理		招聘主管	培训主管	绩效主管	薪酬主管
考核总分	89	77		86	83	92	73
薪酬等级变化	+1	0		+1	0	+1	0
价值变化	+2	0		+2	0	+2	0
绩效奖金	13K	0		7K	0	6K	0
综合运营费	30K	超额损失	0K	应交所得税	1766K	囤货	0K
总分	489.4			排名	4		

5. 第五年

（1）年初经营

1）当年开始

C1 小组第五年运营对抗经验总结

第五年，支付管理人员绩效奖金 28K，支付管理人员年终奖 530K，支付企业福利 530K，上一年度社会平均工资为 23K。

2）人力资源规划

第五年初 C1 小组计划生产 P1 产品 72 批，P2 产品 72 批，P3 产品 40 批。

第五年 C1 小组从外部招聘：研发 A 级 1 个，研发 C 级 1 个，研发 D 级 1 个；生产 B

级2个，生产C级3个，生产D级6个；销售C级2个，销售D级1个。

费用规划是人力资源规划的重要内容之一，C1小组第五年的费用预算如表6-16所示。

表6-16　C1小组第五年的费用预算

单位：K

项目	费用	项目	费用
人力资源总经费	6110	计划工资总支出	1000
计划招聘费用	80	其他人力资源支出	100
计划培训费用	100	非人力资源经费	100

3）人力资源经费申请

根据费用预算，C1小组申请了6110K的人力资源经费。

4）工作分析与薪酬设计

为了招聘到需要的员工，第五年C1小组在制定薪酬时上调了员工的基本工资和区间，其中研发A级为52K，研发B级为25K，研发C级为13K，研发D级为7K；生产A级为55K，生产B级为29K，生产C级为14K，生产D级为7K；销售A级为49K，销售B级为25K，销售C级为13K，销售D级为7K。具体设定如表6-17。

表6-17　C1小组第五年的基本工资设定

单位：K

员工等级	研发人员	生产人员	销售人员
A	52K　[49～55K]	55K　[52～57K]	49K　[47～52K]
B	25K　[22～28K]	29K　[27～32K]	25K　[23～27K]
C	13K　[9～15K]	14K　[10～16K]	13K　[9～15K]
D	7K　[4～8K]	7K　[5～9K]	7K　[4～8K]

5）绩效指标确定

C1小组第五年各岗位绩效考核指标的选择和权重设置与上年相同。

（2）年中经营

C1小组第五年以生产和销售P1、P2、P3产品为主，四期运营情况如表6-18所示。

表6-18　C1小组第五年四期运营情况

项目	第一期	第二期	第三期	第四期
招聘	第一期挖人，花费3K，招聘花费51K，其中研发A级1个，生产D级3个。招聘结果见表6-19		第三期招聘花费76K，其中研发D级1个，销售A级1个，生产A级1个。招聘结果见表6-19	
培训	新（4人，4K）	无	新（3人，3K）	企业文化（32人，1.75K/人）

续表

项目	第一期	第二期	第三期	第四期
研发	无	无	无	无
生产	P1（16/16，96K），P2（6/6，72K），P3（4/4，80K）	P1（16/16，96K），P2（6/6，72K），P3（4/4，80K）	P1（18/18，108K），P2（6/6，72K），P3（12/12，240K）	P1（18/18，108K），P2（6/6，72K），P3（12/12，240K）
销售	P1（48 批 /48 批，4800K），P2（24 批 /24 批，2760K），P3（36 批 /36 批，6588K）			
薪资核算	合计 1508K。其中 M=98K，K=41K；J=964K，L=405K	合计 1490K。其中 M=101K，K=42K；J=948K，L=399K	合计 2423K。其中 M=98K，K=41K；J=1758K，L=526K	合计 1857K。其中 M=98K，K=41K；J=1210K，L=508K
其他	第四期：流失（Y41022、S41018、S41023、S51163、S53174、S53175、S33075、X31006、X31022）			

C1 小组第五年第一期成功招聘 4 人，第三期成功招聘 3 人，招聘结果如表 6-19 所示。

表 6-19　C1 小组第五年的招聘结果

招聘渠道	招聘员工信息（员工类型，级别，定岗，人才引进津贴，合同到期年份）
人才交流中心、传统媒体招聘、网络招聘、校园招聘	第一期：（Y53135，D，P1，15K，6 年）、（Y21094，A，P3，208K，6 年）、（S51161，D，P1，20K，6 年）、（S51159，D，P1，19K，6 年） 第三期：（Y53136，D，P1，15K，6 年）、（X53109，A，P3，196K，6 年）、（S53164，A，P3，220K，6 年）

（3）年末经营

C1 小组年末进行绩效考核和市场排名，详情如表 6-20 所示。

表 6-20　C1 小组第五年的经营结果

项目	总经理	人力资源经理		招聘主管	培训主管	绩效主管	薪酬主管
考核总分	66	76		71	71	85	73
薪酬等级变化	0	0		0	0	+1	0
价值变化	0	0		0	0	+2	0
绩效奖金	0	11		0	0	6K	0
综合运营费	26K	超额损失	0K	应交所得税	1175K	囤货	0K
总分	590.28			排名	4		

6. 第六年

（1）年初经营

1）当年开始

C1 小组第六年运营对抗经验总结

第六年，支付管理人员绩效奖金 8K，支付管理人员年终奖 353K，支付企业福利 353K，上一年度社会平均工资为 28K。

2）人力资源规划

第六年初 C1 小组计划生产 P1 产品 72 批，P2 产品 32 批，P3 产品 48 批。

第六年 C1 小组有招聘计划、晋升培训和调岗计划。

费用规划是人力资源规划的重要内容之一，C1 小组第六年的费用预算如表 6-21 所示。

表 6-21　C1 小组第六年的费用预算

单位：K

项目	费用	项目	费用
人力资源总经费	11234	计划工资总支出	800
计划招聘费用	100	其他人力资源支出	100
计划培训费用	100	非人力资源经费	100

3）人力资源经费申请

根据费用预算，C1 小组申请了 11234K 的人力资源经费。

4）工作分析与薪酬设计

第六年制定薪酬时，C1 小组再次上调了员工的基本工资和区间，其中研发 A 级为 66K，研发 B 级为 32K，研发 C 级为 17K，研发 D 级为 9K；生产 A 级为 68K，生产 B 级为 36K，生产 C 级为 20K，生产 D 级为 12K；销售 A 级为 68K，销售 B 级为 34K，销售 C 级为 18K，销售 D 级为 10K。

5）绩效指标确定

C1 小组第六年绩效考核指标选择和权重设置与上年相同。

（2）年中经营

C1 小组第六年以生产和销售 P1、P2、P3 产品为主，四期运营情况如表 6-22 所示。

表 6-22　C1 小组第六年四期运营情况

项目	第一期	第二期	第三期	第四期
招聘	第一期挖人，渠道费 9K、招聘花费 67K，其中包括研发 A 级 1 个，研发 B 级 1 个，销售 A 级 1 个，生产 D 级 3 个，生产 B 级 2 个，生产 A 级 2 个		第三期招聘花费 11K，其中包括生产 D 级 1 个	
培训	新（10 人，10K）	无	新（1 人，1K）	企业文化（40 人，2.5K/ 人）
研发	无	无	无	无
生产	P1（11/11，66K），P2（13/13，156K），P3（18/18，360K）	P1（11/11，66K），P2（13/13，156K），P3（18/18，360K）	P1（18/18，108K），P2（13/13，156K），P3（18/18，360K）	P1（18/18，108K），P2（13/13，156K），P3（18/18，360K）
销售	P1（48 批 /48 批，4224K），P2（24 批 /24 批，3240K），P3（71 批 /71 批，15762K）			
薪资核算	合计 3373K。其中 M=104K，K=45K；J=2551K，L=673K	合计 2244K。其中 M=104K，K=45K；J=1467K，L=610K	合计 2226K。其中 M=104K，K=45K；J=1467K，L=610K	合计 2378K。其中 M=104K，K=45K；J=1589K，L=640K
其他	无			

（3）年末经营

C1 小组年末进行绩效考核和市场排名，情况如表 6-23 所示。

表 6-23　C1 小组第六年的经营结果

项目	总经理	人力资源经理		招聘主管	培训主管	绩效主管	薪酬主管
考核总分	82	91		77	80	62	73
薪酬等级变化	0	+1		0	0	−1	0
价值变化	0	+2		0	0	−1	0
绩效奖金	0	9K		0	0	0	0
综合运营费	29K	超额损失	0K	应交所得税	2857K	囤货	1K
总分	894.09			排名	4		

6.2.2　C2 小组

下面是企业人力资源管理综合技能训练模拟实战时 C2 小组在人力资源管理智能仿真与运营对抗平台每年的运营对抗情况。

1. 第一年

（1）年初经营

1）人力资源规划

C2 小组规划在短期内抢占 P1 产品市场并在未来三年内把重点放在中低端产品的研发和生产上。C2 小组在第一年计划生产 P1 产品 30 批。

C2 小组第一年运营对抗经验总结

C2 小组第一年预计外部招聘研发 A 级 1 人；生产 B 级 2 人，生产 C 级 2 人；销售 B 级 2 人，销售 C 级 2 人。

C2 小组第一年无培训、晋升计划。

C2 小组第一年的费用预算如表 6-24 所示。

表 6-24　C2 小组第一年的费用预算

单位：K

项目	费用	项目	费用
人力资源总经费	1620	计划工资总支出	1500
计划招聘费用	50	其他人力资源支出	20
计划培训费用	50	非人力资源经费	10

2）人力资源经费申请

根据费用预算，C2 小组申请了 1700K 的人力资源经费。

3）工作分析与薪酬设计

工作分析中，工资区间的设定将影响基本工资的设置。根据公司发展规划，C2 小组在第一年设置了较高的基本工资，以保证对外竞争性。同时薪酬结构设计主要包括岗位津贴、交通补贴、住房补贴、人才引进津贴，具体设定如表 6-25 所示。

表6-25　C2小组第一年的基本工资设定

单位：K

员工等级	研发人员	生产人员	销售人员
A	25K　[25～31K]	28K　[26～32K]	22K　[21～27K]
B	20K　[20～25K]	20K　[20～25K]	15K　[15～21K]
C	13K　[13～19K]	15K　[15～20K]	10K　[10～15K]
D	5K　[5～11K]	5K　[5～10K]	7K　[4～8K]

4）绩效指标确定

绩效考核指标能够明确工作目标以及考核标准，准确选择绩效指标对管理人员的绩效考核起着重要作用。C2小组第一年各岗位绩效考核分别设定如下。

总经理：净利润（20%）、产品销量（20%）、销售额（20%）、产品利润（20%）、生产计划准确率（20%）

人力资源经理：人力资源规划方案提交及时率（20%）、人力资源成本（20%）、人均人力资源成本（20%）、员工流失率（20%）、劳动争议发生次数（10%）、经费申请不当产生的损失（10%）。

招聘主管：人均招聘成本（50%）、招聘费用增长率（20%）、招聘费用准确率（10%）、招聘人员流失率（20%）。

培训主管：人均培训费用（50%）、培训计划（30%）、人员晋升数量（10%）、培训人次（10%）。

绩效主管：管理人员价值增量（50%）、当年所选考核指标数（50%）。

薪酬主管：人均薪酬（40%）、薪酬总额预算准确率（20%）、当年绩效奖金占薪资比（20%）、当年人才引进津贴占薪资比（20%）。

（2）年中经营

C2小组第一年运营情况良好，成功研发并生产P1产品。四期运营情况如表6-26所示。

表6-26　C2小组第一年四期运营情况

项目	第一期	第二期	第三期	第四期
招聘	第一期招聘共花费41K，其中人（研B、C，生B、C、D，销D），网（生C），传（生C）。招聘结果见表6-27		第三期招聘共花费143K，其中人（研B，生B，销B、C），猎（研A，销A），传（生B，销B），网（生B、C，销C）。招聘结果见表6-27	

续表

项目	第一期	第二期	第三期	第四期
培训	新（7 人，7K）	在岗（Y11040、Y11041、Y11042、Y11022、S11025、S11026，6K）	新（2 人，2K），在岗（Y11040、Y11041、Y11042、Y11022、S11025、S11026，6K）	在岗（Y11051、S11039、X11026，6K），企业文化（13 人，3K/ 人）
研发	P1（5/6，1 期）	无	无	无
生产	无	P1（3/3，15K）	P1（3/3，15K）	P1（3/3，15K）
销售	P1（45 批 /45 批，88K/79K，45 批，3960K）			
薪资核算	合计 353K。其中 M=63K，K=26K；J=187K，L=77K	合计 266K。其中 M=63K，K=26K；J=125K，L=52K	合计 432K。其中 M=63K，K=26K；J=243K，L=100K	合计 366K。其中 M=63K，K=26K；J=196K，L=81K
其他	无			

C2 小组第一年第一期成功招聘 7 人，第三期成功招聘 2 人，招聘结果如表 6-27 所示。

表 6-27　C2 小组第一年的招聘结果

招聘渠道	招聘员工信息（员工类型，级别，定岗，人才引进津贴，合同期限）
人才交流中心	第一期：（Y11040，C，P1，4K，6 年）、（Y11041，C，P1，4K，6 年）、（Y11042，C，P1，4K，6 年）、（Y11022，B，P1，8K，6 年）、（S11025，C，P1，4K，6 年）、（S11026，C，P1，4K，6 年）
网络招聘	第一期（S11027，C，P1，4K，6 年）
猎头招聘	第三期（Y13055，A，P3，12K，6 年）、（X13027，A，P1，12K，6 年）

（3）年末经营

C2 小组年末进行绩效考核和市场排名，详情如表 6-28 所示。

表 6-28　C2 小组第一年的经营结果

项目	总经理	人力资源经理		招聘主管	培训主管	绩效主管	薪酬主管
考核总分	80	84		77	80	81	77
薪酬等级变化	0	0		0	0	0	0
价值变化	0	0		0	0	0	0
绩效奖金	0	0		0	0	0	0
综合运营费	13K	超额损失	0K	应交所得税	492K	囤货	0K
总分	165.32			排名	1		

2. 第二年

（1）年初经营

1）当年开始

2）人力资源规划

C2 小组第二年运营对抗经验总结

第二年初 C2 小组计划生产 P1 产品 50 批。

C2 小组计划从外部招聘：生产 B 级 1 人，生产 C 级 4 人；销售 D 级 2 人。费用规划是人力资源规划的重要内容之一，C2 小组第二年的费用预算如表 6-29 所示。

表 6-29　C2 小组第二年的费用预算

单位：K

项目	费用	项目	费用
人力资源总经费	2350	计划工资总支出	2000
计划招聘费用	100	其他人力资源支出	200
计划培训费用	50	非人力资源经费	100

3）人力资源经费申请

根据费用预算，C2 小组申请了 2700K 的人力资源经费。

4）工作分析与薪酬设计

C2 小组第二年制定的基本工资区间和薪酬设计与上年相同。

5）绩效指标确定

C2 小组第二年绩效考核指标选择和权重设置与上年相同。

（2）年中经营

C2 小组第二年以生产 P1 产品为主，并成功研发 P3 产品，四期运营情况如表 6-30 所示。

表 6-30　C2 小组第二年四期运营情况

项目	第一期	第二期	第三期	第四期
招聘	第一期放弃挖人，招聘共花费 30K，其中网（研 C，生 C），人（生产 C）。招聘结果见表 6-31		第三期招聘共花费 84K，其中人（生 B，销 A、B），网（生 B），猎头（生 A）。招聘结果见表 6-31	
培训	新（3 人，3K）	无	新（5 人，5K）	企业文化（23 人，2K/ 人）
研发	P3（12/18，3 期）	P3（12/18，2 期）	P3（12/18，1 期）	
生产	P1（21/21，126K）	P1（21/21，126K）	P1（33/33，198K）	P1（33/33，198K），P3（6/6，120K）
销售	P1（96 批 /108 批，60K/69K，96 批，6624K）			
薪资核算	合计 431K。其中 M=65K，K=27K；J=240K，L=99K	合计 424K。其中 M=65K，K=27K；J=235K，L=97K	合计 877K。其中 M=65K，K=27K；J=603K，L=182K	合计 667K。其中 M=65K，K=27K；J=410K，L=165K
其他	无			

C2 小组第二年第一期成功招聘 3 人，第三期成功招聘 5 人，招聘结果如表 6-31 所示。

表 6-31　C2 小组第二年的招聘结果

招聘渠道	招聘员工信息（员工类型，级别，定岗，人才引进津贴，合同到期年份）
网络招聘	第一期:（Y2110，C，P1，13K，6 年）、（S21094，C，P1，15K，6 年） 第三期:（S23105，B，P1，20K，6 年）
人才交流中心	第一期（S21093，C，P1，15K，6 年） 第三期（S23104，B，P1，20K，6 年）、（X23085，A，P3，22K，6 年）、（X23087，B，P1，15K，6 年）
猎头招聘	第三期（S23103，A，P3，25K，6 年）

（3）年末经营

C2 小组年末进行绩效考核和市场排名，详情如表 6-32 所示。

表 6-32　C2 小组第二年的经营结果

<table>
<tr><th>项目</th><th>总经理</th><th colspan="2">人力资源经理</th><th>招聘主管</th><th>培训主管</th><th>绩效主管</th><th>薪酬主管</th></tr>
<tr><td>考核总分</td><td>85</td><td colspan="2">88</td><td>86</td><td>75</td><td>89</td><td>67</td></tr>
<tr><td>薪酬等级变化</td><td>+1</td><td colspan="2">0</td><td>+1</td><td>−1</td><td>0</td><td>−1</td></tr>
<tr><td>价值变化</td><td>0</td><td colspan="2">0</td><td>0</td><td>0</td><td>0</td><td>0</td></tr>
<tr><td>绩效奖金</td><td>0</td><td colspan="2">0</td><td>0</td><td>0</td><td>0</td><td>0</td></tr>
<tr><td>综合运营费</td><td>17K</td><td>超额损失</td><td>0K</td><td>应交所得税</td><td>708K</td><td>囤货</td><td>0K</td></tr>
<tr><td>总分</td><td colspan="3">350.06</td><td>排名</td><td colspan="3">2</td></tr>
</table>

3. 第三年

C2 小组第三年运营对抗经验总结

（1）年初经营

1）当年开始

2）人力资源规划

第三年初 C2 小组计划生产 P1 产品 100 批。

C2 小组计划从外部招聘：研发 B 级 1 人；销售 A 级 1 人，销售 B 级 1 人；生产 A 级 2 人，生产 B 级 1 人。第三年无晋升、培训、调岗计划。

费用规划是人力资源规划的重要内容之一，C2 小组第三年的费用预算如表 6-33 所示。

表 6-33　C2 小组第三年的费用预算

单位：K

项目	费用	项目	费用
人力资源总经费	3300	计划工资总支出	3000
计划招聘费用	100	其他人力资源支出	100
计划培训费用	50	非人力资源经费	50

3）人力资源经费申请

根据费用预算，C2 小组申请了 4300K 的人力资源经费。

4）工作分析与薪酬设计

C2 小组第三年基本工资区间和薪酬设计与上年相同。

5）绩效指标确定

C2 小组第三年绩效考核指标选择和权重设置与上年相同。

（2）年中经营

C2 小组第三年第一期成功招聘 3 人，第三期成功招聘 3 人。四期运营情况如表 6-34 所示，招聘结果如表 6-35 所示。

表 6-34　C2 小组第三年四期运营情况

项目	第一期	第二期	第三期	第四期
招聘	第一期放弃挖人，招聘共花费 43K，其中人（研 A，2 人；研 B，3 人；生 A、生 B，3 人），网（生 A、B）。招聘结果见表 6-35		招聘共花费 49K，其中人（销 B），网（销 A、B）。招聘结果见表 6-35	
培训	新（3 人，3K）	无	新（3 人，3K）	企业文化 2K/ 人
研发	30K	30K	30K	30K
生产	P1（21/21），P3（6/6），264K	P1（21/21），P3（6/6），264K	P1（24/24），P3（10/10），344K	P1（24/24），P3（10/10），344K
销售	P1（96 批 /108 批，38K/38K，146 批，13760K）			
薪资核算	合计 789K。其中 M=66K，K=28K；J=507K，L=188K	合计 683K。其中 M=66K，K=28K；J=417K，L=172K	合计 969K。其中 M=66K，K=28K；J=643K，L=232K	合计 800K。其中 M=66K，K=28K；J=499K，L=207K
其他	无			

表 6-35　C2 小组第三年的招聘结果

招聘渠道	招聘员工信息（员工类型，级别，定岗，人才引进津贴，合同到期年份）
网络招聘	第一期：（Y31003，B，P3，25K，6 年）、（X31002，B，P3，25K，6 年）、（Y31002，A，P3，31K，6 年）
人才交流中心	第三期：（Y33069，B，P3，25K，6 年）、（S33066，B，P3，25K，6 年）、（Y33067，A，P4，31K，6 年）

（3）年末经营

C2 小组年末进行绩效考核和市场排名，情况如表 6-36 所示。

表 6-36　C2 小组第三年的经营结果

项目	总经理	人力资源经理	招聘主管	培训主管	绩效主管	薪酬主管
考核总分	87	98	82	75	95	65
薪酬等级变化	0	+1	0	0	+1	0
价值变化	0	+2	0	0	+2	0

续表

项目	总经理	人力资源经理		招聘主管	培训主管	绩效主管	薪酬主管
绩效奖金	0	10		0	0	6	0
综合运营费	17K	超额损失	0K	应交所得税	2269K	囤货	0K
总分	693.04			排名	2		

4. 第四年

（1）年初经营

1）当年开始

第四年，支付管理人员绩效奖金 19K，上一年度社会平均工资为 19K。

C2 小组第四年运营对抗经验总结

2）人力资源规划

第四年初 C2 小组计划生产 P1 产品 40 批。

第四年 C2 小组计划从外部招聘生产 B 级 2 人，生产 C 级 4 人。无晋升培训、调岗计划。

费用规划是人力资源规划的重要内容之一，C2 小组第四年的费用预算如表 6-37 所示。

表 6-37　C2 小组第四年的费用预算

单位：K

项目	费用	项目	费用
人力资源总经费	5300	计划工资总支出	5000
计划招聘费用	100	其他人力资源支出	100
计划培训费用	100	非人力资源经费	100

3）人力资源经费申请

根据费用预算，C2 小组申请了 3000K 的人力资源经费。

4）工作分析与薪酬设计

C2 小组第四年基本工资区间、基本工资设定与上年相同，薪酬设计勾选。

5）绩效指标确定

C2 小组第四年各岗位绩效考核指标的选择和权重设置与上年相同。

（2）年中经营

C2 小组第四年以生产 P1 产品为主，四期运营情况如表 6-38 所示，第四年的招聘结果如表 6-39 所示。

表 6-38　C2 小组第四年四期运营情况

项目	第一期	第二期	第三期	第四期
招聘	放弃挖人、招聘共花费 42K，其中网（研 C，生 B），人（生 B），再（生 B），校（生 C）。招聘结果见表 6-39		放弃挖人，招聘共花费 57K，其中人（生 2D，研 A）。招聘结果见表 6-39	

续表

项目	第一期	第二期	第三期	第四期
培训	4K	无	8K	企业文化（21 人，1K/ 人）
研发	P1（12/12），P3（4/4）	P1（12/12），P3（4/4）	P1（12/12），P3（4/4），P4	P4
生产	P1（21/21），P3（4/4）	P1（21/21），P3（4/4）	P1（21/21），P3（4/4）	P1（21/21），P3（4/4）
销售	P1（48 批 /48 批，89K/72K，48 批，5760K），P3（48 批 /48 批，89K/72K，48 批，5760K）			
薪资核算	合计 217K。其中 M=49K，K=29K；J=90K，L=49K	合计 217K。其中 M=49K，K=29K；J=90K，L=49K	合计 219K。其中 M=49K，K=29K；J=92K，L=49K	合计 226K。其中 M=49K，K=29K；J=98K，L=50K
其他	第四期：流失（Y41023）			

表 6-39　C2 小组第四年的招聘结果

招聘渠道	招聘员工信息（员工类型，级别，定岗，人才引进津贴，合同到期年份）
网络招聘	第一期：（Y33067，B，P3，27K，6 年）、（Y41023，C，P1，21K，6 年）
人才交流中心	第三期：（X43070，D，P1，5K，6 年）、（X43065，D，P1，5K，6 年）、（Y43074，A，P4，31K，6 年）

（3）年末经营

C2 小组年末进行绩效考核和市场排名，详情如表 6-40 所示。

表 6-40　C2 小组第四年的经营结果

项目	总经理	人力资源经理		招聘主管	培训主管	绩效主管	薪酬主管
考核总分	61	93		82	67	71	55
薪酬等级变化	−1	+1		0	0	0	−1
价值变化	−1	+2		0	0	0	−1
绩效奖金	0	11		0	0	0	0
综合运营费	21K	超额损失	25K	应交所得税	912K	囤货	0K
总分	991.8			排名	2		

5. 第五年

（1）年初经营

1）当年开始

2）人力资源规划

C2 小组第五年运营对抗经验总结

第五年初 C2 小组计划生产 P1 产品 45 批，P2 产品 0 批，P3 产品 45 批，P4 产品 0 批。

第五年 C2 小组计划从外部招聘：研发 B 级 1 人；生产 A 级 1 人，生产 B 级 2 人；销售 B 级 1 人。

费用规划是人力资源规划的重要内容之一，C2 小组第五年的费用预算如表 6-41 所示。

表 6-41　C2 小组第五年的费用预算

单位：K

项目	费用	项目	费用
人力资源总经费	5100	计划工资总支出	4000
计划招聘费用	500	其他人力资源支出	500
计划培训费用	100	非人力资源经费	500

3）人力资源经费申请

根据费用预算，C2 小组申请了 7000K 的人力资源经费。

4）工作分析与薪酬设计

第五年 C2 小组制定的基本工资区间与上年相比有所上调，薪酬设计包括人才引进津贴、工龄工资、交通补贴、住房补贴、高温补贴、岗位津贴、通信补贴。

5）绩效指标确定

C2 小组第五年各岗位绩效考核指标的选择和权重设置与上年相同。

（2）年中经营

C2 小组第五年以生产和销售 P1、P3 产品为主，四期运营情况如表 6-42 所示。

表 6-42　C2 小组第五年四期运营情况

项目	第一期	第二期	第三期	第四期
招聘	第一期放弃挖人，招聘花费 46K，其中猎头（生 A），人（生 C），网（生 C）。招聘结果见表 6-43		第三期招聘花费 47K，其中人（生 2C）。招聘结果见表 6-43	
培训	新（3 人，3K）	无	新（2 人，2K）	企业文化（35 人，5K/ 人）
研发	P4	无	无	无
生产	P1(15/15，90K)，P3（20/20，400K）	P1(15/15，90K)，P3（20/20，400K）	P1(18/18，108K)，P3（20/20，400K）	P1(18/18，108K)，P3（20/20，400K）
销售	P1(65 批 /66 批，110K/85K，65 批，7150K)，P3（80 批 /80 批，170K/145K，80 批，13600K）			
薪资核算	合计 1460K。其中 M=91K，K=38K；J=966K，L=335K	合计 1242K。其中 M=91K，K=38K；J=786K，L=327K	合计 1401K。其中 M=91K，K=38K；J=900K，L=372K	合计 1493K。其中 M=91K，K=38K；J=967K，L=397K
其他	第四期：流失（Y43081、Y43077、Y41137、X13027、S51156、S51155、S43073、S43071、S41020、S41019）			

C2 小组第五年第一期成功招聘 3 人，第三期成功招聘 2 人，招聘结果如表 6-43 所示。

表 6-43　C2 小组第五年的招聘结果

招聘渠道	招聘员工信息（员工类型，级别，定岗，人才引进津贴，合同到期年份）
猎头招聘	第一期：(S51149，A，P3，180K，6 年)
人才交流中心招聘	第一期：(S51155，C，P1，0K，6 年) 第三期：(Y53152，C，P1，0K，6 年)、(Y53167，C，P1，0K，6 年)
Internet 平台招聘	第一期：(S51156，C，P1，0K，6 年)

（3）年末经营

C2 小组年末进行绩效考核和市场排名，情如表 6-44 所示。

表 6-44　C2 小组第五年的经营结果

项目	总经理	人力资源经理		招聘主管	培训主管	绩效主管	薪酬主管
考核总分	57	93		82	66	60	68
薪酬等级变化	0	+1		−1	−1	−1	+1
价值变化	0	+2		−1	−1	−1	+2
绩效奖金	0	9		0	0	0	6
综合运营费	18K	超额损失	0K	应交所得税	3054K	囤货	1K
总分	1046.76			排名	3		

6. 第六年

（1）年初经营

1）当年开始

C2 小组第六年支付管理人员奖金 916K，支付管理人员绩效奖金 15K，支付企业福利 916K，上一年度社会平均工资为 28K。

C2 小组第六年运营对抗经验总结

2）人力资源规划

第六年初 C2 小组计划生产 P1 产品 32 批，P2 产品 2 批。

第六年 C2 小组招聘 P1、P3、P4 销售人员和生产人员。

费用规划是人力资源规划的重要内容之一，C2 小组第六年的费用预算如表 6-45 所示。

表 6-45　C2 小组第六年的费用预算

单位：K

项目	费用	项目	费用
人力资源总经费	10000	计划工资总支出	4500
计划招聘费用	1000	其他人力资源支出	500
计划培训费用	100	非人力资源经费	500

3）人力资源经费申请

根据费用预算，C2 小组申请了 10000K 的人力资源经费。

4）工作分析与薪酬设计

C2 小组第六年基本工资区间和薪酬设计与上年相比有所上调，员工基本工资设定也比上年有所上调。

5）绩效指标确定

C2 小组第六年绩效考核指标选择和权重设置与上年相同。

（2）年中经营

C2 小组第六年以生产和销售 P1、P3、P4 产品为主，四期运营情况如表 6-46 所示。

表 6-46　C2 小组第六年四期运营情况

项目	第一期	第二期	第三期	第四期
招聘	放弃挖人，招聘共花费 369K，其中猎头（生 A），人（研 2B，生 3C），网（研 C，生 A、B）		招聘共花费 203K，其中人（销 2B），网（销 A）	
培训	无	无	无	企业文化（32 人，5K/人）
研发	无	无	无	无
生产	P1（21 批，186K），P3（20 批，400K），P4（3 批，105K）	P1（21 批，186K），P3（20 批，400K），P4（3 批，105K）	P1（21 批，186K），P3（20 批，400K），P4（3 批，105K）	P1（21 批，186K），P3（20 批，400K），P4（3 批，105K）
销售	P1（85 批，8075K），P3（80 批，15200K），P4（12 批，5040K）			
薪资核算	合计 3629K。其中 M=99K，K=45K；J=2708K，L=777K	合计 2602K。其中 M=102K，K=45K；J=1740K，L=715K	合计 3229K。其中 M=99K，K=45K；J=2274K，L=811K	合计 2953K。其中 M=99K，K=45K；J=1991K，L=818K
其他	无			

（3）年末经营

C2 小组年末进行绩效考核和市场排名，情况如表 6-47 所示。

表 6-47　C2 小组第六年的经营结果

项目	总经理	人力资源经理		招聘主管	培训主管	绩效主管	薪酬主管
考核总分	53	100		82	67	68	65
薪酬等级变化	+1	0		0	−1	0	0
价值变化	+2	0		0	−1	0	0
绩效奖金	13K	0K		0K	0K	0K	0K
综合运营费	25K	超额损失	0K	应交所得税	2668K	囤货	0K
总分	1550.3			排名	3		

6.2.3　C3 小组

下面是企业人力资源管理综合技能训练模拟实战时 C4 小组在人力资源管理智能仿真与运营对抗平台每年的运营对抗情况。

1. 第一年

（1）年初经营

1）人力资源规划

C3 小组第一年运营对抗经验总结

C3 小组规划在短期内抢占 P1 产品市场并在未来三年内把重点放在中低端产品的研发、生产上。在第一年计划生产 P1、P2 产品。

第一年预计外部招聘研发 B 级 1 人、D 级 3 人，生产 D 级 5 人，生产 C 级 2 人，销售 D 级 2 人。

C3 小组第一年无培训晋升计划。

C3 小组第一年的费用预算如表 6-48 所示。

表 6-48　C3 小组第一年的费用预算

单位：K

项目	费用	项目	费用
人力资源总经费	2500	计划工资总支出	1000
计划招聘费用	1000	其他人力资源支出	300
计划培训费用	0	非人力资源经费	200

2）人力资源经费申请

根据费用预算，C3 小组申请了 1500K 的人力资源经费。

3）工作分析与薪酬设计

工作分析中，工资区间的设定将影响基本工资的设置。根据公司发展规划，C3 小组在第一年设置了较高的基本工资，以保证对外竞争性。同时薪酬结构设计主要包括工龄工资和人才引进津贴。具体设定如表 6-49 所示。

表 6-49　C3 小组第一年的基本工资设定

单位：K

员工等级	研发人员	生产人员	销售人员
A	26K　[26 ～ 32K]	32K　[26 ～ 32K]	25K　[20 ～ 25K]
B	20K　[20 ～ 26K]	17K　[20 ～ 26K]	15K　[15 ～ 20K]
C	10K　[10 ～ 15K]	14K　[10 ～ 19K]	10K　[10 ～ 15K]
D	4K　[4 ～ 10 K]	7K　[4 ～ 10K]	5K　[5 ～ 10K]

4）绩效指标确定

绩效考核指标能够明确工作目标以及考核标准，准确选择绩效指标对管理人员的绩效考核起着重要作用。C3 小组第一年各岗位绩效考核分别设定如下。

总经理：净利润（25%）、产品销量（25%）、产品利润（25%）、生产计划准确率（25%）。

人力资源经理：人力资源规划方案提交及时率（10%）、人力资源成本（40%）、人均人力资源成本（20%）、员工流失率（10%）、劳动争议发生次数（10%）、经费申请不当产生的损失（10%）。

招聘主管：人均招聘成本（35%）、招聘计划达成率（35%）、招聘人员流失率（30%）。

培训主管：人均培训费用（25%）、培训计划（25%）、培训能力提升（25%）、培训人次（25%）。

绩效主管：管理人员价值增量（35%）、员工价值增量（35%）、当年所选考核指标数（30%）。

薪酬主管：人均薪酬（35%）、薪资总额占人力资源成本比（35%）、当年绩效奖金占薪资比（30%）。

（2）年中经营

C3 小组第一年运营情况一般，成功研发和生产 P1、P2 产品。四期运营情况如表 6-50 所示。

表 6-50　C3 小组第一年四期运营情况

项目	第一期	第二期	第三期	第四期
招聘	第一期招聘共花费 76K，其中网（研D，生D）。招聘结果见表 6-51		第三期招聘共花费 43K，人（销 2D 、C）。招聘结果见表 6-51	
培训	新（2 人，8K）	无	新（3 人，5K）	无
研发	P1	无	P2	无
生产	P1（13/32，78K），P2（19/32，228K），	无	无	P1（13/32，78K），P2（19/32，228K）
销售	P1（5 批 /5 批，550K）			
薪资核算	合计 94K。其中 M=66K，K=28K；J=0K，L=0K	合计 98K。其中 M=69K，K=29K；J=0K，L=0K	合计 206K。其中 M=66K，K=28K；J=79K，L=33K	合计 200K。其中 M=66K，K=28K；J=75K，L=31K
其他	猎头招聘支付（Y13055）两期基本工资 52K			

C3 小组第一年第一期成功招聘 2 人，第三期成功招聘 5 人，招聘结果如表 6-51 所示。

表 6-51　C3 小组第一年的招聘结果

招聘渠道	招聘员工信息（员工类型，级别，定岗，人才引进津贴，合同期限）
人才交流中心	第一期：无；第三期（X13047，S13060，S13050，X13049，D，P1，6 年）
猎头	第一期：无；第三期（Y13055，A，P1，100K，6 年）
校园招聘	第一期：无；第三期：无
网上招聘	第一期：（Y13057，S13050，D，P1，6 年）；第三期：无

（3）年末经营

C3小组年末进行绩效考核和市场排名，详情如表6-52所示。

表6-52 C3小组第一年的经营结果

项目	总经理	人力资源经理		招聘主管	培训主管	绩效主管	薪酬主管
考核总分	63	84		77	80	81	77
薪酬等级变化	−1	0		0	0	0	0
价值变化	−1	0		0	0	0	0
绩效奖金	0	0		0	0	0	0
综合运营费	11K	超额损失	60K	应交所得税	0K	囤货	0K
总分	161.58			排名	2		

2. 第二年

（1）年初经营

1）当年开始

2）人力资源规划

第二年初C3小组计划生产P1产品13批，P2产品19批。

C3小组第二年运营对抗经验总结

C3小组计划从外部招聘：研发C级2人，研发D级1人；生产C级2人，生产D级1人；销售D级1人。

费用规划是人力资源规划的重要内容之一，C3小组第二年的费用预算如表6-53所示。

表6-53 C3小组第二年的费用预算

单位：K

项目	费用	项目	费用
人力资源总经费	2100	计划工资总支出	920
计划招聘费用	120	其他人力资源支出	104
计划培训费用	80	非人力资源经费	876

3）人力资源经费申请

根据费用预算，C3小组申请了2100K的人力资源经费。

4）工作分析与薪酬设计

第二年C3小组制定的基本工资区间和薪酬设计都与上年相同，只调整了个别员工的基本工资，其中研发B级、生产B级、销售B级上调为15K，研发C级、销售C级上调为13K。

5）绩效指标确定

C3小组第二年各岗位绩效考核指标的选择和权重设置与上年相同。

（2）年中经营

C3小组第二年以生产P2产品为主，并成功研发P3产品，四期运营情况如表6-54所示。

表 6-54　C3 小组第二年四期运营情况

项目	第一期	第二期	第三期	第四期
招聘	第一期放弃挖人，招聘共花费 76K，其中人（研 A、B，生 B、C），网（研 A、B、C，生产 A、B、C）。招聘结果见表 6-55		第三期招聘共花费 43K，其中人（生 B、C、D，销 B、C），网（生 B、C，销 B、C），传（销 C）。招聘结果见表 6-55	
培训	新（2 人，2K），转岗（S13027）	无	新（1 人，1K）	企业文化（16 人，3K/ 人）
研发	无	无	无	无
生产	P1（1/1，6K）	P1（3/3，18K）	P1（5/5，30K）	P1（5/5，30K）
销售	P1（17 批 /17 批，45K/38K，17 批，765K）			
薪资核算	合计 303K。其中 M=72K，K=31K；J=141K，L=59K	合计 279K。其中 M=75K，K=31K；J=122K，L=51K	合计 293K。其中 M=72K，K=31K；J=134K，L=56K	合计 289K。其中 M=72K，K=31K；J=131K，L=55K
其他	第二年销售收入 12446K			

C3 小组第二年第一期成功招聘 2 人，第三期成功招聘 1 人，招聘结果如表 6-55 所示。

表 6-55　C3 小组第二年的招聘结果

招聘渠道	招聘员工信息（员工类型，级别，定岗，人才引进津贴，合同到期年份）
网络招聘	第一期：（Y21102，C，P1，14K，6 年）、（Y21103，C，P1，14K，6 年）
人才交流中心	第三期：（S23112，A，P1，40K，6 年）

（3）年末经营

C3 小组年末进行绩效考核和市场排名，详情如表 6-56 所示。

表 6-56　C3 小组第二年的经营结果

项目	总经理	人力资源经理		招聘主管	培训主管	绩效主管	薪酬主管
考核总分	52	95		70	87	75	71
薪酬等级变化	+2	0		−1	−1	0	−1
价值变化	+2	0		−1	−1	0	−1
绩效奖金	0	0		0	0	0	0
综合运营费	22K	超额损失	0K	应交所得税	1977K	囤货	0K
总分	546.06			排名	1		

3. 第三年

（1）年初经营

1）当年开始

C3 小组第三年运营对抗经验总结

2）人力资源规划

第三年初 C3 小组计划生产 P1 产品 80 批，P2 产品 70 批，P3 产品 20 批。

C3 小组计划从外部招聘：研发 A 级 1 人，研发 B 级 4 人；生产 A 级 1 人，生产 B 级 1 人；销售 A 级 1 人。第三年无调岗计划。

费用规划是人力资源规划的重要内容之一，C3 小组第三年的费用预算如表 6-57 所示。

表 6-57　C3 小组第三年的费用预算

单位：K

项目	费用	项目	费用
人力资源总经费	7000	计划工资总支出	1000
计划招聘费用	200	其他人力资源支出	500
计划培训费用	150	非人力资源经费	1000

3）人力资源经费申请

根据费用预算，C3 小组申请了 6300K 的人力资源经费。

4）工作分析与薪酬设计

C3 小组第三年调整了员工的基本工资，具体设定如表 6-58 所示。

表 6-58　C3 小组第三年的基本工资设定

单位：K

员工等级	研发人员	生产人员	销售人员
A	26K　[26 ~ 32K]	50K　[50 ~ 54K]	20K　[20 ~ 25K]
B	23K　[20 ~ 26K]	32K　[32 ~ 38K]	15K　[15 ~ 20K]
C	12K　[10 ~ 15K]	13K　[13 ~ 19K]	10K　[10 ~ 15K]
D	6K　[4 ~ 10K]	6K　[4 ~ 10K]	5K　[5 ~ 10K]

5）绩效指标确定

C3 小组第三年各岗位绩效考核指标的选择和权重设置与上年相同。

（2）年中经营

C3 小组第三年第三期主要以生产 P1 和 P2 产品为主，四期运营情况如表 6-59 所示。

表 6-59　C3 小组第三年四期运营情况

项目	第一期	第二期	第三期	第四期
招聘	第一期放弃挖人，招聘共花费 114K，其中人（研 A，生 C、D，销 C），网（研 A，生 A、D），传（研 C），再就业（研 2B、C，生 B、C、D），猎头（销 A）		第三期招聘共花费 43K，其中人（销 B），校（研 D），网（生 A、B，销 B）	

续表

项目	第一期	第二期	第三期	第四期
培训	在岗（S31012、S010、S31009、S21094、S11024，17K）	无	在岗（X33051，6K）	无
研发	P3（10/12，1 期），P4（12/12，5 期）	P4（12/12，4 期）	P4（12/12，3 期）	P4（12/12，2 期）
生产	P1（15/15，90K），P2（21/21，252K）	P1（15/15，90K），P2（21/21，252K），P3（6/6，160K）	P1（20/20，120K），P2（21/21，25K），P3（10/10，200K）	P1（20/20，120K），P2（21/21，252K），P3（10/10，200K）
销售	P1（30 批 /70 批，2700K/6300K，清仓 40 批，2560K），P2（84 批 /84 批，13343K/13343K，清仓 0 批，0K），P3（17 批 /28 批，3400 K/5600K，清仓 11 批，1650K）			
薪资核算	合计 1249K。其中 M=47K，K=26K；J=850K，L=326K	合计 971K。其中 M=47K，K=26K；J=621K，L=277K	合计 1053K。其中 M=47K，K=26K；J=635K，L=345K	合计 1242K。其中 M=47K，K=26K；J=812K，L=357K
其他	无			

（3）年末经营

C3 小组年末进行绩效考核和市场排名，详情如表 6-60 所示。

表 6-60　C3 小组第三年的经营结果

项目	总经理	人力资源经理		招聘主管	培训主管	绩效主管	薪酬主管
考核总分	53	98		82	75	95	65
薪酬等级变化	0	−1		−1	−1	0	−1
价值变化	0	−1		−1	−1	0	−1
绩效奖金	0	0		0	0	0	0
综合运营费	26K	超额损失	0K	应交所得税	2583K	囤货	0K
总分	1048.08			排名	1		

4. 第四年

（1）年初经营

1）当年开始

第四年，社保返还 50K，支付管理人员绩效奖金 16K，上一年度社会平均工资为 19K。

C3 小组第四年运营对抗经验总结

2）人力资源规划

第四年初 C3 小组计划生产 P1 产品 15 批。

第四年 C3 小组无招聘计划、晋升培训、调岗计划。

费用规划是人力资源规划的重要内容之一，C3 小组第四年的费用预算如表 6-61 所示。

表 6-61　C3 小组第四年的费用预算

单位：K

项目	费用	项目	费用
人力资源总经费	10000	计划工资总支出	7500
计划招聘费用	1000	其他人力资源支出	1000
计划培训费用	500	非人力资源经费	5000

3）人力资源经费申请

根据费用预算，C3 小组申请了 10000K 的人力资源经费。

4）工作分析与薪酬设计

第四年 C3 小组调整了员工的基本工资，具体设定如表 6-62 所示。

表 6-62　C3 小组第四年的基本工资设定

单位：K

员工等级	研发人员	生产人员	销售人员
A	32K　[32 ～ 38K]	50K　[50 ～ 54K]	20K　[20 ～ 25K]
B	26K　[26 ～ 31K]	32K　[32 ～ 38K]	18K　[15 ～ 20K]
C	13K　[13 ～ 18K]	13K　[13 ～ 19K]	12K　[12 ～ 15K]
D	8K　[8 ～ 12K]	8K　[8 ～ 12K]	7K　[7 ～ 12K]

5）绩效指标确定

C3 小组第四年绩效考核指标的选择和权重设置与上年相同。

（2）年中经营

C3 小组第五年以生产和销售 P2、P3 产品为主，四期运营情况如表 6-63 所示。

表 6-63　C3 小组第四年四期的运营情况

项目	第一期	第二期	第三期	第四期
招聘	第一期放弃挖人，招聘共花费 114K，其中人（研 A，生 C、D，销 C），网（研 A，生 A、D），传（研 C），再就业（研 2B、C，生 B、C、D），猎头（销 A）		第一期放弃挖人，招聘共花费 94K，其中人（产 A、A、C、C），猎头（销售 A）	
培训	无	无	无	企业文化（16 人，1K/ 人）
研发	P4（12/12，1 期）	无	无	无
生产	P1（4/4，260K），P2（5/5，450K），P3（3/3，300K），	P1（4/4，260K），P2（5/5，450K），P3（3/3，300K），	P1（4/4，260K），P2（5/5，450K），P3（3/3，300K），	P1（4/4，260K），P2（5/5，450K），P3（3/3，300K），
销售	P1（16 批 /16 批，89K/72K，16 批，1424K）			

续表

项目	第一期	第二期	第三期	第四期
薪资核算	合计 2769K。其中 M=880K，K=290K；J=905K，L=495K	合计 2468K。其中 M=880K，K=117K；J=905K，L=495K	合计 2365K。其中 M=580K，K=290K；J=905K，L=495K	合计 2284K。其中 M=583K，K=290K；J=905K，L=495K
其他	第四期：流失（Y63099、Y53174、Y51163、Y41009、Y3175、Y43073、Y43071、Y41020、Y33075、Y43087）			

（3）年末经营

C3 小组年末进行绩效考核和市场排名，详情如表 6-64 所示。

表 6-64　C3 小组第四年的经营结果

项目	总经理	人力资源经理		招聘主管	培训主管	绩效主管	薪酬主管
考核总分	57	98		80	70	71	63
薪酬等级变化	+1	0		0	0	0	−1
价值变化	+2	0		−2	+1	0	−1
绩效奖金	0	0		−1	+2	0	0
综合运营费	3320K	超额损失	0K	应交所得税	4387K	囤货	0K
总分	1561.19			排名	1		

5. 第五年

（1）年初经营

1）当年开始

C3 小组第五年运营对抗经验总结

第五年，支付管理人员绩效奖金 20K，支付管理人员年终奖 775K，支付企业福利 1316K，上一年度社会平均工资为 25K。

2）人力资源规划

第五年初 C3 小组计划生产 P4 产品 24 批。

第五年 C3 小组无晋升培训、调岗计划。

费用规划是人力资源规划的重要内容之一，C3 小组第五年的费用预算如表 6-65 所示。

表 6-65　C3 小组第五年的费用预算

单位：K

项目	费用	项目	费用
人力资源总经费	15000	计划工资总支出	5000
计划招聘费用	200	其他人力资源支出	9700
计划培训费用	100	非人力资源经费	4320

3）人力资源经费申请

根据费用预算，C3 小组申请了 15000K 的人力资源经费。

4）工作分析与薪酬设计

第五年 C3 小组制定的基本工资区间与上年相同，薪酬设计只选择人才引进津贴。上调了所有员工的基本工资，其中研发 A 级为 40K、B 级为 29K、C 级为 18K、D 级为 12K，生产 A 级为 74K、B 级为 52K、C 级为 26K、D 级为 16K，销售 A 级为 45K、B 级为 32K、C 级为 26K、D 级为 16K。

5）绩效指标确定

C3 小组第五年绩效考核指标的选择和权重设置与上年相同。

（2）年中经营

C3 小组第五年以生产和销售 P3、P4 产品为主，四期运营情况如表 6-66 所示。

表 6-66　C3 小组第五年四期运营情况

项目	第一期	第二期	第三期	第四期
招聘	第一期挖人（生 C，P3），招聘花费 141K，其中网（研 A、B、D，　生 B、C、D，销 A），猎（研 A、2B，销 B、C，生 2B），人（研 5D，生 3C、2D），一共招聘 25 人。招聘结果见表 6-67		招聘花费 58K，其中校（生 2C、2D，销 4D），网（销 2B、C），一共招聘 11 人。招聘结果见表 6-67	
培训	新（25 人，25K）	无	新（11 人，11K）	企业文化（77 人,1K/ 人）
研发	无	无	无	无
生产	P1（30/30，180K）， P2（30/30，360K）， P3（8/8，160K）， P4（6/6，210K）	P1（30/30，180K）， P2（30/30，360K）， P3（8/8，160K）， P4（6/6，210K）	P1（30/30，90K）， P2（30/30，360K）， P3（8/8，160K）， P4（6/6，210K）	P1（30/30，96K）， P2（30/30，360K）， P3（8/8，160K）， P4（6/6，210K）
销售	P1（91 批 /91 批，8000K/1100LK，91 批，9100K）， P2（120 批 /120 批，14400K/14400K，120 批，14400K）， P3（32 批 /32 批，5920K/5920K，32 批，5920K）， P4（24 批 /24 批，12000K/12000K，24 批，12000K）			
薪资核算	合计 3437K。其中 M=2436K，K=918K；J=35K，L=48K	合计 2769K。其中 M=2769K，K=773K；J=35K，L=48K	合计 3300K。其中 M=2289K，K=928K；J=35K，L=48K	合计 3393K。其中 M=2363K，K=947K；J=35K，L=48K
其他	第四期：流失（Y41013、Y43087、S33064）			

C3 小组第五年第一期成功招聘 25 人，第三期招聘 11 人，招聘结果如表 6-67 所示。

表 6-67　C3 小组第五年的招聘结果

招聘渠道	招聘员工信息（员工类型，级别，定岗，人才引进津贴，合同期限）
校园招聘 猎头 网络招聘 人才交流中心	第一期： （Y31001，A，P4，40K，1 年）、（Y31004，B，P2，20K，1 年）、（Y31005，B，P3，40K，1 年）、（Y51122，A，P1，80K，1 年）、（Y51123，B，P1，30K，1 年）、（Y51124，D，P1，1 年）、（Y51125，D，P1，1 年）、（Y51126，D，P1，1 年）、（Y51127，D，P1，1 年）、（Y51128，D，P1，1 年）、（Y51129，D，P1，1 年）、（S11025，C，P1，1 年）、（S13047，B，P3，60K，1 年）、（S21085，B，P1，30K，1 年）、（S21093，C，P2，1 年）、（S31002，B，P3，45K，1 年）、（S31004，C，P2，1 年）、（S31006，C，P2，1 年）、（S31007，C，P1，1 年）、（S43088，D，P1，1 年）、（S43089，D，P1，1 年）、（S43091，D，P1，1 年）、（X23091，C，P1，1 年）、（X31001，A，P2，120K，1 年）、（X33053，B，P3，40K，1 年）
	第三期： （X53114，D，P1，1 年）、（X53113，D，P1，1 年）、（X53115，D，P1，1 年）、（X53112，C，P1，10K，1 年）、（X53116，D，P1，1 年）、（X53111，B，P3，35K，1 年）、（X53110，B，P3，40K，1 年）、（S53171，D，P1，1 年）、（S53168，C，P2，1K，1 年）、（S53169，C，P1，1K，1 年）、（S53170，D，P1，1 年）

（3）年末经营

C3 小组年末进行绩效考核和市场排名，详情如表 6-68 所示。

表 6-68　C3 小组第五年的经营结果

<table>
<tr><th>项目</th><th>总经理</th><th colspan="2">人力资源经理</th><th>招聘主管</th><th>培训主管</th><th>绩效主管</th><th>薪酬主管</th></tr>
<tr><td>考核总分</td><td>57</td><td colspan="2">93</td><td>82</td><td>66</td><td>60</td><td>68</td></tr>
<tr><td>薪酬等级变化</td><td>−1</td><td colspan="2">+1</td><td>+1</td><td>0</td><td>0</td><td>0</td></tr>
<tr><td>价值变化</td><td>−1</td><td colspan="2">+2</td><td>+2</td><td>0</td><td>0</td><td>0</td></tr>
<tr><td>绩效奖金</td><td>0</td><td colspan="2">11</td><td>0</td><td>0</td><td>0</td><td>0</td></tr>
<tr><td>综合运营费</td><td>3320K</td><td>超额损失</td><td>0K</td><td>应交所得税</td><td>6465K</td><td>囤货</td><td>0K</td></tr>
<tr><td>总分</td><td colspan="3">2401.43</td><td>排名</td><td colspan="3">1</td></tr>
</table>

6. 第六年

（1）年初经营

1）当年开始

2）人力资源规划

C3 小组第六年运营对抗经验总结

第六年初 C3 小组计划生产 P1 产品 160 批，P2 产品 60 批，P3 产品 30 批，P4 产品 20 批。

第六年 C3 小组计划从外部招聘：生产 B 级 2 人，生产 C1 人，生产 D1 人；销售 A 级 1 人，销售 C 级 1 人。第六年无调岗计划。

费用规划是人力资源规划的重要内容之一，C3 小组第六年的费用预算如表 6-69 所示。

表 6-69 C3 小组第六年的费用预算

单位：K

项目	费用	项目	费用
人力资源总经费	20000	计划工资总支出	10000
计划招聘费用	250	其他人力资源支出	10000
计划培训费用	100	非人力资源经费	5000

3）人力资源经费申请

根据费用预算，C3 小组申请了 28000K 的人力资源经费。

4）工作分析与薪酬设计

第六年基本工资区间和薪酬设计比上年多 2，员工基本工资设定也比上年多 2，如表 6-70 所示。

表 6-70 C3 小组第六年的基本工资设定

单位：K

员工等级	研发人员	生产人员	销售人员
A	34K [34 ～ 40K]	52K [52 ～ 56K]	22K [22 ～ 27K]
B	28K [28 ～ 33K]	34K [34 ～ 40K]	20K [17 ～ 22K]
C	15K [15 ～ 20K]	15K [15 ～ 21K]	14K [14 ～ 17K]
D	10K [10 ～ 14K]	10K [10 ～ 14K]	9K [9 ～ 14K]

5）绩效指标确定

C3 小组第六年绩效考核指标的选择和权重设置与上年相同。

（2）年中经营

C3 小组第六年以生产、销售、P1、P2、P3 和 P4 产品为主，四期运营情况如表 6-71 所示。

表 6-71 C3 小组第六年四期运营情况

项目	第一期	第二期	第三期	第四期
招聘	第一期招聘共花费 110K，其中人（销售 C，生 B），网（生产 B、C、D），传（生产 3D）		第三期招聘共花费 16K，其中人（销 A）	
培训	在岗（Y43087，X41009，S53175，S53174，S51163，S43073，S43071，S41020，S33075）	无	在岗（X63099）	无
研发	无	无	无	无

续表

项目	第一期	第二期	第三期	第四期
生产	P1（40/40,240K）， P2（16/16,192K）， P3（8/8,160K）， P4（6/6,210K）	P1（42/42,252K）， P2（16/16,192K）， P3（6/6,120K）， P4（6/6,210K）	P1（42/42,252K）， P2（16/16,192K）， P3（8/8,160K）， P4（6/6,210K）	P1（42/42,252K）， P2（16/16,192K）， P3（8/8,160K）， P4（6/6,210K）
销售	P1（92 批 /166 批，9660K/17430K，92 批，9660K，未清仓）， P2（64 批 /64 批，8960K/8960K，64 批，8960K）， P3（0 批 /30 批，0K/0K，0 批，0K，未清仓）， P4（24 批 /24 批，12120K/12120K，24 批，12120K）			
薪资核算	合计 3393K。其中 M=48K，K=35K； J=2363K，L=947K	合计 3300K。其中 M=48K，K=35K； J=2289K，L=928K	合计 3210K。其中 M=49K，K=42K； J=2199K，L=920K	合计 3000K。其中 M=49K，K=42K； J=2040K，L=869K
其他	无			

（3）年末经营

C3 小组年末进行绩效考核和市场排名，情况如表 6-72 所示。

表 6-72　C3 小组第六年的经营结果

项目	总经理	人力资源经理		招聘主管	培训主管	绩效主管	薪酬主管
考核总分	53	100		82	67	68	65
薪酬等级变化	−1	−1		0	−1	0	0
价值变化	−1	−1		0	−1	0	0
绩效奖金	0	0		0	0	0	0
综合运营费	38K	超额损失	1228K	应交所得税	3385K	囤货	75K
总分	2059.79			排名	1		

6.2.4　C4 小组

下面是企业人力资源管理综合技能训练模拟实战时 C4 小组在人力资源管理智能仿真与运营对抗平台每年的运营对抗情况。

1. 第一年

（1）年初经营

1）人力资源规划

C4 小组规划在短期内抢占 P1 产品市场并在未来三年内把重点放在中低端产品的研发、生产上。C4 小组计划在第一年生产 P1 产品 100 批，P2 产品 100 批。

C4 小组第一年运营对抗经验总结

C4 小组第一年预计外部招聘：研发 B 级 1 人，研发 C 级 1 人；生产 B 级 1 人，生产 C 级 1 人，生产 D 级 1 人；销售 C 级 1 人，销售 D 级 1 人。

C4 小组第一年无培训晋升计划。

C4 小组第一年的费用预算如表 6-73 所示。

表 6-73　C4 小组第一年的费用预算

单位：K

项目	费用	项目	费用
人力资源总经费	1250	计划工资总支出	1000
计划招聘费用	100	其他人力资源支出	50
计划培训费用	100	非人力资源经费	50

2）人力资源经费申请

根据费用预算，C4 小组申请了 1900K 的人力资源经费。

3）工作分析与薪酬设计

工作分析中，工资区间的设定将影响基本工资的设置。根据公司发展规划，C4 小组在第一年设置了较高的基本工资，以保证对外竞争性。同时薪酬设计还包括人才引进津贴。C4 小组基本工资具体设定如表 6-74 所示。

表 6-74　C4 小组第一年的基本工资设定

单位：K

员工等级	研发人员	生产人员	销售人员
A	22K　[22 ～ 24K]	23K　[20 ～ 25K]	22K　[21 ～ 26K]
B	17K　[17 ～ 22K]	18K　[15 ～ 20K]	17K　[16 ～ 21K]
C	13K　[11 ～ 17K]	14K　[10 ～ 15K]	13K　[11 ～ 16K]
D	7K　[5 ～ 11K]	7K　[6 ～ 10K]	6K　[6 ～ 11K]

4）绩效指标确定

绩效考核指标能够明确工作目标以及考核标准，准确选择绩效指标对管理人员的绩效考核起着重要作用。C4 小组第一年各岗位绩效考核分别设定如下。

总经理：净利润（25%）、产品销量（25%）、产品利润（25%）、生产计划准确率（25%）。

人力资源经理：人力资源规划方案提交及时率（10%）、人力资源成本（40%）、人均人力资源成本（20%）、员工流失率（10%）、劳动争议发生次数（10%）、经费申请不当产生的损失（10%）。

招聘主管：人均招聘成本（35%）、招聘计划达成率（35%）、招聘人员流失率（30%）。

培训主管：人均培训费用（25%）、培训计划（25%）、培训能力提升（25%）、培训人次（25%）。

绩效主管：管理人员价值增量（35%）、员工价值增量（35%）、当年所选考核指标数（30%）。

薪酬主管：人均薪酬（35%）、薪资总额占人力资源成本比（35%）、当年绩效奖金占薪资比（30%）。

（2）年中经营

C4 小组第一年运营情况良好，成功研发、生产 P1 产品。C4 小组第一年四期的运营情况如表 6-75 所示。

表 6-75　C4 小组第一年四期运营情况

项目	第一期	第二期	第三期	第四期
招聘	第一期招聘共花费 22K，其中校（研 D，生 D），人（销 D）。招聘结果见表 6-76		第三期招聘共花费 32K，其中人（研 B、C，生 C），网（生 B、C，销 C）。招聘结果见表 6-76	
培训	新（4 人，4K）	新（Y11045、Y11046、S11035、X11026，4K）	新（0 人，0K）	无
研发	P1（5/6，1 期）		无	无
生产	无	P1（1/1，16K）	P1（1/1，6K）	P1（1/1，6K）
销售	P1（3 批 /3 批，82K/82K，3 批，246K）			
薪资核算	合计 111K。其中 M=45K，K=19K；J=33K，L=14K	合计 104K。其中 M=45K，K=19K；J=28K，L=12K	合计 104K。其中 M=45K，K=19K；J=28K，L=12K	合计 105K。其中 M=45K，K=19K；J=29K，L=12K
其他	无			

C4 小组第一年第一期成功招聘 4 人，第三期成功招聘 0 人，招聘结果如表 6-76 所示。

表 6-76　C4 小组第一年的招聘结果

招聘渠道	招聘员工信息（员工类型，级别，定岗，人才引进津贴，合同期限）
人才交流中心	第一期：（Y11045，D，P1，0K，4 年）、（Y11046，D，P1，1K，4 年）、（S11026，D，P1，1K，3 年）、（X11026，D，P1，5K，6 年）；第三期无

（3）年末经营

C4 小组年末进行绩效考核和市场排名，详情如表 6-77 所示。

表 6-77　C4 小组第一年的经营结果

项目	总经理	人力资源经理		招聘主管	培训主管	绩效主管	薪酬主管
考核总分	50	88		66	68	77	70
薪酬等级变化	0	0		0	0	0	0
价值变化	0	0		0	0	0	0
绩效奖金	0	0		0	0	0	0
综合运营费	10K	超额损失	197K	应交所得税	0K	囤货	0K
总分	−5.24			排名	5		

2. 第二年

（1）年初经营

1）当年开始

2）人力资源规划

C4 小组第二年运营对抗经验总结

第二年初 C4 小组计划生产 P1 产品 100 批，P2 产品 100 批，P3 产品 20 批，P4 产品

20 批。

C4 小组计划从外部招聘：研发 C 级 1 人，研发 D 级 2 人；生产 C 级 1 人，生产 D 级 4 人；销售 D 级 2 人。第二年无晋升培训、调岗计划。

费用规划是人力资源规划的重要内容之一，C4 小组第二年的费用预算如表 6-78 所示。

表 6-78　C4 小组第二年的费用预算

单位：K

项目	费用	项目	费用
人力资源总经费	1000	计划工资总支出	600
计划招聘费用	100	其他人力资源支出	100
计划培训费用	100	非人力资源经费	100

3）人力资源经费申请

根据费用预算，C4 小组申请了 1000K 的人力资源经费。

4）工作分析与薪酬设计

第二年 C4 小组制定的基本工资区间和薪酬设计大体上与上年相同，只调整了个别员工的基本工资，其中研发 B 级、生产 B 级、销售 B 级上调为 18K，研发人员 C 级、销售 C 级上调为 14K。

5）绩效指标确定

C4 小组第二年绩效考核指标的选择和权重设置与上年相同。

（2）年中经营

C4 小组第二年以生产 P1 产品为主，并成功研发 P2 产品，四期运营情况如表 6-79 所示。

表 6-79　C4 小组第二年四期运营情况

项目	第一期	第二期	第三期	第四期
招聘	第一期放弃挖人，招聘共花费 59K，其中人（销 D），校（研 D，生 D）。招聘结果见表 6-80		第三期招聘共花费 99K，其中人（研 B），网（研 C，销 C）。招聘结果见表 6-80	
培训	新（4 人，4K），在岗无	在岗无	新（3 人，3K），在岗无	新（Y11050、S11040、S11041、X13043、Y21102、Y21103、Y11051、S11039、X11026，18K），企业文化（16 人，3K/ 人）
研发	P2（1/1，2 期）	P2（8/21，2 期）	P2（1/1，1 期）	
生产	P1（3/3，18K）	P1（3/3，18K）	P1（3/3，18K）	P1（3/3，18K）
销售	P1（12 批 /12 批，70K/63K，12 批，840K）			

续表

项目	第一期	第二期	第三期	第四期
薪资核算	合计 159K。其中 M=46K，K=23K；J=61K，L=29K	合计 152K。其中 M=46K，K=23K；J=55K，L=28K	合计 237K。其中 M=46K，K=23K；J=115K，L=53K	合计 220K。其中 M=46K，K=23K；J=104K，L=47K
其他	无			

C4 小组第二年第一期成功招聘 4 人，第三期成功招聘 3 人，招聘结果如表 6-80 所示。

表 6-80　C4 小组第二年的招聘结果

招聘渠道	招聘员工信息（员工类型，级别，定岗，人才引进津贴，合同到期年份）
网络招聘	第一期：无；第三期（Y23116，C，P2，5K，4 年）、（X23091，C，P1，6K，4 年）
人才交流中心	第一期：（X21084，D，P1，4K，3 年）；第三期（Y23111，B，P2，5K，3 年）
校园招聘	第一期：（Y21104，D，P1，4K，4 年）、（S21097，D，P1，1K，3 年）、（S21098，D，P1，4K，6 年）

（3）年末经营

C4 小组第二年末进行绩效考核和市场排名，详情如表 6-81 所示。

表 6-81　C4 小组第二年的经营结果

项目	总经理	人力资源经理		招聘主管	培训主管	绩效主管	薪酬主管
考核总分	50	95		77	72	62	79
薪酬等级变化	0	0		0	0	0	0
价值变化	0	0		0	0	0	0
绩效奖金	0	0		0	0	0	0
综合运营费	14K	超额损失	42K	应交所得税	0K	囤货	0K
总分	−20.56			排名	5		

3. 第三年

（1）年初经营

1）当年开始

2）人力资源规划

第三年初 C4 小组计划生产 P1 产品 50 批，P2 产品 50 批，P3 产品 50 批。

C4 小组第三年运营对抗经验总结

C4 小组计划从外部招聘：研发 C 级 2 人，研发 D 级 2 人；生产 D 级 4 人；销售 D 级 2 人。第三年无晋升培训、调岗计划。

费用规划是人力资源规划的重要内容之一，C4 小组第三年的费用预算如表 6-82 所示。

表 6-82 C4 小组第三年的费用预算

单位：K

项目	费用	项目	费用
人力资源总经费	1250	计划工资总支出	1000
计划招聘费用	100	其他人力资源支出	50
计划培训费用	100	非人力资源经费	50

3）人力资源经费申请

根据费用预算，C4 小组申请了 863K 的人力资源经费。

4）工作分析与薪酬设计

C4 小组第三年基本工资区间和薪酬设计与上年相同，但是调整了员工的基本工资，具体设定如表 6-83 所示。

表 6-83 C4 小组第三年的基本工资设定

单位：K

员工等级	研发人员	生产人员	销售人员
A	23K [22 ～ 24K]	25K [20 ～ 25K]	22K [21 ～ 26K]
B	18K [17 ～ 22K]	20K [16 ～ 20K]	17K [16 ～ 21K]
C	13K [11 ～ 17K]	14K [10 ～ 15K]	13K [11 ～ 16K]
D	7K [5 ～ 11K]	7K [6 ～ 10K]	6K [6 ～ 11K]

5）绩效指标确定

C4 小组第三年绩效考核指标的选择和权重设置与上年相同。

（2）年中经营

C4 小组第三年第三期放弃招聘，主要以生产 P1、P2 产品为主，四期运营情况如表 6-84 所示。

表 6-84 C4 小组第三年四期运营情况

项目	第一期	第二期	第三期	第四期
招聘	第一期放弃挖人，招聘共花费 22K，其中校（生 D）招聘成功		第三期招聘共花费 69K，其中人（生 C），传（生 C）	
培训	新（S31011）	在岗（S21098，2K）	在岗（S21098，2K）	无
研发	（P2，8/6，1 期）	无	无	P1（5/6，1 期），P2（8/6，1 期）
生产	P1（4/4，6K）	P1（4/4，6K）	P1（4/4，24K），P2（2/2，24K）	P1（2/2，8K），P2（2/2，24K）
销售	P1（16 批 /16 批，73K/66K，16 批，1163K），P2（4 批 /4 批，100K/100K，4 批，400K）			
薪资核算	合计 233K。其中 M=47K，K=26K；J=106K，L=54K	合计 233K。其中 M=47K，K=26K；J=106K，L=54K	合计 322K。其中 M=47K，K=26K；J=169K，L=80K	合计 249K。其中 M=47K，K=26K；J=119K，L=57K
其他	第三期流失（S31011,S21098）			

（3）年末经营

C4 小组第三年末进行绩效考核和市场排名，详情如表 6-85 所示。

表 6-85　C4 小组第三年的经营结果

项目	总经理	人力资源经理		招聘主管	培训主管	绩效主管	薪酬主管
考核总分	51	93		76	61	62	67
薪酬等级变化	0	0		0	0	0	0
价值变化	0	0		0	0	0	0
绩效奖金	0	0		0	0	0	0
综合运营费	14K	超额损失	0K	应交所得税	0K	囤货	0K
总分	−7.52			排名	5		

4. 第四年

（1）年初经营

1）当年开始

2）人力资源规划

C4 小组第四年运营对抗经验总结

第四年初 C4 小组计划生产 P1 产品 100 批，P2 计划生产 100 批，P3 计划生产 20 批，P4 计划生产 20 批。

第四年 C4 小组无招聘计划、晋升培训、调岗计划。

费用规划是人力资源规划的重要内容之一，C4 小组第四年的费用预算如表 6-86 所示。

表 6-86　C4 小组第四年的费用预算

单位：K

项目	费用	项目	费用
人力资源总经费	1250	计划工资总支出	1000
计划招聘费用	100	其他人力资源支出	50
计划培训费用	100	非人力资源经费	50

3）人力资源经费申请

根据费用预算，C4 小组申请了 1300K 的人力资源经费。

4）工作分析与薪酬设计

C4 第四年基本工资区间、基本工资设定与上年相同，薪酬设计不勾选。

5）绩效指标确定

C4 小组第四年绩效考核指标选择和权重设置与上年相同。

（2）年中经营

C4 小组第四年招聘，以生产 P1、P2 产品为主，C4 小组第四年四期运营情况如表 6-87 所示。

表 6-87 C4 小组第四年四期运营情况

项目	第一期	第二期	第三期	第四期
招聘	第一期招聘共花费 30K，其中再就业（销 C）		第三期招聘共花费 67K，其中校（生 C）	
培训	新（X31004）	无	新（S43083）	企业文化（16 人，1K/ 人）
研发	无	无	无	无
生产	P2（2/2，24K），P1（2/2，12K）	P2（2/2，24K），P1（2/2，12K）	P1（5/5，30K），P2（2/2，24K）	P1（5/5，30K），P2（2/2，24K）
销售	P1（14 批 /14 批，95K/95K，14 批，1330K），P2（8 批 /8 批，100K/100K，8 批，800K）			
薪资核算	合计 241K。其中 M=47K，K=29K；J=109K，L=56K	合计 229K。其中 M=47K，K=29K；J=102K，L=51K	合计 256K。其中 M=47K，K=29K；J=121K，L=59K	合计 306K。其中 M=47K，K=29K；J=168K，L=62K
其他	第四期：流失（X23091）			

（3）年末经营

C4 小组年末进行绩效考核和市场排名，详情如表 6-88 所示。

表 6-88 C4 小组第四年的经营结果

<table>
<tr><th>项目</th><th>总经理</th><th colspan="2">人力资源经理</th><th>招聘主管</th><th>培训主管</th><th>绩效主管</th><th>薪酬主管</th></tr>
<tr><td>考核总分</td><td>51</td><td colspan="2">98</td><td>68</td><td>67</td><td>62</td><td>66</td></tr>
<tr><td>薪酬等级变化</td><td>0</td><td colspan="2">0</td><td>0</td><td>0</td><td>0</td><td>0</td></tr>
<tr><td>价值变化</td><td>0</td><td colspan="2">0</td><td>0</td><td>0</td><td>0</td><td>0</td></tr>
<tr><td>绩效奖金</td><td>0</td><td colspan="2">0</td><td>0</td><td>0</td><td>0</td><td>0</td></tr>
<tr><td>综合运营费</td><td>13K</td><td>超额损失</td><td>16K</td><td>应交所得税</td><td>105K</td><td>囤货</td><td>0K</td></tr>
<tr><td>总分</td><td colspan="3">6.64</td><td>排名</td><td colspan="3">5</td></tr>
</table>

5. 第五年

（1）年初经营

1）当年开始

2）人力资源规划

第五年初 C4 小组计划生产 P1 产品 100 批，P2 产品 100 批，P3 产品 50 批，P4 产品 50 批。

C4 小组第五年运营对抗经验总结

第五年 C4 小组无招聘计划、晋升培训、调岗计划。

费用规划是人力资源规划的重要内容之一，C4 小组第五年的费用预算如表 6-89 所示。

表 6-89　C4 小组第五年的费用预算

单位：K

项目	费用	项目	费用
人力资源总经费	900	计划工资总支出	500
计划招聘费用	100	其他人力资源支出	100
计划培训费用	100	非人力资源经费	100

3）人力资源经费申请

根据费用预算，C4 小组申请了 1200K 的人力资源经费。

4）工作分析与薪酬设计

第五年 C4 小组制定的基本工资区间与上年相同，薪酬设计只选择人才引进津贴。

5）绩效指标确定

C4 小组第五年绩效考核指标选择和权重设置与上年相同。

（2）年中经营

C4 小组第五年以生产和销售 P1 和 P2 产品为主，四期运营情况如表 6-90 所示。

表 6-90　C4 小组第五年四期运营情况

项目	第一期	第二期	第三期	第四期
招聘	第一期放弃挖人，招聘花费，其中校（生D）。招聘结果见表 6-91		第三期招聘花费（31K），其中人（研 C）。招聘结果见表 6-91	
培训	无	无	新（Y53134）	无
研发	无	无	无	无
生产	P1（7/7，54K）	P1（7/7，54K）	P1（7/7，54K）	P1（7/7，54K）
销售	P1（6 批 /6 批，85K/87K，6 批，522K），P2（8 批 /8 批，100K/105K,8 批，840K）			
薪资核算	合计 243K。其中 M=47K，K=35K；J=103K，L=58K	合计 247K。其中 M=47K，K=35K；J=107K，L=58K	合计 305K。其中 M=47K，K=35K；J=147K，L=76K	合计 273K。其中 M=47K，K=35K；J=125K，L=66K
其他	第四期：流失（Y21102、S11040）			

C4 第五年第三期成功招聘 1 人，招聘结果如表 6-91 所示。

表 6-91　C4 小组第五年的招聘结果

招聘渠道	招聘员工信息（员工类型，级别，定岗，人才引进津贴，合同到期年份）
人才交流中心招聘	第三期：（Y53134，C，P2，31K，6 年）

（3）年末经营

C4 小组第五年末进行绩效考核和市场排名，详情如表 6-92 所示。

表 6-92　C4 小组第五年的经营结果

<table>
<tr><th>项目</th><th>总经理</th><th colspan="2">人力资源经理</th><th>招聘主管</th><th>培训主管</th><th>绩效主管</th><th>薪酬主管</th></tr>
<tr><td>考核总分</td><td>55</td><td colspan="2">94</td><td>63</td><td>62</td><td>65</td><td>66</td></tr>
<tr><td>薪酬等级变化</td><td>0</td><td colspan="2">0</td><td>0</td><td>0</td><td>0</td><td>0</td></tr>
<tr><td>价值变化</td><td>0</td><td colspan="2">0</td><td>0</td><td>0</td><td>0</td><td>0</td></tr>
<tr><td>绩效奖金</td><td>0</td><td colspan="2">11</td><td>0</td><td>0</td><td>0</td><td>0</td></tr>
<tr><td>综合运营费</td><td>14K</td><td>超额损失</td><td>0K</td><td>应交所得税</td><td>132K</td><td>囤货</td><td>0K</td></tr>
<tr><td>总分</td><td colspan="3">58.82</td><td>排名</td><td colspan="3">5</td></tr>
</table>

6. 第六年

（1）年初经营

1）当年开始

2）人力资源规划

第六年初 C4 小组计划生产 P1 产品 50 批，P2 产品 50 批。

C4 小组第六年运营对抗经验总结

第六年 C4 小组无招聘计划、晋升培训、调岗计划。

费用规划是人力资源规划的重要内容之一，C4 小组第六年的费用预算如表 6-93 所示。

表 6-93　C4 小组第六年的费用预算

单位：K

项目	费用	项目	费用
人力资源总经费	650	计划工资总支出	500
计划招聘费用	50	其他人力资源支出	50
计划培训费用	50	非人力资源经费	50

3）人力资源经费申请

根据费用预算，C4 小组申请了 2000K 的人力资源经费。

4）工作分析与薪酬设计

C4 小组第六年基本工资区间和薪酬设计与上年相同，员工基本工资设定也与上年相同。

5）绩效指标确定

C4 小组第六年绩效考核指标选择和权重设置与上年相同。

（2）年中经营

C4 小组第六年以生产和销售 P1 产品为主，四期运营情况如表 6-94 所示。

表 6-94 C4 小组第六年四期运营情况

项目	第一期	第二期	第三期	第四期
招聘	第一期招聘花费 31K，其中人（生 C）		第三期招聘花费 90K，其中网 3 人（生 D，销 C），人（生 C），校（销 D）	
培训	新（S61126）	无	新（S63147,S63148,S63179,X63106,X63107）	无
研发	无	无	无	无
生产	P1（5/5，78K）	P1（5/5，30K）	P1（5/5，30K）	P1（5/5，30K）
销售	P1（22 批 /22 批，96K/85K，22 批，1760K）			
薪资核算	合计 450K。其中 M=47K，K=42K；J=245K，L=116K	合计 359K。其中 M=47K，K=42K；J=179K，L=91K	合计 585K。其中 M=47K，K=42K；J=343K，L=153K	合计 501K。其中 M=47K，K=42K；J=278K，L=134K
其他	无			

（3）年末经营

C4 小组第六年末进行绩效考核和市场排名，情况如表 6-95 所示。

表 6-95 C4 小组第六年的经营结果

项目	总经理	人力资源经理		招聘主管	培训主管	绩效主管	薪酬主管
考核总分	72	80		78	61	70	70
薪酬等级变化	0	0		0	0	0	0
价值变化	0	0		0	0	0	0
绩效奖金	0	0		0	0	0	0
综合运营费	14K	超额损失	12K	应交所得税	357K	囤货	0K
总分	90.09			排名	5		

6.2.5 C5 小组

下面是企业人力资源管理综合技能训练模拟实战时 C5 小组在人力资源管理智能仿真与运营对抗平台每年的运营对抗情况。

1. 第一年

（1）年初经营

1）人力资源规划

C5 小组第一年运营对抗经验总结

C5 小组规划在短期内抢占 P1 产品市场并在未来三年内把重点放在中低端产品的研发、生产上。C5 小组在第一年计划生产 P1 产品 30 批，P2 产品 10 批。

C5 小组第一年预计外部招聘研发 C 级 2 人；生产 A 级 1 人，生产 B 级 1 人；销售 B 级 1 人。

C5 小组第一年存在晋升计划，无调岗计划。

C5 小组第一年的费用预算如表 6-96 所示。

表 6-96　C5 小组第一年的费用预算

单位：K

项目	费用	项目	费用
人力资源总经费	1900	计划工资总支出	1300
计划招聘费用	50	其他人力资源支出	400
计划培训费用	50	非人力资源经费	100

2）人力资源经费申请

根据费用预算，C5 小组申请了 2000K 的人力资源经费。

3）工作分析与薪酬设计

工作分析中，工资区间的设定将影响基本工资的设置。根据公司发展规划，C5 小组在第一年设置了较高的基本工资，以保证对外竞争性。同时薪酬结构设计主要包括通信补贴和人才引进津贴。具体设定如表 6-97 所示。

表 6-97　C5 小组第一年的基本工资设定

单位：K

员工等级	研发人员	生产人员	销售人员
A	27K　[22 ～ 28K]	33K　[29 ～ 25K]	33K　[29 ～ 35K]
B	21K　[18 ～ 22K]	26K　[23 ～ 29K]	26K　[23 ～ 29K]
C	16K　[11 ～ 17K]	17K　[14 ～ 20K]	17K　[14 ～ 20K]
D	10K　[5 ～ 11K]	8K　[8 ～ 14K]	6K　[6 ～ 11K]

4）绩效指标确定

绩效考核指标能够明确工作目标以及考核标准，准确选择绩效指标对管理人员的绩效考核起着重要作用。C5 小组第一年各岗位绩效考核分别设定如下。

总经理：净利润（20%）、产品销量（50%）、产品利润（20%）、生产计划准确率（10%）。

人力资源经理：人力资源规划方案提交及时率（10%）、人力资源成本（40%）、人均人力资源成本（20%）、员工流失率（10%）、劳动争议发生次数（10%）、经费申请不当产生的损失（10%）。

招聘主管：人均招聘成本（60%）、招聘计划达成率（20%）、招聘人员流失率（20%）。

培训主管：人均培训费用（25%）、培训计划（25%）、培训能力提升（25%）、培训人次（25%）。

绩效主管：管理人员价值增量（35%）、员工价值增量（35%）、当年所选考核指标数（30%）。

薪酬主管：人均薪酬（60%）、薪资总额占人力资源成本比（20%）、当年绩效奖金占薪资比（20%）。

（2）年中经营

C5 小组第一年运营情况良好，成功研发并生产 P1、P2 产品。C5 小组第一年四期运营情况如表 6-98 所示。

表 6-98　C5 小组第一年四期运营情况

项目	第一期	第二期	第三期	第四期
招聘	第一期招聘共花费 47K，其中人(研 B、C)，网（生 B、C）。招聘结果见表 6-99		第三期招聘共花费 36K，其中人（销 B、C），网（生 B）。招聘结果见表 6-99	
培训	新（5 人，5K）	无	新（3 人，3K）	企业文化(14 人,1K/ 人)
研发	P1（5/18，1 期），P2（8/15，2 期）	P2（8/15，1 期）	P2 第一年第三期研发完成	无
生产	无	P1（9/9，54K）	P1（9/9，54K）	P1（9/9，54K）、P2（5/5，60K）
销售	P1（27 批 /27 批，87K/77K，27 批，2379K）、P2（5 批 /5 批，136K/126K，5 批，680K）			
薪资核算	合计 321K。其中 M=48K，K=20K；J=179K，L=74K	合计 211K。其中 M=48K，K=20K；J=101K，L=42K	合计 400K。其中 M=48K，K=20K；J=235K，L=97K	合计 334K。其中 M=48K，K=20K；J=188K，L=78K
其他	无			

C5 小组第一年第一期成功招聘 5 人，第三期成功招聘 3 人，招聘结果如表 6-99 所示。

表 6-99　C5 小组第一年的招聘结果

招聘渠道	招聘员工信息（员工类型，级别，定岗，人才引进津贴，合同期限）
人才交流中心	第一期:（Y11036，B，P2，36K，6 年）、（Y11043，C，P1，26K，6 年）、（Y11044，C，P1，26K，6 年）；第三期（X13029，B，P1，41K，6 年）、（X13017，C，P2，26K，2 年）
Internet 平台招聘	第一期:（S11031，C，P1，26K，6 年）、（S11024，B，P1，46K，6 年）；第三期（S13045，B，P2，41K，6 年）

（3）年末经营

C5 小组第一年末进行绩效考核和市场排名，详情如表 6-100 所示。

表 6-100　C5 小组第一年的经营结果

项目	总经理	人力资源经理		招聘主管	培训主管	绩效主管	薪酬主管
考核总分	85	83		82	81	80	83
薪酬等级变化	+1	+1		0	0	+1	0
价值变化	+2	+2		0	0	+1	0
绩效奖金	4	13		10	4	4	4
综合运营费	12K	超额损失	54K	应交所得税	333K	囤货	0K
总分	130.39			排名	3		

2. 第二年

（1）年初经营

1）当年开始

2）人力资源规划

C5 小组第二年运营对抗经验总结

第二年初 C5 小组计划生产 P1 产品 96 批，P2 产品 20 批。

C5 小组计划从外部招聘：研发 A 级 1 人，研发 B 级 1 人；生产 B 级 1 人；销售 A 级 1 人，销售 B 级 1 人。第二年存在晋升培训计划、调岗计划。

费用规划是人力资源规划的重要内容之一，C5 小组第二年的费用预算如表 6-101 所示。

表 6-101　C5 小组第二年的费用预算

单位：K

项目	费用	项目	费用
人力资源总经费	1900	计划工资总支出	1300
计划招聘费用	120	其他人力资源支出	130
计划培训费用	50	非人力资源经费	300

3）人力资源经费申请

根据费用预算，C5 小组申请了 2000K 的人力资源经费。

4）工作分析与薪酬设计

第二年 C5 小组制定的基本工资区间和薪酬设计都与上年相同。

5）绩效指标确定

C5 小组第二年绩效考核指标的选择和权重设置与上年相同。

（2）年中经营

C5 小组第二年以生产 P1、P2 产品为主，开始研发 P4 产品，四期运营情况如表 6-102 所示。

表 6-102　C5 小组第二年四期运营情况

项目	第一期	第二期	第三期	第四期
招聘	第一期放弃挖人，招聘共花费 38K，其中人（研 A、B），网（生 B）。招聘结果见表 6-103		第三期招聘共花费 92K，其中猎（销 A），校（销 B）。招聘结果见表 6-103	
培训	新（3 人，3K）	无	新（2 人，2K）	企业文化（19 人，1K/ 人）
研发	无	无	P4（12/12，6 期）	P4（12/12，5 期）
生产	P1（12/12，90K），P2（5/5，60K）	P1（12/12，90K），P2（5/5，60K）	P1（12/12，90K），P2（5/5，60K）	P1（12/12，90K），P2（5/5，60K）
销售	P1（60 批 /60 批，73K/63K，60 批，4380K）；P2（20 批 /20 批，122K/111K，20 批，2440K）			

续表

项目	第一期	第二期	第三期	第四期
薪资核算	合计 497K。其中 M=50K，K=24K；J=308K，L=115K	合计 427K。其中 M=50K，K=24K；J=250K，L=103K	合计 535K。其中 M=50K，K=24K；J=327K，L=134K	合计 565K。其中 M=50K，K=24K；J=350K，L=141K
其他	转岗轮换培训（Y31002，P3 至 P4） 流失（S11024）			

C5 小组第二年第一期成功招聘 3 人，第三期成功招聘 2 人，招聘结果如表 6-103 所示。

表 6-103　C5 小组第二年的招聘结果

招聘渠道	招聘员工信息（员工类型，级别，定岗，人才引进津贴，合同到期年份）
猎头招聘	第三期:（X23086，A，P1，11K，6 年）
人才交流中心	第一期:（Y31002，A，P3，51K，6 年）、（Y21182，B，P2，36K，6 年）
校园招聘	第三期:（X23089，B，P2，36K，6 年）
Internet 平台招聘	第一期:（S21085，B，P1，36K，6 年）

（3）年末经营

C5 小组第二年末进行绩效考核和市场排名，详情如表 6-104 所示。

表 6-104　C5 小组第二年的经营结果

项目	总经理	人力资源经理		招聘主管	培训主管	绩效主管	薪酬主管
考核总分	85	89		87	88	86	90
薪酬等级变化	+1	+1		0	−1	0	+1
价值变化	+1	+1		0	−1	0	+1
绩效奖金	13	10		4	4	4	4
综合运营费	15K	超额损失	0K	应交所得税	935K	囤货	0K
总分	336.9			排名	3		

3. 第三年

（1）年初经营

1）当年开始

2）人力资源规划

C5 小组第三年运营对抗经验总结

第三年初 C5 小组计划生产 P1 产品 60 批，P2 产品 60 批。

C5 小组计划从外部招聘：研发 A 级 1 人，研发 B 级 1 人；生产 A 级 1 人，生产 B 级 1 人；销售 A 级 1 人。第三年存在培训计划，无调岗计划。

费用规划是人力资源规划的重要内容之一，C5 小组第三年的费用预算如表 6-105 所示。

表 6-105　C5 小组第三年的费用预算

单位：K

项目	费用	项目	费用
人力资源总经费	4700	计划工资总支出	3700
计划招聘费用	300	其他人力资源支出	300
计划培训费用	100	非人力资源经费	300

3）人力资源经费申请

根据费用预算，C5 小组申请了 4632K 的人力资源经费。

4）工作分析与薪酬设计

C5 小组第三年基本工资区间和薪酬设计及员工的基本工资有所调整，具体设定如表 6-106 所示。

表 6-106　C5 小组第三年的基本工资设定

单位：K

员工等级	研发人员	生产人员	销售人员
A	27K　[22 ～ 28K]	38K　[34 ～ 40K]	33K　[29 ～ 35K]
B	21K　[18 ～ 22K]	33K　[28 ～ 34K]	26K　[23 ～ 29K]
C	16K　[11 ～ 17K]	24K　[19 ～ 25K]	17K　[14 ～ 20K]
D	10K　[5 ～ 11K]	13K　[13 ～ 19K]	6K　[6 ～ 11K]

5）绩效指标确定

C5 小组第三年绩效考核指标的选择和权重设置与上年相同。

（2）年中经营

C5 小组第三年以生产 P1、P2 产品为主，继续研发 P4 产品，四期运营情况如表 6-107 所示。

表 6-107　C5 小组第三年四期运营情况

项目	第一期	第二期	第三期	第四期
招聘	第一期放弃挖人，招聘共花费 18K，其中人（生 B），校（研 B）。招聘结果见表 6-108		第三期招聘共花费 25K，其中网（生 A，销 A）。招聘结果见表 6-108	
培训	新（2 人，2K）	无	新（2 人，2K）	企业文化（22 人，1K/ 人）
研发	P4（12/12，4 期）	P4（12/12，3 期）	P4（12/12，2 期）	P4（12/12，1 期）
生产	P1（15/15，90K），P2（10/10，120K）	P1（15/15，90K），P2（10/10，120K）	P1（15/15，90K），P2（19/19，228K）	P1（15/15，90K），P2（19/19，228K）
销售	P1（60 批 /60 批，79K/70K，60 批，4740K），P2（58 批 /58 批，101K/91K，58 批，5858K）			
薪资核算	合计 705K。其中 M=53K，K=27K；J=461K，L=164K	合计 583K。其中 M=53K，K=27K；J=356K，L=147K	合计 986K。其中 M=53K，K=27K；J=707K，L=199K	合计 812K。其中 M=53K，K=27K；J=523K，L=209K
其他	流失（Y21099）			

C5 小组第三年第一期成功招聘 2 人，第三期成功招聘 2 人，招聘结果如表 6-108 所示。

表 6-108　C5 小组第三年的招聘结果

招聘渠道	招聘员工信息（员工类型，级别，定岗，人才引进津贴，合同到期年份）
人才交流中心	第一期：（S31003，B，P2，46K，6 年）
校园招聘	第一期：（Y21099，B，P2，11K，6 年）
Internet 平台招聘	第三期：（X33050，A，P2，132K，6 年）、（S33064，A，P2，132K，6 年）

（3）年末经营

C5 小组第三年末进行绩效考核和市场排名，详情如表 6-109 所示。

表 6-109　C5 小组第三年的经营结果

项目	总经理	人力资源经理		招聘主管	培训主管	绩效主管	薪酬主管
考核总分	90	95		98	88	91	94
薪酬等级变化	+1	+1		0	+1	+1	0
价值变化	+2	+2		0	+1	+1	0
绩效奖金	13	10		6	6	6	6
综合运营费	16K	超额损失	40K	应交所得税	1397K	囤货	0K
总分	609.55			排名	3		

4. 第四年

C5 小组第四年运营对抗经验总结

（1）年初经营

1）当年开始

2）人力资源规划

第四年初 C5 小组计划生产 P1 产品 60 批，P2 产品 60 批，P4 产品 20 批。

C5 小组计划从外部招聘：研发 A 级 1 人，研发 B 级 1 人；生产 A 级 1 人；销售 A 级 1 人。第四年有培训计划，无调岗计划。

费用规划是人力资源规划的重要内容之一，C5 小组第四年的费用预算如表 6-110 所示。

表 6-110　C5 小组第四年的费用预算

单位：K

项目	费用	项目	费用
人力资源总经费	7000	计划工资总支出	4600
计划招聘费用	200	其他人力资源支出	1000
计划培训费用	200	非人力资源经费	1000

3）人力资源经费申请

根据费用预算，C5 小组申请了 7009K 的人力资源经费。

4）工作分析与薪酬设计

C5 小组第四年基本工资区间和薪酬设计及员工的基本工资有所调整，具体设定如表

6-111 所示。

表 6-111 C5 小组第四年的基本工资设定

单位：K

员工等级	研发人员	生产人员	销售人员
A	32K [27 ～ 33K]	38K [34 ～ 40K]	33K [29 ～ 35K]
B	26K [23 ～ 27K]	33K [28 ～ 34K]	26K [23 ～ 29K]
C	21K [16 ～ 22K]	24K [19 ～ 25K]	17K [14 ～ 20K]
D	10K [10 ～ 16K]	13K [13 ～ 19K]	6K [6 ～ 11K]

5）绩效指标确定

C5 小组第四年绩效考核指标的选择和权重设置与上年相同。

（2）年中经营

C5 小组第三年以生产 P1、P2、P4 产品为主，完成研发 P4 产品，四期运营情况如表 6-112 所示。

表 6-112 C5 小组第四年四期运营情况

项目	第一期	第二期	第三期	第四期
招聘	第一期存在挖人（Y31002，A，P4，153K，6 年），招聘共花费 37K，其中人（研 B、生 A）。招聘结果见表 6-113		第三期招聘共花费 112K，其中猎（销 A）。招聘结果见表 6-113	
培训	新（3 人，2K）	无	新（1 人，1K）	企业文化（24 人，1K/ 人）
研发		无	无	无
生产	P1（15/15，90K），P2（10/10，120K）	P1（15/15，90K），P2（10/10，120K）	P1（15/15，90K），P2（10/10，120K），P4（6/6，210K）	P1（15/15，90K），P2（10/10，120K），P4（6/6，210K）
销售	P1（60 批 /60 批，100K/90K，60 批，6000K），P2（40 批 /40 批，110K/100K，40 批，4400K）、P4（12 批 /12 批，399K/364K，12 批，4788K）			
薪资核算	合计 1103K。其中 M=54K，K=30K；J=786K，L=233K	合计 811K。其中 M=54K，K=30K；J=515K，L=212K	合计 899K。其中 M=54K，K=30K；J=580K，L=235K	合计 965K。其中 M=54K，K=30K；J=624K，L=257K
其他	流失（Y33071、S31002、S21085）			

C5 小组第四年第一期成功招聘 3 人，第三期成功招聘 1 人，招聘结果如表 6-113 所示。

表 6-113 C5 小组第四年的招聘结果

招聘渠道	招聘员工信息（员工类型，级别，定岗，人才引进津贴，合同到期年份）
人才交流中心	第一期：（S41176，A，P4，153K，6 年）、（Y21099，B，P2，36K，6 年）
猎头招聘	第三期：（X43055，A，P4，56K，6 年）

（3）年末经营

C5 小组第四年末进行绩效考核和市场排名，详情如表 6-114 所示。

表 6-114　C5 小组第四年的经营结果

<table>
<tr><th>项目</th><th>总经理</th><th colspan="2">人力资源经理</th><th>招聘主管</th><th>培训主管</th><th>绩效主管</th><th>薪酬主管</th></tr>
<tr><td>考核总分</td><td>90</td><td colspan="2">94</td><td>91</td><td>86</td><td>90</td><td>90</td></tr>
<tr><td>薪酬等级变化</td><td>+1</td><td colspan="2">+1</td><td>+1</td><td>0</td><td>+1</td><td>0</td></tr>
<tr><td>价值变化</td><td>+2</td><td colspan="2">+2</td><td>+2</td><td>0</td><td>+1</td><td>0</td></tr>
<tr><td>绩效奖金</td><td>13</td><td colspan="2">10</td><td>6</td><td>6</td><td>6</td><td>6</td></tr>
<tr><td>综合运营费</td><td>16K</td><td>超额损失</td><td>320K</td><td>应交所得税</td><td>2170K</td><td>囤货</td><td>0K</td></tr>
<tr><td>总分</td><td colspan="3">892.09</td><td>排名</td><td colspan="3">3</td></tr>
</table>

5. 第五年

（1）年初经营

1）当年开始

2）人力资源规划

第五年初 C5 小组计划生产 P1 产品 90 批，P2 产品 60 批，P4 产品 20 批。

C5 小组第五年运营对抗经验总结

C5 小组计划从外部招聘：研发 A 级 1 人，研发 B 级 1 人；生产 A 级 1 人，生产 B 级 3 人；销售 A 级 1 人。第五年存在培训计划，无调岗计划。

费用规划是人力资源规划的重要内容之一，C5 小组第五年的费用预算如表 6-115 所示。

表 6-115　C5 小组第五年的费用预算

单位：K

项目	费用	项目	费用
人力资源总经费	11700	计划工资总支出	6800
计划招聘费用	200	其他人力资源支出	2000
计划培训费用	700	非人力资源经费	2000

3）人力资源经费申请

根据费用预算，C5 小组申请了 11712K 的人力资源经费。

4）工作分析与薪酬设计

C5 小组第五年基本工资区间和薪酬设计及员工的基本工资有所调整，具体设定如表 6-116 所示。

表 6-116　C5 小组第五年的基本工资设定

单位：K

员工等级	研发人员	生产人员	销售人员
A	32K　[27 ～ 33K]	40K　[34 ～ 40K]	33K　[29 ～ 35K]

续表

员工等级	研发人员	生产人员	销售人员
B	26K　[23 ～ 27K]	34K　[28 ～ 34K]	29K　[23 ～ 29K]
C	21K　[16 ～ 22K]	25K　[19 ～ 25K]	20K　[14 ～ 20K]
D	10K　[10 ～ 16K]	13K　[13 ～ 19K]	6K　[6 ～ 11K]

5）绩效指标确定

C5 小组第五年绩效考核指标的选择和权重设置与上年相同。

（2）年中经营

C5 小组第五年以生产并销售 P1、P2、P4 产品为主，四期运营情况如表 6-117 所示。

表 6-117　C5 小组第五年四期运营情况

项目	第一期	第二期	第三期	第四期
招聘	第一期放弃挖人，招聘共花费 42K，其中人（生 B），网（生 B），传（生 B）。招聘结果见表 6-118		第三期招聘共花费 12K，其中人（生 B），网（生 B）。招聘结果见表 6-118	
培训	新（3 人，3K），在岗（15 人，30K）	在岗（15 人，30K）	新（2 人，2K），在岗（18 人，36K）	在岗（20 人，40K），企业文化（28 人，3K/ 人）
研发	无	无	无	无
生产	P1（21/21，126K），P2（10/10，120K），P4（4/4，140K）	P1（21/21，126K），P2（10/10，120K），P4（4/4，140K）	P1（21/21，126K），P2（20/20，240K），P4（4/4，140K）	P1（21/21，126K），P2（10/10，240K），P4（4/4，140K）
销售	P1（84 批 /84 批，96K/85K，84 批，8064K），P2（60 批 /60 批，111K/100K，60 批，6660K），P4（16 批 /16 批，460K/388K，16 批，7360K）			
薪资核算	合计 1393K。其中 M=54K，K=35K；J=971K，L=333K	合计 971K。其中 M=54K，K=35K；J=625K，L=257K	合计 1373K。其中 M=54K，K=35K；J=970K，L=314K	合计 1225K。其中 M=54K，K=35K；J=805K，L=331K
其他	第四期：流失（Y21099、X23086）			

C5 小组第五年第一期成功招聘 3 人，第三期成功招聘 2 人，招聘结果如表 6-118 所示。

表 6-118　C5 小组第五年的招聘结果

招聘渠道	招聘员工信息（员工类型，级别，定岗，人才引进津贴，合同期限）
人才交流中心	第一期：（S51151，B，P1，101K，6 年）；第三期：（S53165，B，P2，136K，6 年）
Internet 平台招聘	第一期：（S51152，B，P1，91K，6 年）；第三期：（S53166，B，P2，136K，6 年）
传统媒体招聘	第一期：（S51153，B，P1，56K，6 年）

（3）年末经营

C5 小组第五年末进行绩效考核和市场排名，详情如表 6-119 所示。

表 6-119　C5 小组第五年的经营结果

项目	总经理	人力资源经理		招聘主管	培训主管	绩效主管	薪酬主管
考核总分	92	93		94	91	90	95
薪酬等级变化	+2	+1		−1	0	0	+1
价值变化	+1	+2		−1	0	0	+1
绩效奖金	13	7		7	6	6	6
综合运营费	18K	超额损失	994K	应交所得税	3182K	囤货	0K
总分	1340.24			排名	2		

6. 第六年

下面是企业人力资源管理综合技能训练模拟实战时 C6 小组在人力资源管理智能仿真与运营对抗平台每年的运营对抗情况。

（1）年初经营

1）当年开始

2）人力资源规划

C5 小组第六年运营对抗经验总结

第六年初 C5 小组计划生产 P1 产品 90 批，P2 产品 60 批，P4 产品 30 批。

C5 小组计划从外部招聘：研发 A 级 1 人，研发 B 级 1 人；生产 A 级 1 人，生产 B 级 3 人；销售 A 级 1 人。第六年存在培训计划，无调岗计划。

费用规划是人力资源规划的重要内容之一，C5 小组第六年的费用预算如表 6-120 所示。

表 6-120　C5 小组第六年的费用预算

单位：K

项目	费用	项目	费用
人力资源总经费	15000	计划工资总支出	7800
计划招聘费用	200	其他人力资源支出	3000
计划培训费用	1000	非人力资源经费	3000

3）人力资源经费申请

根据费用预算，C5 小组申请了 15100K 的人力资源经费。

4）工作分析与薪酬设计

C5 小组第六年基本工资区间和薪酬设计及员工的基本工资有所调整，具体设定如表 6-121 所示。

表 6-121　C5 小组第六年的基本工资设定

单位：K

员工等级	研发人员	生产人员	销售人员
A	56K　[50 ～ 56K]	70K　[64 ～ 70K]	70K　[64 ～ 70K]
B	50K　[46 ～ 50K]	64K　[58 ～ 64K]	64K　[58 ～ 64K]

续表

员工等级	研发人员	生产人员	销售人员
C	39K　[39 ～ 45K]	49K　[49 ～ 55K]	49K　[49 ～ 55K]
D	33K　[33 ～ 49K]	43K　[13 ～ 49K]	43K　[13 ～ 49K]

5）绩效指标确定

C5 小组第六年绩效考核指标的选择和权重设置与上年相同。

（2）年中经营

C5 小组第六年以生产并销售 P1、P2、P4 产品为主，四期运营情况如表 6-122 所示。

表 6-122　C5 小组第六年四期运营情况

项目	第一期	第二期	第三期	第四期
招聘	第一期放弃挖人，招聘共花费 36K，其中人（生 A），网（生 A），传（销 A）。招聘结果见表 6-123		第三期招聘共花费 5K，未招聘到相关员工。招聘结果见表 6-123	
培训	新（3 人,3K），在岗（20 人，40K）	在岗（23 人，46K）	在岗（23 人，46K）	在岗（23 人，46K），企业文化（29 人，4K/ 人）
研发	无	无	无	无
生产	P1（21/21，126K），P2（15/15，180K），P4（6/6，210K）	P1（21/21，126K），P2（15/15，180K），P4（6/6，210K）	P1（21/21，126K），P2（15/15，180K），P4（6/6，210K）	P1（21/21，126K），P2（15/15，180K），P4（6/6，210K）
销售	P1（84 批 /84 批，85K/76K，84 批，7140K），P2（60 批 /60 批，115K/105K，60 批，6900K），P4（24 批 /24 批，460K/387K，24 批，11040K）			
薪资核算	合计 200K。其中 M=103K，K=45K；J=2372K，L=641K	合计 200K。其中 M=106K，K=46K；J=1555K，L=640K	合计 200K。其中 M=103K，K=45K；J=1539K，L=633K	合计 208K。其中 M=103K，K=45K；J=1659K，L=653K
其他	无			

C5 小组第六年第一期成功招聘 3 人，第三期成功招聘 0 人，招聘结果如表 6-123 所示。

表 6-123　C5 小组第六年的招聘结果

招聘渠道	招聘员工信息（员工类型，级别，定岗，人才引进津贴，合同到期年份）
人才交流中心	第一期：（S61117，A，P2，280K，6 年）
Internet 平台招聘	第一期：（S61119，A，P4，280K，6 年）
传统媒体招聘	第一期：（X13027，A，P1，280K，6 年）

（3）年末经营

C5 小组第六年末进行绩效考核和市场排名，情况如表 6-124 所示。

表 6-124　C5 小组第六年的经营结果

项目	总经理	人力资源经理		招聘主管	培训主管	绩效主管	薪酬主管
考核总分	94	99		93	91	92	95
薪酬等级变化	+1	+1		0	−1	0	+1
价值变化	+2	+2		0	−1	0	+1
绩效奖金	13	10		3	3	3	4
综合运营费	20K	超额损失	1043K	应交所得税	2344K	囤货	0K
总分	1701.91			排名	2		

6.2.6　C6 小组

1. 第一年

（1）年初经营

1）人力资源规划

C6 规划在短期内抢占 P1 产品市场并在未来三年内把重点放在中低端产品的研发、生产上。在第一年计划生产 P1 产品 30 批，P2 产品 20 批。

C6 小组第一年预计外部招聘：研发 B 级 1 人，研发 C 级 2 人；生产 B 级 1 人，生产 C 级 2 人，生产 D 级 1 人；销售 C 级 2 人，销售 D 级 2 人。

C6 小组第一年运营对抗经验总结

第一年无培训晋升计划。

C6 小组第一年费用预算如表 6-125 所示。

表 6-125　C6 小组第一年的费用预算

单位：K

项目	费用	项目	费用
人力资源总经费	1800	计划工资总支出	267
计划招聘费用	114	其他人力资源支出	246
计划培训费用	18	非人力资源经费	149

2）人力资源经费申请

根据费用预算，C6 小组申请了 1800K 的人力资源经费。

3）工作分析与薪酬设计

工作分析中，工资区间的设定将影响基本工资的设置。根据公司发展规划，C6 在第一年设置了较高的基本工资，以保证对外竞争性。同时薪酬结构设计主要包括工龄工资、岗位津贴、交通补贴、通信补贴、住房补贴、高温补贴、人才引进津贴等。具体设定如表 6-126 所示。

表 6-126　C6 小组第一年的基本工资设定

单位：K

员工等级	研发人员	生产人员	销售人员
A	22K　[20 ～ 25K]	25K　[22 ～ 27K]	22K　[20 ～ 25K]

续表

员工等级	研发人员	生产人员	销售人员
B	17K [15 ～ 20K]	20K [17 ～ 23K]	17K [15 ～ 20K]
C	12K [10 ～ 15K]	15K [12 ～ 17K]	12K [10 ～ 15K]
D	7K [5 ～ 10K]	10K [7 ～ 12K]	7K [5 ～ 10K]

4）绩效指标确定

绩效考核指标能够明确工作目标以及考核标准，准确选择绩效指标对管理人员的绩效考核起着重要作用。

C6 小组第一年各岗位绩效考核指标分别设定如下。

总经理：净利润（10%）、产品销量（10%）、产品利润（10%）、生产计划准确率（70%）。

人力资源经理：人力资源规划方案提交及时率（10%）、人力资源成本（10%）、人均人力资源成本（10%）、员工流失率（10%）、劳动争议发生次数（10%）、经费申请不当产生的损失（50%）。

招聘主管：人均招聘成本（10%）、招聘计划达成率（10%）、招聘人员流失率（80%）。

培训主管：人均培训费用（10%）、培训计划（10%）、培训能力提升（10%）、培训人次（70%）。

绩效主管：管理人员价值增量（10%）、员工价值增量（10%）、当年所选考核指标数（80%）。

薪酬主管：人均薪酬（10%）、薪资总额占人力资源成本比（10%）、当年绩效奖金占薪资比（80%）。

（2）年中经营

C6 小组第一年运营情况极差，未成功研发并生产 P1 产品。四期运营情况如表 6-127 所示。

表 6-127　C6 小组第一年四期运营情况

项目	第一期	第二期	第三期	第四期
招聘	第一期招聘共花费 37K。招聘结果见表 6-128		第三期招聘共花费 77K，其中人（研 C，销 B，生 B）。招聘结果见表 6-128	
培训	无	无	新（3 人，3K）	在岗（Y13062、S21096、X13033，6K），企业文化（3 人，3K/ 人）
研发	无	无	无	无
生产	无	无	无	无
销售	无			
薪资核算	合计 98K	合计 98K	合计 188K	合计 164K
其他	无			

C6 小组第一年第一期成功招聘 0 人，第三期成功招聘 3 人，招聘结果如表 6-128 所示。

表 6-128　C6 小组第一年的招聘结果

招聘渠道	招聘员工信息（员工类型，级别，定岗，人才引进津贴，合同期限）
人才交流中心	第一期：无；第三期（Y13062，C，P2，7K，6 年）、（S21096，A，P1，10K，6 年）、（X13033，C，P1，10K，6 年）

（3）年末经营

C6 小组年末进行绩效考核和市场排名，详情如表 6-129 所示。

表 6-129　C6 小组第一年的经营结果

项目	总经理	人力资源经理		招聘主管	培训主管	绩效主管	薪酬主管
考核总分	80	84		77	80	81	77
薪酬等级变化	0	0		+1	−1	−1	−1
价值变化	0	0		2	−1	−1	−1
绩效奖金	0	0		7	0	0	0
综合运营费	10K	超额损失	149K	应交所得税	0K	囤货	0K
总分	−23			排名	6		

2. 第二年

（1）年初经营

1）当年开始

2）人力资源规划

第二年初 C6 小组计划生产 P1 产品 30 批，P2 产品 20 批。

C6 小组第二年运营对抗经验总结

C6 小组计划从外部招聘研发 B 级 1 人，生产 C 级 2 人，销售 C 级 1 人。第二年无晋升培训、调岗计划。

费用规划是人力资源规划的重要内容之一，C6 小组第二年的费用预算如表 6-130 所示。

表 6-130　C6 小组第二年的费用预算

单位：K

项目	费用	项目	费用
人力资源总经费	1745	计划工资总支出	1122
计划招聘费用	89	其他人力资源支出	426
计划培训费用	24	非人力资源经费	49

3）人力资源经费申请

根据费用预算，C6 小组申请了 1745K 的人力资源经费。

4）工作分析与薪酬设计

第二年 C6 小组制定的基本工资区间和薪酬设计都与上年相同。

5）绩效指标确定

C6 小组第二年绩效考核指标选择和权重设置与上年相同。

（2）年中经营

C6 小组第二年以生产 P1 产品为主，并成功研发 P2 产品，四期运营情况如表 6-131 所示。

表 6-131　C6 小组第二年四期运营情况

项目	第一期	第二期	第三期	第四期
招聘	第一期放弃挖人，招聘共花费 68K，其中人（研 B，生 C）。招聘结果见表 6-132		第三期招聘共花费 21K，其中网（生 C，销 C）。招聘结果见表 6-132	
培训	新（2 人，4K），在岗（Y13062、S21096、X13033，6K）	在岗（Y13062、S21096、X13033，6K）	新（2 人，2K），在岗（Y13062、S21096、X13033，6K）	无
研发	P1（5/12，1 期），P2（7/18，3 期）	P2（7/18，2 期）	P2（7/18，1 期）	
生产	无	P1（9/9，54K）	P1（6/6，36K）	P1（7/7，54K），P2（5/5，30K）
销售	P2（2 批 /2 批，150K/102K，2 批，300K）			
薪资核算	合计 388K	合计 355K	合计 422K	合计 413K
其他	无			

C6 小组第二年第一期成功招聘 2 人，第三期成功招聘 2 人，招聘结果如表 6-132 所示。

表 6-132　C6 小组第二年的招聘结果

招聘渠道	招聘员工信息（员工类型，级别，定岗，人才引进津贴，合同到期年份）
网络招聘	第一期:（Y21096，C，P1，10K，6 年）、（S21095，C，P1，10K，6 年）
人才交流中心	第三期:（S23106，C，P2，10K，6 年）、（X23092，C，P2，15K，6 年）

（3）年末经营

C6 小组第二年末进行绩效考核和市场排名，详情如表 6-133 所示。

表 6-133　C6 小组第二年的经营结果

项目	总经理	人力资源经理	招聘主管	培训主管	绩效主管	薪酬主管
考核总分	52	95	70	87	75	71
薪酬等级变化	0	0	+1	−1	−1	−1
价值变化	0	0	+2	−1	−1	−1
绩效奖金	0	0	7	0	0	0

续表

项目	总经理	人力资源经理		招聘主管	培训主管	绩效主管	薪酬主管
综合运营费	13K	超额损失	49K	应交所得税	0K	囤货	0K
总分	−56.6			排名	6		

3. 第三年

（1）年初经营

1）当年开始

第三年，支付管理人员绩效奖金 7K，上一年度社会平均工资为 20K。

C6 小组第三年运营对抗经验总结

2）人力资源规划

第三年初 C6 小组计划生产 P1 产品 20 批，P2 产品 30 批。

C6 小组计划从外部招聘：研发 C 级 2 人，研发 D 级 2 人；生产 D 级 4 人，销售 D 级 2 人。第三年无晋升培训、调岗计划。

费用规划是人力资源规划的重要内容之一，C6 小组第三年的费用预算如表 6-134 所示。

表 6-134　C6 小组第三年的费用预算

单位：K

项目	费用	项目	费用
人力资源总经费	1000	计划工资总支出	700
计划招聘费用	100	其他人力资源支出	100
计划培训费用	100	非人力资源经费	100

3）人力资源经费申请

根据费用预算，C6 小组申请了 1270K 的人力资源经费。

4）工作分析与薪酬设计

C6 小组第三年基本工资区间和薪酬设计与上年相同，但是调整了员工的基本工资，具体设定如表 6-135 所示。

表 6-135　C6 小组第三年的基本工资设定

单位：K

员工等级	研发人员	生产人员	销售人员
A	22K　[20 ~ 25K]	25K　[22 ~ 27K]	22K　[20 ~ 25K]
B	17K　[15 ~ 20K]	20K　[17 ~ 23K]	17K　[15 ~ 20K]
C	12K　[10 ~ 15K]	15K　[12 ~ 17K]	12K　[10 ~ 15K]
D	7K　[6 ~ 10K]	10K　[7 ~ 12K]	7K　[5 ~ 10K]

5）绩效指标确定

C6 小组第三年绩效考核指标的选择和权重设置与上年相同。

（2）年中经营

C6 小组第三年第一期和第三期放弃招聘，主要以生产 P1 产品为主，四期运营情况如表 6-136 所示。

表 6-136　C6 小组第三年四期运营情况

项目	第一期	第二期	第三期	第四期
招聘	放弃招聘		放弃招聘	
培训	无	无	无	无
研发	无	无	无	无
生产	无	无	无	无
销售	P1（24 批 /20 批，80K/75K，20 批，1500K）			
薪资核算	合计 284K。其中 M=80K，K=33K；J=121K，L=50K	合计 326K。其中 M=83K，K=35K；J=147K，L=61K	合计 310K。其中 M=80K，K=33K；J=139K，L=58K	合计 321K。其中 M=80K，K=33K；J=147K，L=61K
其他	第四期：紧急申请注资 550K（考虑教学需要，没有直接破产而选择注资处理）			

（3）年末经营

C6 小组年末进行绩效考核和市场排名，详情如表 6-137 所示。

表 6-137　C6 小组第三年的经营结果

项目	总经理	人力资源经理		招聘主管	培训主管	绩效主管	薪酬主管
考核总分	53	75		98	65	82	65
薪酬等级变化	0	0		+1	−1	0	−1
价值变化	0	0		+2	−1	0	−1
绩效奖金	0	0		7	0	0	0
综合运营费	13K	超额损失	−126K	应交所得税	0K	囤货	0K
总分	—			排名	6		

注：C6 小组第三年第四期紧急申请注资（考虑教学需要，没有直接破产而按注资处理），故从第三年开始，C6 小组无总分。

4. 第四年

（1）年初经营

1）当年开始

第四年，支付管理人员绩效奖金 8K，上一年度社会平均工资为 19K。

C6 小组第四年运营对抗经验总结

2）人力资源规划

第四年初 C6 小组计划生产 P1 产品 15 批。

第四年 C6 小组无招聘计划、晋升培训、调岗计划。

费用规划是人力资源规划的重要内容之一，C6 小组第四年的费用预算如表 6-138 所示。

表 6-138　C6 小组第四年的费用预算

单位：K

项目	费用	项目	费用
人力资源总经费	1000	计划工资总支出	700
计划招聘费用	100	其他人力资源支出	100
计划培训费用	100	非人力资源经费	100

3）人力资源经费申请

根据费用预算，C6 小组申请了 1500K 的人力资源经费。

4）工作分析与薪酬设计

C6 小组第四年基本工资区间、基本工资设定与上年相同，薪酬设计不变。

5）绩效指标确定

C6 小组第四年绩效考核指标的选择和权重设置与上年相同。

（2）年中经营

C6 小组第四年仍然放弃招聘，以生产 P1 产品为主，四期运营情况如表 6-139 所示。

表 6-139　C6 小组第四年四期运营情况

项目	第一期	第二期	第三期	第四期
招聘	放弃挖人、招聘		放弃招聘	
培训	无	无	无	无
研发	无	无	无	无
生产	无	无	无	无
销售	P1（33 批 /24 批，100K/95K，24 批，2280K），P2（12 批 /12 批，120K/110K，12 批，1320K）			
薪资核算	合计 217K。其中 M=49K，K=29K； J=90K，L=49K	合计 217K。其中 M=49K，K=29K； J=90K，L=49K	合计 219K。其中 M=49K，K=29K； J=92K，L=49K	合计 226K。其中 M=49K，K=29K； J=98K，L=50K
其他	无			

（3）年末经营

C6 小组第四年末进行绩效考核和市场排名，详情如表 6-140 所示。

表 6-140　C6 小组第四年的经营结果

项目	总经理	人力资源经理		招聘主管	培训主管	绩效主管	薪酬主管
考核总分	61	83		93	67	71	55
薪酬等级变化	0	0		+1	−1	0	−1
价值变化	0	0		+2	−1	0	−1
绩效奖金	0	0		7	0	0	0
综合运营费	13K	超额损失	0K	应交所得税	0K	囤货	9K
总分	—			排名	6		

5. 第五年

（1）年初经营

1）当年开始

第五年，支付管理人员绩效奖金 8K，支付管理人员年终奖 127K，支付企业福利 127K。

C6 小组第五年运营对抗经验总结

2）人力资源规划

第五年初 C6 小组计划生产 P1 产品 20 批。

第五年 C6 小组无调岗计划。

费用规划是人力资源规划的重要内容之一，C6 小组第五年的费用预算如表 6-141 所示。

表 6-141　C6 小组第五年的费用预算

单位：K

项目	费用	项目	费用
人力资源总经费	3461	计划工资总支出	1000
计划招聘费用	80	其他人力资源支出	100
计划培训费用	100	非人力资源经费	100

3）人力资源经费申请

根据费用预算，C6 申请了 2000K 的人力资源经费。

4）工作分析与薪酬设计

第五年 C6 小组制定的基本工资区间与上年相同，薪酬设计只选择了人才引进津贴。

5）绩效指标确定

C6 小组第五年绩效考核指标的选择和权重设置与上年相同。

（2）年中经营

C6 小组第五年以生产和销售 P2 产品为主，四期运营情况如表 6-142 所示。

表 6-142　C6 小组第五年四期运营情况

项目	第一期	第二期	第三期	第四期
招聘	第一期放弃挖人，招聘花费 33K，其中人（生 C）。招聘结果见表 6-143		招聘花费 31K，其中人（研 C）。招聘结果见表 6-143	
培训	新（1 人，1K）	无	新（1 人，1k）	企业文化（8 人,2K/ 人）
研发	无	无	无	无
生产	P2（7/7，84K）	P2（7/7，84K）	P1（7/7，42K）， P2（7/7,84k）	P1（4/4，28K）， P2（4/4,48k）
销售	P2（25 批 /12 批，300K/1440K），P1（14 批 /18 批，84K/1710K）			
薪资核算	合计 463K	合计 463K	合计 492K	合计 497K
其他	无			

C6 小组第五年第一期成功招聘 1 人，第三期成功招聘 1 人，招聘结果如表 6-143 所示。

表 6-143　C6 小组第五年的招聘结果

招聘渠道	招聘员工信息（员工类型，级别，定岗，人才引进津贴，合同期限）
人才交流中心	第一期：（S51154，C，P2，33K，1 年） 第三期：（Y53133，C，P1，31K，1 年）

（3）年末经营

C6 小组第五年末进行绩效考核和市场排名，详情如表 6-144 所示。

表 6-144　C6 小组第五年的经营结果

项目	总经理	人力资源经理		招聘主管	培训主管	绩效主管	薪酬主管
考核总分	61	83		97	67	71	55
薪酬等级变化	0	+1		+1	−1	−1	−1
价值变化	0	+2		+2	−1	−1	−1
绩效奖金	0	10		7	0	0	0
综合运营费	13K	超额损失	0K	应交所得税	332K	囤货	0K
总分	—			排名	6		

6. 第六年

（1）年初经营

1）当年开始

第六年，综合运营费用 13K，产品综合成本 660K。

C6 小组第六年运营对抗经验总结

2）人力资源规划

第六年初 C6 小组计划生产 P1 产品 30 批，P2 产品 30 批。

第六年 C6 小组无晋升培训、调岗计划。

费用规划是人力资源规划的重要内容之一，C6 小组第六年的费用预算如表 6-145 所示。

表 6-145　C6 小组第六年的费用预算

单位：K

项目	费用	项目	费用
人力资源总经费	2200	计划工资总支出	800
计划招聘费用	100	其他人力资源支出	100
计划培训费用	100	非人力资源经费	100

3）人力资源经费申请

根据费用预算，C6 小组申请了 2200K 的人力资源经费。

4）工作分析与薪酬设计

C6 小组第六年基本工资区间和薪酬设计与上年相同，员工基本工资设定也与上年相同。

5）绩效指标确定

C6 小组第六年绩效考核指标的选择和权重设置与上年相同。

（2）年中经营

C6 小组第六年成功招聘 1 人，以生产和销售 P1、P2 产品为主，四期运营情况如表 6-146 所示。

表 6-146　C6 小组第六年四期运营情况

项目	第一期	第二期	第三期	第四期
招聘	放弃挖人、招聘		招聘 1 人（销 C）	
培训	无	无	新（1 人，1K）	无
研发	无	无	无	无
生产	P1（8/8，48K），P2（9/9,108K）	P1（8/8，48K），P2（10/10,120K）	P1（8/8，48K），P2（10/10,120K）	P1（8/8，48K），P2（10/10,120K）
销售	P1（32 批 /30 批，192K/2550K），P2（39/30 批，468K/3600）			
薪资核算	合计 499K	合计 513K	合计 565K	合计 551K
其他	人员流失（X13033,S21096,S13048）			

（3）年末经营

C6 小组第六年末进行绩效考核和市场排名，情况如表 6-147 所示。

表 6-147　C6 小组第六年的经营结果

项目	总经理	人力资源经理		招聘主管	培训主管	绩效主管	薪酬主管
考核总分	61	83		97	67	71	55
薪酬等级变化	−1	+1		+1	−1	0	0
价值变化	−1	+2		+2	−1	0	0
绩效奖金	0	10		7	0	0	0
综合运营费	13K	超额损失	0K	应交所得税	909K	囤货	0K
总分	—			排名	6		

6.3　运营情况对比

公司运营情况主要对比 C1 至 C6 小组六年人力资源经费、总经费、利润以及排名情况。

6.3.1 人力资源经费

人力资源经费体现公司每年人力资源经费的支出情况。表 6-148 至表 6-153 是 C1

至C6小组六年的人力资源经费情况。

表6-148　第一年人力资源经费

单位：K

项目	C1	C2	C3	C4	C5	C6
年初人力资源经费	0	0	0	0	0	0
经费申请	1850	1700	1500	1900	2000	1800
紧急申请	232	0	0	0	0	0
企业福利	0	0	0	0	0	0
企业文化培训费	28	30	23	10	14	9
薪酬调查费用	0	0	0	0	0	0
经济补偿金	0	0	0	0	0	0
招聘费用	133	184	99	54	83	114
培训费用	22	9	17	4	8	9
人才引进津贴	129	130	122	6	145	17
管理人员年终奖	0	0	0	0	0	0
管理人员工资	267	252	180	180	192	267
管理人员法定福利（公司承担部分）	113	104	76	76	80	113
员工工资	1058	751	548	118	704	115
员工法定福利（公司承担部分）	437	310	227	50	291	49
经费回账	0	0	0	0	0	0
回账经费损失	0	0	0	0	0	0
紧急经费损失	24	0	0	0	0	0
管理人员绩效奖金	0	0	0	9	0	0
剩余人力资源经费	0	60	315	1211	574	975

表6-149　第二年人力资源经费

单位：K

项目	C1	C2	C3	C4	C5	C6
年初人力资源经费	0	60	315	1211	374	975
人力资源经费申请	2000	2700	2100	100	2000	300
紧急申请	735	200	780	0	0	476
企业福利	0	148	149	0	100	0
企业文化培训费	68	46	34	17	19	0
薪酬调查费用	0	0	0	0	0	0
经济补偿金	0	0	0	0	0	0
招聘费用	48	114	119	62	130	89
培训费用	15	8	13	7	12	24
人才引进津贴	12	240	146	22	75	45

续表

项目	C1	C2	C3	C4	C5	C6
管理人员年终奖	0	148	149	0	100	0
管理人员工资	280	260	184	184	200	295
管理人员法定福利（公司承担部分）	116	108	92	92	96	125
员工工资	1393	1488	1590	335	1235	821
员工法定福利（公司承担部分）	580	543	695	157	493	337
经费回账	139	0	0	0	0	0
回账经费损失	16	0	0	0	0	0
紧急经费损失	74	20	78	0	0	49
超额经费损失	0	0	0	42	0	0
管理人员绩效奖金	6	18	12	9	21	6
剩余人力资源经费	0	59	80	406	168	5

表 6-150　第三年人力资源经费

单位：K

项目	C1	C2	C3	C4	C5	C6
年初人力资源经费	0	59	80	406	168	5
人力资源经费申请	3860	4300	6300	900	4632	1270
紧急申请	1036	0	0	0	0	550
企业福利	230	212	593	0	280	0
企业文化培训费	94	54	49	18	22	15
薪酬调查费用	0	0	0	0	0	0
经济补偿金	0	0	24	71	35	0
招聘费用	13	95	197	24	43	0
培训费用	24	11	23	7	5	0
人才引进津贴	130	230	356	35	342	0
管理人员年终奖	230	212	593	0	280	0
管理人员工资	327	264	188	188	212	323
管理人员法定福利（公司承担部分）	137	112	104	104	108	134
员工工资	2563	2154	3118	500	2047	907
员工法定福利（公司承担部分）	1056	826	1305	245	719	374
经费回账	0	0	0	0	0	0
回账经费损失	0	0	0	0	0	0
紧急经费损失	104	0	0	0	0	55
超额经费损失	0	0	0	0	40	0
管理人员绩效奖金	18	6	13	10	29	7
剩余人力资源经费	0	413	173	139	980	10

表 6-151　第四年人力资源经费

单位：K

项目	C1	C2	C3	C4	C5	C6
年初人力资源经费	0	413	173	139	980	10
人力资源经费申请	5500	7000	10000	1300	7009	1500
紧急申请	1638	0	0	0	0	426
企业福利	185	680	775	23	419	0
企业文化培训费	56	64	198	17	24	15
薪酬调查费用	0	0	0	0	0	0
经济补偿金	0	0	0	18	0	0
招聘费用	58	99	305	28	206	0
培训费用	14	12	28	2	4	15
人才引进津贴	400	570	498	6	305	0
管理人员年终奖	185	680	775	23	419	0
管理人员工资	363	355	188	188	216	347
管理人员法定福利（公司承担部分）	150	149	120	116	120	145
员工工资	3967	2929	4877	460	2505	964
员工法定福利（公司承担部分）	1551	1054	1999	228	937	397
经费回账	382	0	0	0	0	0
回账经费损失	43	0	0	0	0	0
紧急经费损失	164	0	0	0	0	44
超额经费损失	0	25	0	16	320	0
管理人员绩效奖金	20	19	0	11	32	8
剩余人力资源经费	0	1347	908	309	2787	1

表 6-152　第五年人力资源经费

单位：K

项目	C1	C2	C3	C4	C5	C6
年初人力资源经费	0	1347	908	309	2787	1
人力资源经费申请	5500	6000	15000	1200	11712	2000
紧急申请	1638	0	0	0	0	360
企业福利	185	273	1316	73	651	127
企业文化培训费	56	175	77	17	84	16
薪酬调查费用	0	0	0	0	50	0
经济补偿金	0	0	0	0	0	0
招聘费用	58	183	199	38	54	64
培训费用	14	15	36	1	77	68
人才引进津贴	400	235	658	31	618	15

续表

项目	C1	C2	C3	C4	C5	C6
管理人员年终奖	185	273	1316	73	651	127
管理人员工资	363	364	192	188	216	371
管理人员法定福利（公司承担部分）	150	152	140	140	140	157
员工工资	3967	3619	9001	478	3371	982
员工法定福利（公司承担部分）	1551	1431	3566	258	1235	405
经费回账	382	0	0	0	0	0
回账经费损失	43	0	0	0	0	0
紧急经费损失	164	0	0	0	0	36
超额经费损失	0	0	0	0	994	0
管理人员绩效奖金	20	6	20	11	33	8
剩余人力资源经费	0	856	45	232	6943	0

表 6-153　第六年人力资源经费

单位：K

项目	C1	C2	C3	C4	C5	C6
年初人力资源经费	1	856	45	232	6943	0
人力资源经费申请	11234	10000	28000	2000	15100	2200
紧急申请	40	4500	0	0	0	205
企业福利	353	916	1939	40	954	103
企业文化培训费	100	0	0	0	145	0
薪酬调查费用	0	0	0	0	70	0
经济补偿金	0	0	0	0	0	0
招聘费用	223	369	126	55	47	24
培训费用	13	16	16	6	89	8
人才引进津贴	1114	1432	158	156	840	20
管理人员年终奖	353	916	1939	40	954	103
管理人员工资	419	399	196	188	415	399
管理人员法定福利（公司承担部分）	180	180	168	168	181	177
员工工资	7087	8713	8537	1045	7125	1099
员工法定福利（公司承担部分）	2535	3121	3613	494	2567	453
经费回账	0	0	0	0	0	0
回账经费损失	0	0	0	0	0	0
紧急经费损失	4	450	0	0	0	21
超额经费损失	0	0	1228	0	1043	0
管理人员绩效奖金	8	15	15	11	31	17

续表

项目	C1	C2	C3	C4	C5	C6
剩余人力资源经费	0	261	10268	185	8422	1

6.3.2 总经费

总经费体现公司每年经费的支出和收入情况。表6-154至表6-159是C1至C6小组六年的总经费情况。

表6-154 第一年总经费

单位：K

项目	C1	C2	C3	C4	C5	C6
年初总经费	2500	2500	2500	2500	2500	2500
人力资源经费申请	1850	1700	1500	1900	2000	1800
紧急申请	232	200	0	0	0	0
产品综合成本	286	340	238	28	262	0
综合运营费用	19	13	16	10	12	10
经费回账	0	0	0	0	0	0
销售收入	2343	3960	3430	246	3029	0
注资金额	0	0	0	0	0	0
应交所得税	0	492	498	0	333	0
政府补贴	0	0	0	0	0	0
囤货费用	0	0	0	0	0	0
剩余总经费	2456	3915	3678	808	2922	690

表6-155 第二年总经费

单位：K

项目	C1	C2	C3	C4	C5	C6
年初总经费	2456	3915	3678	808	2922	690
人力资源经费申请	2000	2700	2100	100	2000	300
紧急申请	735	200	780	0	0	476
产品综合成本	594	858	1404	92	660	214
综合运营费用	22	17	22	14	15	13
经费回账	139	0	0	0	0	0
销售收入	8238	6624	12446	840	6820	1625
注资金额	0	0	0	0	0	0
应交所得税	754	708	1977	0	935	0
政府补贴	0	0	0	0	0	0
囤货费用	0	18	0	0	0	0
剩余总经费	4760	6038	9841	1442	6132	1312

表 6-156　第三年总经费

单位：K

项目	C1	C2	C3	C4	C5	C6
年初总经费	4760	6038	9841	1442	6132	1312
人力资源经费申请	3860	4300	6300	900	4632	1270
紧急申请	1036	0	0	0	0	550
产品综合成本	840	1336	2138	154	1176	204
综合运营费用	29	17	26	14	16	13
经费回账	0	0	0	0	0	0
销售收入	8238	14372	18700	1568	10598	1906
注资金额	0	0	0	0	0	1000
应交所得税	619	2269	2583	0	1397	0
政府补贴	0	0	0	0	0	0
囤货费用	0	0	0	0	0	0
剩余总经费	6614	12488	17494	1942	9509	2181

表 6-157　第四年总经费

单位：K

项目	C1	C2	C3	C4	C5	C6
年初总经费	6614	12488	17494	1942	9509	2181
人力资源经费申请	5500	7000	10000	1300	7009	1500
紧急申请	1638	0	0	0	0	426
产品综合成本	1496	1308	3320	180	1290	372
综合运营费用	30	21	27	13	16	13
经费回账	382	0	0	0	0	0
销售收入	15344	11040	30160	2162	15188	3600
注资金额	0	0	0	0	0	0
应交所得税	1766	912	4387	105	2170	0
政府补贴	0	0	0	0	0	0
囤货费用	0	0	0	0	0	9
剩余总经费	11910	14287	29920	2506	14212	3461

表 6-158　第五年总经费

单位：K

项目	C1	C2	C3	C4	C5	C6
年初总经费	11910	14287	29920	2506	14212	3461
人力资源经费申请	6110	6000	95000	1200	11712	2000
紧急申请	2857	0	0	0	0	360
产品综合成本	1416	2026	4116	216	1784	384
综合运营费用	26	18	40	14	18	13

续表

项目	C1	C2	C3	C4	C5	C6
经费回账	0	0	0	0	0	0
销售收入	15108	20750	45876	2034	22084	4122
注资金额	0	0	0	0	0	0
应交所得税	1175	3054	6465	132	3182	332
政府补贴	0	0	0	0	0	0
囤货费用	0	1	0	0	0	0
剩余总经费	15434	23938	50175	2978	19600	4494

表 6-159　第六年总经费

单位：K

项目	C1	C2	C3	C4	C5	C6
年初总经费	15434	23938	50175	2978	19600	4494
人力资源经费申请	11234	10000	28000	2000	15100	2200
紧急申请	40	4500	0	0	0	205
产品综合成本	2412	2524	3210	372	2064	660
综合运营费用	29	25	38	14	20	13
经费回账	0	0	0	0	0	0
销售收入	25142	28315	34640	3860	25080	6710
注资金额	0	0	0	0	0	0
应交所得税	2857	2668	3385	357	2344	909
政府补贴	0	0	0	0	0	0
囤货费用	1	0	75	0	0	0
剩余总经费	24003	32536	50107	4095	25152	7217

6.3.3 利润表

利润表体现公司每年利润情况，从利润表中可得到税前利润、应交所得税、净利润、营业外收入等数据。表 6-160 至表 6-165 是 C1 至 C6 小组六年的净利润情况。

表 6-160　第一年净利润

单位：K

项目	C1	C2	C3	C4	C5	C6
上年净利润	0	0	0	0	0	0
销售收入	2343	3960	3430	246	3029	0
直接人工费用	1495	1061	775	168	995	164
管理费用	606	592	426	531	443	671
产品综合成本	296	340	238	28	262	0
营业利润	−44	1967	1991	−481	1329	−835
营业外收入	0	0	0	0	0	0
税前利润	−44	1967	1991	−481	1329	−835

续表

项目	C1	C2	C3	C4	C5	C6
利润留存	0	0	0	0	0	0
应交所得税	0	492	498	0	333	0
净利润	−44	1475	1493	−481	996	−835

表 6-161　第二年净利润

单位：K

项目	C1	C2	C3	C4	C5	C6
上年净利润	−44	1475	1493	−481	996	−835
销售收入	6270	6624	12446	840	6820	1625
直接人工费用	1973	2031	2285	492	1728	1158
管理费用	645	905	852	427	693	601
产品综合成本	594	858	1404	92	660	214
营业利润	3058	2830	7905	−171	3739	−348
营业外收入	0	0	0	0	0	0
税前利润	3058	2830	7905	−171	3739	−348
利润留存	−44	0	0	−481	0	−835
应交所得税	754	708	1977	0	935	0
净利润	2304	2122	5928	−171	2804	−348

表 6-162　第三年净利润

单位：K

项目	C1	C2	C3	C4	C5	C6
上年净利润	2304	2122	5928	−171	2804	−348
销售收入	8238	14372	18700	1568	10598	1906
直接人工费用	3619	2980	4423	745	2766	1281
管理费用	1306	983	1810	436	1070	547
产品综合成本	840	1336	2138	154	1176	204
营业利润	2473	9073	10329	233	5586	−126
营业外收入	0	0	0	0	0	0
税前利润	2473	9073	10329	233	5586	−126
利润留存	0	0	0	−652	0	−1183
应交所得税	619	2269	2583	0	1397	0
净利润	1854	6804	7746	233	4189	−126

表 6-163　第四年净利润

单位：K

项目	C1	C2	C3	C4	C5	C6
上年净利润	1854	6804	7746	233	4189	−126
销售收入	15344	11040	30160	2162	15188	3600

续表

项目	C1	C2	C3	C4	C5	C6
直接人工费用	5518	3983	6876	688	3442	1361
管理费用	1268	2104	2416	455	1776	596
产品综合成本	1496	1308	3320	180	1290	372
营业利润	7062	3645	17548	839	8680	1271
营业外收入	0	0	0	0	0	0
税前利润	7062	3645	17548	839	8680	1271
利润留存	0	0	0	−419	0	−1309
应交所得税	1766	912	4387	105	2170	0
净利润	5296	2733	13161	734	6510	1271

表 6-164　第五年净利润

单位：K

项目	C1	C2	C3	C4	C5	C6
上年净利润	5296	2733	13161	734	6510	1271
销售收入	15108	20750	45876	2034	22084	4122
直接人工费用	6718	5050	12567	736	4606	1387
管理费用	2274	1460	3336	555	2968	987
产品综合成本	1416	2026	4116	216	1784	384
营业利润	4700	12214	25857	527	12726	1364
营业外收入	0	0	0	0	0	0
税前利润	4700	12214	17548	527	12726	1364
利润留存	0	0	0	0	0	−38
应交所得税	1175	3054	4387	132	3182	332
净利润	3525	9160	19392	395	9544	1032

表 6-165　第六年净利润

单位：K

项目	C1	C2	C3	C4	C5	C6
上年净利润	3525	9160	19392	395	9544	1032
销售收入	25142	28315	34640	3860	25080	6710
直接人工费用	9622	11834	12150	1539	9692	1552
管理费用	1683	3286	5740	522	3949	865
产品综合成本	2412	2524	3210	372	2064	660
营业利润	11425	10671	13540	1427	9375	3633
营业外收入	0	0	0	0	0	0
税前利润	11425	10671	13540	1427	9375	3633
利润留存	0	0	0	0	0	0
应交所得税	2857	2668	3385	357	2344	909
净利润	8568	8003	10155	1070	7031	2724

6.3.4 排名

表 6-166 为 C1 至 C6 小组 6 年的总评分和排名情况。

表 6-166　总排名

用户	第一年		第二年		第三年		第四年		第五年		第六年	
	总评分	排名	总评分	排名	总评分	排名	总评分	排名	总评分	排名	总评分	排名
C1	95.7	4	190.77	4	334.14	4	489.4	4	590.28	4	894.09	4
C2	165.32	1	350.06	2	693.04	2	991.8	2	1046.76	3	1550.38	3
C3	161.58	2	546.06	1	1048.08	1	1561.19	1	2401.43	1	2059.79	1
C4	−5.24	5	−20.21	5	−7.52	5	34.63	5	58.82	5	90.09	5
C5	130.39	3	336.9	3	609.55	3	892.09	3	1340.24	2	1701.91	2
C6	−23	6	−56.6	6	—	6	—	6	—	6	—	6

注：C6 小组第三年第四期紧急申请注资（考虑教学需要，没有直接破产而按注资处理），故从第三年开始，C6 小组无总分。

CHAPTER 7

第 7 章 企业人力资源管理综合技能训练成果分析

在企业人力资源管理综合技能训练中，常常经过 1 ～ 2 年的模拟经营后，各个模拟企业之间就产生了差异，2 ～ 3 年后，有些模拟企业可能出现明显的经营困难，当第六年运营对抗结束时，有些模拟企业早就已经破产倒闭。为什么同样的企业初始状态，却会产生完全不同的运营结果？这是学生在模拟经营过程中直至经营后一直思考的问题。本章从盈利能力、人力资源运作能力和计划制订能力三个方面对模拟企业的经营成果进行分析。

7.1　盈利能力分析

销售利润率是衡量企业销售收入收益水平的指标，被广泛应用于评估企业运营效益的比率。销售利润率是指净利润与销售收入的百分比，销售利润率越高，说明销售获利水平越高。在产品销售价格不变的条件下，利润的多少受产品成本和产品结构等影响。产品成本降低，产品结构中利润率高的产品比重上升，销售利润率就提高；反之，产品成本上升，产品结构中利润率高的产品比重下降，销售利润率就下降。

盈利能力分析各指标计算公式

成本收益率反映成本与利润的关系，表明单位成本获得的利润。成本收益率是指净利润总额与成本费用总额的百分比。该指标越高，表明费用的利用效率越高，说明企业在增加收入和节约成本方面取得了良好业绩。这一指标通俗地反映了单位成本所带来的净利润。

净利润也称为税后利润或净收入，是指在利润总额中按规定缴纳所得税后公司的利润留成，净利润增长率是指企业本期净利润额与上期净利润额增长的比率。净利润增长率反映的是企业实现价值最大化的扩张速度，是综合衡量企业资产运营与管理业绩以及成长状况和发展能力的重要指标。这项指标越高，说明企业经营势头越好。

销售增长率是衡量企业经营状况和市场占有能力、预测企业经营业务拓展趋势的重要指标，也是企业扩张增量资本和存量资本的重要前提。销售收入增长率是指企业本期销售收入与上期销售收入增长的比率，是企业某一段时间内销售收入的变化程度。销售增长率越高，表明其增长速度越快，企业市场前景越好，企业竞争力就越强。

人均销售收入是指企业销售收入总额与员工平均人数的比率，是根据报告期内的销售收入计算的平均每个员工的销售收入。人均销售收入越高，企业效率越高。人均销售收入是考核企业效率的指标，普遍适用于成熟期企业进行同业间比较，该数据有助于各模拟经营企业衡量员工数量配置方面是否合理。

人均净利润是根据报告期内的净利润计算的平均每一个职工创造的净利润。人均净利润是一项侧重从劳动力利用的角度来评价企业经济效益的综合性指标，该指标用于衡量企业每个职工平均获利水平。人均利润率越高，说明每个职工创造利润越多，贡献越大。它既是考核企业利润水平的指标，也是考核劳动效率的重要指标。人均净利润普遍适用处于成熟期的各模拟经营企业进行同业间比较。

工资销售收入是指企业销售收入总额与工资总额的比率，是根据报告期内各模拟经营企业的销售收入计算的平均每一 K 工资所能产生的销售收入。一般而言，工资销售收入越高，说明企业效率越高。该数据主要反映员工为企业带来的收入，只看单一企业数据可能无法体现是否具有优势，但通过各模拟企业同行间相互比较后可对薪酬制度做出相应调整，以提高企业的竞争优势。

工资净利润是指企业净利润总额与上期工资总额的比率，是指根据报告期内的净利润计算的平均每一 K 工资所能产生的净利润。一般而言，工资净利润越高，说明企业效益越高。同工资销售收入一样，从单一模拟企业的工资净利润指标无法判断是否有优势，但通过同行之间的对比分析结果对企业的薪酬制度进行调整，可以提高企业的人力资源效率。

员工增长率是本周期新增员工与上一周期员工人数的比率，可以反映企业人力资源增长的速度和人力资本增长的速度。员工增长率应保持在合理的范围内，将员工增长率与企业销售额增长率、利润增长率等指标进行综合分析，可以反映企业在一定时期内的人均生产效率。

人力资源流动率是一定时期内某种人力资源变动数与员工总数的比率，是指报告期内企业流动人数（包括流入人数和流出人数）占总人数的比例，是考查企业组织与员工队伍是否稳定的重要指标。这一综合性概念中的流入人数是指调入和新进人数；流出人数是指辞职、辞退人数。人力资源流动直接影响组织的稳定和员工的工作情绪，必须加以严格控制。员工流动率过大会导致企业生产效率降低，增加招聘和培训新进人员的成本，员工流动率过小则不利于企业保持活力。随着内外部环境变化适时进行员工结构调整，保持合理的员工流动，是企业不断更新战略技能、提高员工素质的重要手段。

关键岗位员工离职率是指处于关键岗位而自愿离开企业的员工人数与统计年平均人数的比例。不健康的企业文化、不科学的绩效考核和薪酬体系、不恰当的领导方式等会导致该比率上升，关键岗位员工离职可能影响企业的正常运转，导致高层管理职位的连锁反应。企业要防范关键岗位员工离职的风险，制定全面的人力资源规划，提前储备人才，确保关键岗位的员工离职时，有合适的候选人可以填补空缺。

员工晋升率是指在一定时间内，公司中实现职位晋升的员工人数占总员工人数的比例，其中，晋升员工人数是指在一定时间内被提升到更高职位或获得更高级别的员工人数，总员工人数是指该时间段内企业的总员工人数。统计员工晋升率可以反映出企业内部员工的提升情况，为改进员工发展通道、制定员工职业规划提供依据。它是衡量企业人力资源管理效果的重要指标之一。通过计算员工晋升率，企业可以评估自己在人力资源管理方面的效果。如果员工晋升率较高，说明企业注重员工的培养和激励，具备良好的人才储备和晋升机制；反之可能意味着企业在人力资源管理方面还存在问题，需要加强员工培训和激励措施。

总资产报酬率是以投资报酬为基础来分析企业的获利能力，是企业投资报酬与投资总额之间的比率。投资报酬指支付和缴纳所得税前的利润之和，投资总额为当期平均资产总额。总资产报酬率又称资产所得率，是指企业一定时期内获得的报酬总额与资产平均总额的比率。它表示企业包括净资产和负债在内的全部资产的总体获利能力，用以评价企业运用全部资产的总体获利能力，是评价企业资产运营效益的重要指标。总资产报酬率越高，表明企业投入产出的水平越高，企业资产运营越有效。

产品利润增长率反映企业产品利润的增减变动情况，是本年产品利润与上年产品利润相比增长的比率，即用企业本年的利润增长额除以上一年利润总额得出的数值。这个数值不仅可以反映企业本年的盈利状况，还可以反映企业近几年利润的增减情况。一般来说，产品利润率越高，说明企业产品销售额提供的营业利润越多，企业的盈利能力越强；反之，该比率越低，说明企业盈利能力越弱。

7.2 运作能力分析

人均招聘费用是衡量企业招聘效率的重要指标，是指特定时间段内企业招聘渠道总费用与已录用入职总人数的比率。人均招聘费用表示的是一次招聘活动中每招聘一位员工所占用的成本，反映在招聘甄选的相关工作中为资金的利用率和从招聘渠道获取候选人的匹配度和质量。人均招聘费用越低，说明其资金利用率越高；反之，人均招聘费用越高说明其资金利用率越低，以高资本招聘到适用的人才会增加企业人力资本的支出。

运作能力分析各指标计算公式

人均培训费用是指报告期内企业每位员工平均花费的培训费用，是企业培训总费用与参加培训员工人数的比率。人均培训费用是企业为提升经营效益，以培训员工、增强员工技能的方式达到这一目的的一个指标，一般情况下舍得为员工花钱的企业才能在员工身上获取更大的利益。人均培训费用的高低并不能说明什么问题，但是可以看出该企业对员工素质提升的重视程度和企业的长远战略规划。

人均人力成本额是指企业一段时间内全部的人力资源成本平均分配到每名从业员工

身上后，平均每名员工的人力成本额。人均人力成本额反映的是企业在某时期内，每聘用一名员工，需要负担的人力成本水平。人力资源成本是一个组织为了实现自己的组织目标，创造最佳经济和社会效益，而获得、开发、使用、保障必要的人力资源和人力资源离职所支出的各项费用的总和。

培训费用占薪资比是指企业培训费用与工资总额的比率。培训费用占薪资比是指报告期内企业员工培训的各项费用之和与该时期内员工工资总额的比例。企业自有资金可适当部分用于员工培训，合理的培训费用占薪资比一般水平为 2% ～ 5%，如果高于 5%，表明企业非常重视员工培训，但培训费用过高导致人力成本过高；如果低于 2%，则表明企业（部门）对员工培训不够重视，或为了节约挖潜而未能充分进行内部培训。

绩效工资占薪资比是指企业绩效工资总额与员工工资总额的比率。在人力资源管理综合技能训练平台中，为了判定绩效战略对模拟企业带来的效益，平台模拟运营中采取了绩效工资比例这一衡量指标。不同的行业和企业对绩效工资占工资比例的设置存在差异，一般需要按照公司制度和相关规定进行报酬的发放和计算，同时，在设置绩效工资占工资比例时，需要考虑员工的岗位、职责、工作质量、工作量等因素，确保绩效工资能够体现员工的实际工作表现和贡献。

人才引进津贴占薪资比是企业支付人才引进津贴费用与工资总额的比率。人才引进津贴占薪资比体现了企业招聘优秀人才的投入情况。在人才竞争日益激烈的当下，有效的人才激励政策对于吸引和留住优质人才能起到极其重要的作用，为抢夺各类人力资源、吸引高端人才、抢占发展“优先权”，在抢人大战中占得先机。

薪酬总额占人力资源成本比是一种用来推算合理的薪酬费用总额的人力资源成本控制方法，薪酬总额占人力资源成本比是薪酬总额与人力资源成本的比率。一般来说，薪酬总额占人力资源成本比过高，极大可能就意味着企业经营将处于危险状态。薪酬总额占人力资源成本比这一指标有助于企业规范人力成本核算，提高企业人力资源管理水平，降低企业经营成本。

年人均工资增长率是指企业本年度人均工资与上年度人均工资增长的比率。年人均工资是指企业员工在一定时期内平均每人所得的货币工资额。想要了解平均工资增长率，需要弄清楚本年度的工资收入总和和上年度工资收入总和，根据这两个数据来计算增长率。年人均工资增长率是指报告年度企业人均工资与上年度相比所增加的比例。一般情况下同期工资增长率应当比销售收入增长率小，如果同期工资增长率大于销售收入的增长率，即工资增长速度快于销售收入的增长速度，表明企业的人力成本增长过快。

人均工资是反映员工工资水平的主要指标，是企业工资总额与员工平均人数的比率。人均工资是指企业员工在一定时期内平均每位员工所得的货币工资额，它表明一定时期内职工工资收入的高低程度，反映企业在薪酬管理上的支付能力，同时也体现出企业运营资金的情况。这一指标在一定程度上表明企业对员工的吸引力，企业可通过同行间数据比较，根据实际能力对其进行适当调整，以提高吸引人才方面的竞争能力。

年薪酬总额增长率是衡量企业生产力和经济效益的重要指标，指本年度薪酬总支出较上年相比的增长情况，年薪酬总额增长率指报告年度企业工资总额与上年度相比所增加的比例。年薪酬总额增长率一般可以结合员工分类、分层级进行数据统计，反映企业在一定时间内所能实现的最高工资水平。

7.3 计划制订能力分析

销售计划预测准确率是指实际的产品销售量与计划预测的产品销售量之间的比值，反映销售计划的准确程度。因为销售计划准确率既受实际销售额的影响，又受预测销售额的影响，其中销售额由销售量和销售价格决定，而销售价格是计划部门无法控制的，计划部门只能影响计划销售额，一般无法控制实际销售额。因此，销售计划准确率不能客观准确地反映计划工作的优劣，计划准确率高并不代表计划准确性一定就高。

计划制订能力分析各指标计算公式

生产计划预测准确率是实际产量与计划生产量之间的比值，指实际的产品生产量与计划预测的产品生产量相比较所反映出来的生产计划的准确程度。生产计划预测准确率是总经理的绩效考核指标之一。按客户订单组织货源是市场化的集中体现。其中，“实际产量”是指在生产过程中实际完成的产品数量，“计划产量”是指在计划期间应该生产的产品数量。如果产品按照生产计划预定的时间和数量被生产出来，则代表计划准确。

人力资源成本预算准确率是指人力资源管理成本预算的准确程度。人力成本是企业成本的重要组成部分，而预算则是企业进行资源配置和风险控制的重要工具。人力资源管理成本预算是企业在一个生产经营周期（一般为一年）内，人力资源全部管理活动预期的成本支出的计划。有效的人力成本预算分析是企业持续发展的关键因素，通过精细的人力成本预算分析，企业可以更好地理解自身的人力成本结构，发现潜在的运营优化机会并最终实现盈利能力的提升，采取有效措施做好人力资源的招聘、培训、考核、岗位晋升、员工调薪、年终奖标准发放等各项人力资源具体工作，最大限度地调动员工积极性。

招聘费用准确率是指人力资源规划中招聘费用预算的准确程度，招聘费用准确率是衡量招聘主管的指标之一。招募费用是指企业或者组织为了招募人才所支付的费用，包括但不限于人才中介机构的费用、广告宣传费用、招聘人力成本等费用。招募费用的多少取决于招聘的职位、行业、地区、用人单位的规模以及需求量。招募费用是企业招聘人才的必要开支之一，需要根据实际情况进行估计或预测招聘费用。通过科学、合理、规范的招聘流程，可以降低招募费用的成本，以便公司能够有效地招募和留住合适的人才，提高人才的匹配度和企业运营效益。

招聘计划准确率是指实际招聘总人数与计划招聘总人数相比较后体现出的招聘计划的准确程度。招聘计划准确率是衡量招聘主管的指标之一。招聘计划是人力资源部门根据用人部门的增员申请，结合企业的人力资源规划和职务描述书，明确一定时期内需招聘的职位、人员数量、资质要求等因素，并制定具体的招聘活动执行方案。通过定期或不定期地招聘录用组织所需要的各类人才，为组织人力资源系统充实新生力量，实现企业内部人力资源的合理配置，为企业扩大生产规模和调整生产结构提供可靠的人力资源保证，同时弥补人力资源的不足，避免人员招聘中的盲目性和随意性。

技能提升培训计划准确率是指实际参加技能提升培训人数与计划参加技能提升培训人数相比较后体现出的技能提升培训计划的准确程度。技能提升培训计划准确率是衡量培训主管的指标之一，技能提升培训计划准确率的高低取决于人力资源规划尤其是员工培训计划的质量。因此，要提高技能提升培训计划准确率，就需要科学地进行人力资源规划，紧密结合企业实际情况，设计合理的技能提升培训计划。

培训费用准确率是指新员工培训、技能培训、转岗培训、企业文化培训等实际发生的培训费用与计划培训费用之间的比值，反映培训费用预算的准确程度。培训经费是进行培训的物质基础，是培训工作所必须具备的场所、设施、培训师等费用的保证。培训经费预算是指在一段时期内培训部门所需要的全部开支预算。这些费用将用于组织内部的培训，组织培训的总预算多少不一，但应当有一个适当的比例。制订培训计划阶段主要需要解决的是培训经费预算及来源问题，培训费用准确率是衡量培训主管的指标之一。

CHAPTER 8

第 8 章 企业人力资源管理综合技能训练示例

8.1 企业人力资源管理综合技能训练实训目的、内容和步骤

企业人力资源管理综合技能训练所采用的人力资源管理智能仿真与竞赛对抗平台作为人力资源管理的专业教学与竞赛系统，学生被分为若干个竞争团队，分别扮演总经理、人力资源经理、招聘甄选主管、培训开发主管、绩效考评主管、薪酬福利主管六个不同的管理人员，通过一系列人力资源管理运作，不断提升人才价值，提高公司效益，达到提升人力资源管理能力的目的。学生通过模拟演练，整合原来割裂的人力资源管理各模块，学会举一反三，将理论知识与实践操作紧密结合，激活理论知识沉淀，提高人力资源管理技能，提升人力资源管理综合实践能力。

8.1.1 总经理实训目的、内容和步骤

1. 实训目的

为了突出人力资源管理的全部流程，企业人力资源管理综合技能训练平台弱化了其他业务部门，所以这里的总经理既要参加公司总战略的制定，又要负责产品的生产销售，批准人力资源经费使用等项目的具体工作。因此，在人力资源管理智能仿真与竞赛对抗平台中，总经理职位的设立主要是为了让学生学习以下内容。

①如何分析市场需求以及各竞争对手的情况并以此制定公司战略。

②如何通过团队合作和沟通实现团队目标。

③一个公司涉及人力资源部分的大致经营流程。

④如何维持一家公司资金链的流动，防止资金链断流。

⑤如何根据市场需求和竞争对手情况实现最优生产。

⑥如何通过合理报价来获得最大利润。

2. 实训内容

企业人力资源管理综合技能训练中总经理的主要实训内容是：制定和实施公司整体战略，制定和实施公司年度生产经营计划，主持公司的日常经营工作，领导直接下属及分管部门开展工作。本实训活动中总经理主要需要完成制定发展战略、分析竞争格局、决定业务经营指标、确定业务策略、全面预算管理、团队协同管理、分析企业绩效、管理授权与总结等工作。

3. 实训步骤

①搜集并分析历年的市场需求情况和竞争对手的情况，根据小组的目标，总经理大致制定公司在本次实训中的整体战略初稿。总经理将初稿下发给人力资源经理，讨论协商后调整并确定本公司在本次实训中的整体战略。

②每年初审核人力资源经理提交的本年公司人力资源规划，总经理与人力资源经理协商后调整并定稿，明确公司本年度预计的产品综合成本、销售收入、囤货费用、清仓收入、政府行为产生收入、招聘费用、培训费用、综合运营成本。总经理每年初需要审核人力资源经理提交上来的人力资源经费申请预案，通过则直接下发，未通过则两者协商后确定具体金额。

③当年开始后，总经理应掌控并时刻关注公司资金链的流动情况，保证资金链不会出现断裂。

④总经理每期依据实际情况调整当期的生产和销售计划并进行生产，每年第四期按调整后的计划进行产品销售工作。如果实际销售情况与计划有较大偏差，总经理需与人力资源经理讨论协商后对计划做出调整，找出误差原因并吸取经验，以便下一年可以制定出更加实际可靠的年度计划。

⑤总经理每年末审阅并分析绩效主管提交的本年绩效考评情况，对这一年经营的得与失进行自我总结，以便吸取经验与教训，争取下一年可以做得更好。

8.1.2　人力资源经理实训目的、内容和步骤

1. 实训目的

企业人力资源管理综合技能训练平台中，最主要的实训内容是人力资源经理的模拟就职，该角色可以说是与人力资源这一学科相关性最大的一个岗位。在人力资源管理智能仿真与竞赛对抗平台中，人力资源经理职位的设立主要是为了让学生学习以下内容。

①理解人力资源管理规划所包含的内容。

②掌握人力资源管理规划的业务流程和操作细节。

③如何通过团队合作和沟通实现团队目标。

④如何通过现实中的部门资金预算制，实现人力资源规划的落地与执行。

⑤如何利用预算工具，进行人力资源成本预算。

⑥了解人力资源经理下属各主管的工作基本内容。

2. 实训内容

企业人力资源管理综合技能训练中人力资源经理的主要实训内容是：根据公司内外环境编制公司人力资源规划，人力资源经费的申请，以及制定工作说明书，负责员工辞退等具体工作。人力资源经理需加强部门队伍建设，提高部门业务技能和专业素养，并有计划地选拔和培养高潜力员工，领导下属各人力资源分部门开展人力资源相关工作，并进行统一审核和协商讨论，检查和监督各项计划的落实情况，协助组织开展公司企业文化体系的建设，及时向总经理和相关部门提供人事信息和建议。本实训中人力资源经理主要负责的内容有：年初主持年会的召开和讨论的进行，计划的编写调整以及整合各部门提供的信息。在一年的工作过程中，人力资源经理应知道各主管的工作，审核各主管提交上来的报告并进行协商和讨论。

3. 实训步骤

①每年初总经理将公司当年经营战略的预案下发后，人力资源经理要分析总经理下发的预案与公司在这次实训中的整体经营战略预案，与总经理讨论协商后对方案进行调整。

②人力资源经理每年初主持年会的召开和讨论的进行，将总经理下发的预案分发给各主管，接受各主管反馈的预案各部分分析情况，与各主管讨论协商后进一步确认汇总预案可能存在的问题，并上报总经理。人力资源经理与总经理进行讨论协商后对预案进行调整。

③每年初，人力资源经理根据与总经理讨论确定的公司整体经营战略和当年初年会的讨论结果，制定当年人力资源规划的方案，确定当年人力资源经费预计花费总额并上报总经理，与总经理讨论协商后对当年人力资源经费预算进行调整（第一年初人力资源经理要先制定总的人力资源规划方案并确定要申请的人力资源经费数目，上报总经理，与总经理讨论协商后对方案进行调整并确定经费的具体额度）。

④每年在人力资源规划调整完毕后，人力资源经理制定各岗位的工作说明书，根据上一年的工作能力和薪酬调查情况，确定今年的职责范围，与薪酬主管协商后确定各岗位的薪酬区间。

⑤在每一年当中，人力资源经理要进行下属各主管工作的指导，审核各主管上报的方案，协商后对方案进行调整。

⑥人力资源经理每年按照人力资源规划进行人员的续签和辞退，并对可能发生的劳动争议进行处理。

⑦在经营时人力资源经理需根据情况向总经理进行紧急人力资源经费申请、人力资源经费回账等操作。

⑧人力资源经理在每年末进行总结，对一年当中的得与失进行分析，吸取经验与教训，争取下一年可以做得更好。

8.1.3　招聘甄选主管实训目的、内容和步骤

1. 实训目的

招聘工作在企业人力资源管理中占有首要地位。企业若要持续发展，就必须保证人力资源的有效供给，因为企业在发展的任何时期都会需要不同类型、不同数量的人才。只有进行有效的人力资源招聘才能充分满足企业发展对人力资源的需要。因此，在人力资源管理智能仿真与竞赛对抗平台中招聘甄选主管职位的设立主要是为了让学生学习以下内容。

①理解招聘甄选所包含的内容。

②通过参与招聘活动，了解招聘知识、考虑相关问题、熟悉招聘运作模式。

③掌握招聘甄选的业务流程和操作细节。

④深刻体会人才招聘对企业发展的重要影响。

⑤掌握人才竞争的核心要素。

2. 实训内容

企业人力资源管理综合技能训练中招聘甄选主管的主要实训内容是：参加年度会议，根据公司的发展战略，在不同时期为不同岗位补充人力，适应市场需求，通过招聘人员的资格条件、工作要求和招聘数量，结合人才市场情况，确定选择什么样的招聘渠道。本实训中，招聘渠道包括校园招聘、人才交流中心招聘、Internet 平台招聘、传统媒体招聘和猎头招聘以及上年人员回流。各渠道优先满足总工资高的公司的人才需求，因此招聘主管需要与薪酬主管协商人员薪酬后进行招聘。为新入职员工办理入职手续，并通知培训主管做好相应培训。整个实训过程中，招聘主管只有与人力资源部各岗位主管分工协作，才能做好招聘工作。

3. 实训步骤

①招聘甄选主管每年初参加公司年度会议，了解公司年度生产目标，与各部门主管协商并确定各部门的招聘需求及所需招聘人员的数量。

②招聘甄选主管根据部门招聘需求和所要招聘人员的资格条件、工作要求、招聘数量等，分析选择合适的招聘渠道。

③招聘甄选主管与薪酬福利主管沟通，了解本年员工薪酬结构情况后对招聘费用进行预测，并上报人力资源经理审核，审核通过后进行招聘计划的制订。

④进行招聘前，招聘甄选主管需提交招聘申请明细表，还需要填写所招聘员工的定岗情况。

⑤招聘甄选主管在向薪酬福利主管了解员工基本工资和人才引进津贴后，开始进行人员的招聘。招聘过程中，前一渠道如果已完成招聘计划，可放弃后一招聘渠道。

8.1.4 培训开发主管实训目的、内容和步骤

1. 实训目的

员工的培训与开发对企业来说至关重要，而且培训与开发的时间、费用和精力等综合成本也不低，所以必须精心设计和组织实施，尽可能以较低的培训成本取得企业需要的培训开发成果。要达到这样的目标，培训开发主管应当正确认识和掌握员工培训与开发的基本要素和指导性设计程序，建立一种从组织实际需要出发、学以致用的科学的员工培训体系，高效、完善地组织和实施培训与开发各个环节的工作。因此，在企业人力资源管理综合训练平台中培训与开发主管职位的设立主要是为了让学生掌握以下内容。

①理解培训与开发所包含的内容。

②掌握培训与开发的业务流程和操作细节。

③掌握培训计划制订的内容、原则、方法、程序。

④编写培训计划。

⑤如何通过培训与开发支撑人才梯度培养。

2. 实训内容

企业人力资源管理综合技能训练中培训开发主管的主要实训内容是：参加年度会议，根据公司战略和人力资源战略，制订公司年度培训计划，向招聘主管了解公司本年招聘情况，并对本年培训费用进行预测，并将结果上报人力资源经理。培训开发主管负责设计开发培训项目，推进项目实施。对新招聘的员工进行新员工的入职培训，对老员工的培训首先要进行培训需求分析，明确培训目标、确定培训对象。本实训中，培训主要包括技能提升培训、岗位轮换培训以及企业文化培训。培训开发主管针对不同需求，可进行相应的培训。最后培训开发主管要对本年工作进行年末自我总结。

3. 实训步骤

①培训开发主管每年初参加公司年度会议，根据公司年度经营战略，培训主管与其他各主管讨论，对培训需求进行调查，向招聘主管了解本年度人员招聘情况，了解各部门的培训需求后进行培训需求分析，根据分析结果进行年度培训计划的制订，并对培训费用进行预测，最后将预测结果上报人力资源经理审核。

②培训计划的实施：对新招聘的员工，进行新员工入职培训。同时根据年初制订的员工培训计划，结合公司发展战略，针对不同员工进行相应培训。

技能提升培训：提升员工技能，增加产能，提高企业生产效率。

岗位轮换培训：经过岗位轮换培训，员工可以具备生产另一种产品且保持生产原来产品的能力。

企业文化培训：公司每年初要进行企业文化培训，以增加员工忠诚度，降低员工流失率。

③培训开发主管每年末要进行自我总结，主要包括本年度培训工作进行情况，如本年度培训费用控制情况、人均培训费用情况和实际培训次数，并对本年培训工作中存在

的不足之处进行总结。

8.1.5 绩效考评主管实训目的、内容和步骤

1. 实训目的

绩效考核是企业绩效管理中的一个环节，是绩效主管对照工作目标和绩效标准，采用科学的考核方式，评定员工的工作任务完成情况、员工的工作职责履行程度和员工的发展情况，并且将评定结果反馈给员工的过程。具有高水平绩效考核的企业，会通过多方面的手段提高企业的竞争优势。因此，在人力资源管理智能仿真与竞赛对抗平台中，绩效考评主管职位的设立主要是为了让学生掌握以下内容。

①理解绩效考评管理所包含的内容。

②掌握绩效考评的业务流程和操作细节。

③具备分析绩效及解决绩效管理问题的基本能力。

④了解绩效考核指标的制定过程。

⑤掌握绩效评估的方法。

⑥掌握通过绩效考评管理提升人力资源管理和企业绩效的方法。

2. 实训内容

企业人力资源管理综合技能训练中绩效考评主管的主要实训内容是：通过参加年度会议，与各主管讨论研究，确定绩效管理工作重点。为了实现公司人力资源战略规划，吸引和留住公司骨干人才，有效地激励员工，在人力资源战略规划的指导下，制定绩效考核指标和考核细则并上报人力资源经理审核，审核通过即通知各主管颁布实施。最后是绩效考核，根据绩效考核结果统计汇总绩效价值增量，并通知薪酬主管以进行薪资发放。

3. 实训步骤

①每年初参加公司年度会议，会议中绩效主管向人力资源部各主管了解各部门年度运营情况，确定绩效管理工作的重点，明确本年度考核指标。

②根据公司的发展战略规划，绩效主管需对不同员工设立不同考核标准。设立后上报人力资源经理审核。审核不通过，绩效主管还需与各主管再次协商，重新设立符合要求的考核指标；审核通过，绩效主管则通知各主管颁布实施新的绩效考核方案。

③最后根据绩效考核结果，统计汇总绩效价值增量，对绩效工资进行核算，并将结果通知薪酬主管。

管理人员的绩效奖金：管理人员的绩效奖金受每一年绩效考核的影响。当每位管理人员的价值增加时，发放一期基本工资作为管理人员的绩效奖金。无价值增加或价值减少，则无绩效奖金。

生产人员的绩效奖金：采用计件工资形式，每生产一批产品支付相应的绩效奖金。

销售人员的绩效奖金：采用提成的形式，每销售一批产品支付相应的绩效奖金。

研发人员无绩效奖金。

④绩效主管的自我总结，主要包括本年度绩效目标的完成情况，绩效指标是否制定合理，总结本年度考核工作中存在的不足以及下一年度的工作计划与安排。

8.1.6 薪酬福利主管实训目的、内容和步骤

1. 实训目的

当今社会人才受到了前所未有的重视，企业求贤若渴。在开放的市场竞争环境中良好的薪酬福利，有助于提高员工的满意度，强化员工的忠诚度并增强企业在劳动力市场上的竞争力，吸引并留住优秀人才。反之，不公平、不公正的薪酬福利则会导致员工离心。薪酬福利管理在人力资源管理中的重要作用决定了薪酬福利经理的职业价值。因此，在企业人力资源管理综合技能训练平台中，薪酬福利主管职位的设立主要是为了让学生学习以下内容。

①理解薪酬与福利管理所包含的内容。

②掌握薪酬与福利管理的业务流程和操作细节。

③掌握通过沟通和协商来实现目标。

④掌握通过制定合理的薪酬水平和薪酬结构增加优秀员工的招聘成功率，减少人员的流失。

⑤掌握如何构建对内公平、对外竞争的薪酬福利体系。

⑥掌握进行企业内外部薪酬信息收集处理的能力。

2. 实训内容

企业人力资源管理综合技能训练中薪酬福利主管的主要实训内容是：了解市场平均薪酬水平，制定公司各级员工的薪酬，依据公司薪酬管理制度、实施细则、员工生产情况及绩效表现，负责审定各类员工的薪资、奖金和津贴发放情况，负责审定各类福利项目和支出水平，及时为员工办理社保等手续并准确缴纳各项福利，按期为公司所有管理人员和员工发放薪酬。本实训中合理的薪酬水平和薪酬结构有利于增加优秀员工招收的成功率，减少人员的流失，从而提高所在团队的获胜机会。其考核指标是每年的人员流失率、绩效指标和最后的个人评分。

8.2 企业人力资源管理综合技能训练实训总结（以 C3 小组为例）

8.2.1 总经理实训总结

C3 小组在本次实训竞赛中获得了第一名，总经理在其中起到了积极作用。总经理搜集分析内外部信息及时准确，制定了优秀而明确的公司整体战略，为人力资源经理的后续工作制定了参考。实时把控公司资金链的正常流动，合理地制定总经费的分配预案，既保证有足够的经费进行人才的招募与培养，又保证了产品按计划顺利生产与销售，为团队的经营做出了很大的贡献。

C3 小组总经理实验报告

从公司整体经营情况来看，公司总收入为 145252K，利润为 57875K。公司在第五年销售收入为 45876K，是收入最高的一年。该数据表明，公司在本年度的产品生产和销售工作进行得较好，说明总经理在该年度制定产品规划时很科学，发挥了很大作用。该年度生产成本为 4116K，利润为 19392K，且本年利润率高于市场平均利润率，说明第五年公司的经营效益很好，及时生产紧缺产品并促进销售实现收入，总经理对公司本年度的生产成本控制得当，取得了比较好的经营业绩。

C3 小组累计利润为 57875K，而市场各公司平均累计利润为 7174K；公司的累计利润高于市场各公司平均累计利润，说明该公司的生产经营过程中整体经营情况相对较好，总经理对公司经费等控制得较好，合理使用资金，使公司实现生产最优。反之，如果该公司的累计利润低于市场各公司平均累计利润，则说明该公司的生产经营过程中经营情况较差，其次总经理对生产成本等费用的控制稍微不当，使利润降低，最终企业的盈利水平在市场上落后。

从产品价格方面来看，P1 产品市场平均定价为 90K，公司 P1 产品在第一年定价最高，价格为 110K，而当年囤货、清仓，说明总经理根据市场 P1 产品的销售情况，灵活应变，积极地调整计划，从而减少了产品囤货产生的管理费用。公司在第二年对 P1 产品定价最低，价格为 83K，当年囤货 0 批、清仓 34 批。本年公司的销售能力与生产能力不匹配，产品没有全部卖出，产生了囤货，但总经理根据产品市场需求，积极面对囤货问题，对销售计划做出了及时调整，总经理的灵活应变解决了公司的囤货问题。公司对 P1 产品定价最高的第一年高于市场 P1 产品的平均定价，对 P1 产品定价最低的第二年低于市场 P1 产品的平均定价。这说明总经理在这两年一直根据市场和公司内部的各种资金使用情况对产品的定价进行合理调整，为企业赢得了更高收入。

P2 产品市场的平均定价为 125K，公司在第一年对 P2 产品定价最高，价格为 180K；在第三年对 P2 产品定价最低，价格为 110K。公司对 P2 产品定价最高的第一年高于市场 P2 产品的平均定价，对 P2 产品定价最低的第三年低于市场 P2 产品的平均定价。这说明总经理在这两年对 P2 产品价格调整做出了努力，在调整过程中希望能够为企业赢得更高收入。

P3 产品作为市场中端产品在第三年开始进入市场，P3 产品市场平均定价为 176K，公司在第六年对 P3 产品定价最高，价格为 225K；在第四年对 P3 产品定价最低，价格为 150K。公司的 P3 产品除第六年以外都是以高于市场的价格全部卖出，为公司赢得了较多销售收入，为公司的资金成本减轻了负担，总经理的工作卓有成效；公司对 P3 产品定价最高的第六年高于市场 P3 产品的平均定价，对 P3 产品定价最低的第四年低于市场 P3 产品的平均定价。这说明总经理在这两年中，一直在对 P3 产品的定价做出调整，为企业赢得了更高收入。

P4 产品作为市场高端产品在第四年开始进入市场，P4 产品市场平均定价为 461K，公司在第六年对 P4 产品定价最高，为 505K；在第四年对 P4 产品定价最低，为 480K，当年囤货 0、清仓 0。P4 产品作为市场上的高端产品，是公司赢得市场竞争力的重要保证。该公司在第四年对 P4 产品定价最低，但仍高于市场 P4 产品的平均定价，说明公司整体对 P4 的定价都处于较高的水平上。随着市场对 P4 产品的需求扩大，P4 产品价格较高会为公司带来较为乐观的销售收入，但也可能会因为 P4 产品价格过高而导致销售困难，因此不能只单纯考虑高定价会带来高收入。公司总经理对 P4 产品的定价适中，将生产的 P4 产品全部卖出，这说明总经理能根据产品市场需求积极面对定价问题，对销售计划做出及时调整，总经理的灵活应变很好地解决了 P4 产品的销售问题。公司将 P4 产品以高于市场的价格全部卖出，说明总经理的高价策略恰好迎合了市场对 P4 产品的需求，P4 产品带来了较高的销售收入，且没有出现因囤货导致的管理费用增加，为公司的资金成本减轻负担，总经理的工作卓有成效。

从公司的销售情况来看，公司在第二年没有按照销售计划进行，这一年公司计划销售 84 批，实际销售 72 批，销售完成率为 86%。公司这一年度的销售工作进展不是很顺利，与预期销售情况相比差距较大，表明公司内部产生了问题。这时总经理需要在各环节找出问题，这也说明总经理关于本年度的销售计划目标可能制订得偏高，导致实际销售情况与预计销售情况存在差异，还需根据公司发展情况进行适当调整，总经理制订公司年度销售计划的能力有待提升。

8.2.2 人力资源经理实训总结

C3 小组在本次实训竞赛中获得了第一名，人力资源经理在其中起到了积极作用。人力资源经理搜集分析内外部信息及时准确，制定了优秀而明确的人力资源规划，为直接下属的后续操作提供了可靠的参考依据，为团队的经营做出了很大的贡献。

C3 小组人力资源经理实验报告

该公司在第一年，花费了最多的人力资源经费，共 1495K，占总经费的 75%。可见当年公司发展并不是很好，但是该公司依然花费了较多的可用资金在人力资源方面，人力资源经理应合理考虑企业的发展情况，合理优化人员结构和企业生产之间的关系，促进企业更好地发展。第五年是该公司花费人力资源经费最少的一年，共 7556K，只占用了 29% 的总经费，可见当年企业能够认识到企业发展进程的变化，人力资源经理能够及时改变企业人力资源资金结构。

在企业的经营发展中，只在第二年进行过 780K 的紧急人力资源经费申请，造成 78K 的超额损失，可见在该年，人力资源经理制订的计划与实际发生了较大偏差，给企业带来了损失。在企业经营发展中，企业只进行过一次紧急人力资源经费申请，可见该企业的人力资源经理在经费计划上做得比较好，能够较多地考虑到企业在未来一年的发展情况，合理申请人力资源经费，为企业的良性发展添加助力。

人力资源经理在每个经营年都为企业制定企业的战略目标和组织外部环境分析，这些分析能够为企业未来一年的人力资源发展指明方向。

从员工变动情况来看，第五年，企业流入新员工 36 人，是所有经营年中企业流入员工最多的一年，可见在第五年，企业引进了较多的人才，为企业注入了新鲜活力，提高了企业整体生产能力，为企业抢占更高端的产品市场、优化产品结构奠定了基础。第四年，企业流失员工 25 人，是所有经营年中最多的一年，可见在第四年，企业没能重视员工管理，导致众多员工离开本企业另觅高就，减少了企业的总产值，企业的生产规模有所缩小。

至全部模拟完成后，该公司除管理人员外，还有员工 51 人，其中 A 级员工有 6 人，只占员工总人数的 12%。可见该公司对高素质人才的重视还不够，导致人员结构不够合理，高素质人才较少，不能更好地优化产品结构，如果加大生产投入，恐不能应对市场上激烈的竞争。同期，市场上每个公司平均拥有 A 级员工 27.3 人。该公司 A 级员工人数低于市场平均水平，可以表明该公司在优秀人才的培养上处于市场弱势地位。D 级员工有 19 人，占员工总人数的 37%，可见该公司并不是特别重视实习生的培养，而是更注重生产能力的提高。

该公司在第三年进行了较多的劳动争议处理，共计 3 起，花费劳动争议费用 9K，可见该年度公司的人力资源经理没有重视劳动关系的处理，导致 3 名员工的劳动合同到期没有及时续签，3 名员工的经济补偿金没有计算正确，增加了企业的资金支出，也影响了企业的信誉。但该公司在其他年份并没有劳动争议，说明公司的人力资源经理总体上还是比较重视劳动关系的处理，员工与企业和谐发展，企业能够将更多的资金投入人员建设和生产销售中去，低争议率也能够保证企业的信誉和良性发展。

纵观所有经营年，人力资源经理的价值从初始价值 7 到 8，提升了 1，可见该公司在运营过程中，人力资源经理能够认真完成绩效目标，为企业的人力资源发展提供了榜样作用，同时也做到了自我提升，是企业与自身双赢的很好体现。

8.2.3 招聘甄选主管实训总结

C3 小组在本次实训竞赛中获得了第一名，招聘甄选主管在其中起到了积极的作用。通过参加年度会议，招聘甄选主管根据现有业务发展需要，协调、统计各部门的招聘需求，编制年度人员招聘计划，预测招聘费用，进行招聘甄选活动，努力为公司招聘到理想的员工。而有效的招聘工作能提升公司的人员结构，提高公司的运作效率，为企业节约成本，确保公司今后各项人力资源管理业务的顺利开展。

C3 小组招聘甄选主管实验报告

综合分析公司整体经营情况，在进行招聘工作时，公司累计花费了 1045K 的招聘费用，累计人均招聘费用为 6K。公司在第四年，花费了较多的招聘费用，共计 305K，表明公司当年对人才的需求强烈，且十分注重人才的招聘，为此投入了大量的招聘费用来确保招聘活动的顺利开展。第一年支出的招聘费用最少，共计 99K，可能是因为市场人才供应较少无法满足公司的人才需求，也可能是因为公司人才需求与内部供给相匹配，使得公司在当年的招聘费用支出较少。第五年，公司的人均招聘费用最低，为 3K，这显示了该年招聘甄选主管为公司节约了大量的招聘成本，用更经济的招聘渠道招到了更多的员工。而在第二年，公司的人均招聘费用最高，为 9K，表明该年的招聘工作没有很好地完成，致使投入的招聘费用没有得到有效的回报。

公司在人均招聘费用最高的第二年的招聘费用仍低于市场人均招聘费用，显示出招聘甄选主管在招聘费用控制方面做得较为合理，招聘工作卓有成效，为企业节约了招聘成本。公司为了招聘到高端人才，付出了一定的人才引进津贴，公司共支出了 1938K 的人才引进津贴。其中，第五年的人才引进津贴的支出最多，为 658K，这表明该年公司为了成功招到人才，投入了大量的费用，提升了公司的人才优势。从招聘渠道来看，公司通过校园招聘、猎头招聘、人才市场招聘、Internet 招聘、传统招聘、再就业招聘等方式进行招聘。招聘甄选主管在选择招聘渠道时是比较全面的，为了努力提高本公司的人力资源竞争优势，招聘甄选主管希望通过拓宽招聘渠道，招到更多符合公司发展战略的人才。以下为各招聘渠道获得各等级人才的情况分析。

校园招聘：中低端人才较多，公司希望在中低端产品市场获得先机可多采用此渠道进行招聘。

人才交流市场招聘：各等级人才都有，所以招聘甄选主管在选择招聘人员时要灵活调整。

Internet 平台招聘：中低层人才供给较多，公司能从较低的招聘成本中获得较高的招聘成果。

传统媒体招聘：中高端人才较多。

猎头招聘：高端人才较多，在激烈的市场竞争中，高端人才能保持公司的竞争力。

再就业招聘：员工更具性价比，回流人员价值较高。

从人员结构来看，公司招聘的 A 级员工占比 12%，招聘的 B 级员工占比 20%，招聘的 C 级员工占比 31%，招聘的 D 级员工占比 37%。从人员数量看，公司实际招聘总人数为 128 人，在第五年招聘到的员工数量最多，表明当年该公司招聘甄选主管的招聘工作得到了较好的开展，招聘到的人员与公司战略要求相符合，为公司发展提供了人员保障。在第二年招聘到的员工数量最少，表明当年在进行招聘工作时，可能因为本公司在岗人数满足人员规划要求或市场的人才供给较少，该公司招聘甄选主管在该年招聘到的员工人数较少。

该公司共进行了两起挖人工作，其中成功一起，共支出 21K 的挖人费用。

8.2.4 培训开发主管实训总结

C3 小组在本次实训竞赛中团队获得第一名，其中培训开发主管发挥了很大的作用。培训开发主管通过参加年度会议，了解各部门培训需求，针对各部门培训需求，结合公司发展战略，规划并制订年度员工培训计划，经过批准后实施，并根据实际培训情况对接下来的培训计划进行修改完善。

C3 小组培训开发主管实验报告

综合分析公司整体经营情况，培训费用总计 133K。公司第五年的培训费用最多，为 36K，说明当年是培训开发主管在公司整体经营中最为注重培训的一年，当年培训开发主管对员工开展的培训工作最多。而在第二年培训费用最少，培训费用为 13K，说明当年是培训开发主管在公司整体经营中最不注重培训的一年，也是培训工作开展得最少的一年，可能是公司当年组织任务目标不同导致培训主管对员工开展的培训工作减少，培训费用降低。公司在培训费用最多的第五年高于市场平均培训费用，在培训费用最少的第二年低于市场平均培训费用，说明该培训开发主管重视培训工作，但受公司各种人力和财务等因素影响，在实训经营过程中一直在对培训工作进行调整。

该公司员工培训包括入职培训、技能提升培训、岗位轮换培训和企业文化培训。公司整体培训中，进行企业文化培训次数最多，共6次，说明公司注重该培训为员工带来的效益，希望通过企业文化培训帮助员工更好完成目标；进行在岗培训次数最少，共0次，说明公司对在岗培训较少关注，更希望通过其他培训方式为企业带来更多效益。培训中，技能提升培训花费0K，占比0%，说明培训开发主管对通过技能提升培训提升员工产能和价值进而对企业经营活动产生积极影响的意识不是很强烈，导致员工产能相对较低，市场份额占比少，缺乏市场竞争力。企业文化培训花费381K，占比74%，可见该培训开发主管着重关注企业人员的稳定性，意识到了前期员工流失问题的严重性，为加强团队凝聚力、降低离职率，积极开展企业文化培训。

公司共进行培训135次，其中第五年进行培训次数最多，共36次，说明培训开发主管在这一年度针对公司培训需求，注重员工能力的提升；第二年进行培训的次数最少，为12次，说明培训开发主管在这一年较少注重培训对员工带来的影响。该公司进行培训次数最多的第五年依然低于市场平均培训次数，说明公司不注重对员工进行培训，没有清晰地意识到培训带来的员工产能提高和公司的效益提升，培训工作开展力度小，限制了员工生产出高端产品，从而产品在市场上缺乏竞争力。从培训效果来看，公司通过培训可以提升员工产能。如果员工产能提升高于市场各公司平均员工产能提升标准，说明培训开发主管能够很好地根据公司任务目标对员工的要求，在相应时间对员工展开培训，使员工的技能素质得到有效提升；低于市场各公司平均员工产能提升标准，则说明培训开发主管虽然进行了相应培训，但培训力度小，最终还是导致员工产能提升低，从而为公司带来的效益则相对较低。

从公司的人员晋升情况看，该公司共晋升人员0名。该公司无人员晋升，说明培训开发主管较市场其他培训主管较少意识到人员晋升可以使员工结构优化。单一通过招聘方式来获取高质量人才，无法保证人才队伍满足其生产目标，也无法满足高端产品的人才需求。

从公司的培训计划完成率来看，公司在第五年刚好完成培训计划，说明培训开发主管当年的培训计划制订较为合理，能够准确根据公司本年发展需要，对员工进行培训，满足公司发展目标。第二年没有按照计划完成培训，说明这一年培训开发主管制订的培训计划不能很好满足公司的需求，使培训计划不能有效进行。如果该公司本年的培训完成率高于计划培训完成率，培训开发主管制订的培训计划不能很好地满足公司本年培训需求，实际培训情况与计划培训情况有所差异，说明培训开发主管制订的本年培训计划略有遗憾。如果公司本年的培训完成率小于计划培训完成率，说明培训开发主管没有合理、恰当地对公司本年培训需求做出预测，使实际培训进行情况与计划培训情况存在差异，培训开发主管制订的本年培训计划也会有遗憾。

在第一年，培训开发主管的评分是62分，在同时期市场培训开发主管评分排名中排名第四，是所有经营年中该公司培训开发主管排名最靠前的一年，可见在企业发展过程中，培训开发主管在培训方面开展的工作还不够，达不到理想的培训效果，导致较市场其他培训开发主管排名落后。

8.2.5 绩效考评主管实训总结

C3 公司作为在本次实训竞赛中取得第一名，绩效主管发挥了积极作用，绩效主管通过参加年度会议，了解年度公司目标，对公司各主管员工制定新一年绩效考评指标，通过合理有效的绩效考核清晰地了解员工在工作能力、工作业绩等方面的优势和劣势，为公司的发展经营做出很大贡献。

C3 小组绩效考评主管实验报告

从公司六年整体经营情况来看，管理人员价值增量累计为 2，员工价值增量累计为 0。该公司管理人员价值增量最多的一年为第四年，分别为：总经理价值增加 2、人力资源经理价值增加 0、招聘甄选主管价值增加 -1、培训开发主管价值增加 2、绩效考评主管价值增加 0、薪酬福利主管价值增加 -1。管理人员价值的增加说明该公司这一年度管理人员总体在各自岗位上发挥了很好的作用，都出色地完成了本职工作，另一方面表明该绩效主管本年度根据公司战略情况对管理人员的绩效考核指标制定合理明确，管理人员都能充分完成各自预定的绩效目标，公司整体有较好的绩效考评体系，使各管理人员在各自岗位的价值得到了较为明显的提升。而管理人员价值增量最少的一年为第三年，分别为：总经理价值增加 0、人力资源经理价值增加 -1、招聘甄选主管价值增加 -1、培训开发主管价值增加 -1、绩效考核主管价值增加 0、薪酬福利主管价值增加 -1。管理人员价值增加较少，说明该公司在这一年度中，管理人员较其他公司管理人员相比，工作成果较为不理想，另一方面说明绩效考评主管与往年相比根据公司发展目标制定出的管理人员绩效考评指标稍有偏差，导致管理人员不能很好地完成预期目标，使其自身价值增加较少甚至减少。

六年经营结束后，管理人员平均价值增量为 -1，市场各管理人员平均价值增量为 1.1，说明该公司在六年模拟经营中，公司各管理人员较其他公司管理人员相比工作稍有不足，绩效主管根据公司发展目标对各管理人员制定的绩效考核指标略微不明确，使管理人员不能及时有效地达成预期绩效目标，年度绩效考核不能有效进行，导致管理人员平均价值增量低于市场平均水平。

从管理人员价值累计情况看，该公司总经理的价值增加最多，价值增量为 4，说明该公司的总经理在其岗位上发挥了积极作用，每年都能够很好地完成公司经营目标。价值增加最不理想的是薪酬主管，价值减少了 4，说明该公司的薪酬主管在其岗位上较其他公司薪酬主管工作完成得不是很令人满意，对绩效目标的完成情况稍有遗憾。

员工平均价值增量为 2，市场员工平均价值增量为 2.7，说明该公司对员工制定的考评指标较为不合理，员工实际完成情况较预期目标稍有偏离，使较少员工的价值得到提升，绩效考评主管制定的考核方案不能使大部分员工达成目标，导致员工整体绩效考核结果偏低。

公司对生产员工的绩效奖金采用计件工资形式，每生产一批产品支付相应的绩效奖金。对销售人员的绩效奖金采用提成的形式，每销售一批产品支付相应的绩效奖金。这种计件工资形式和提成形式的制定合理有效，能够鼓励员工技能提升，使该级员工对企业做出了很大贡献。

8.2.6 薪酬福利主管实训总结

C3 小组在本次实训竞赛中获得了第一名，薪酬福利主管在其中起到了积极作用。薪酬福利主管根据市场平均薪酬水平，制定公司各级员工的薪酬，依据公司薪酬管理制度、实施细则、员工生产情况及绩效表现，负责审定各类员工的薪资、奖金和津贴发放情况，负责审定各类福利项目和支出水平，及时为员工办理社保等手续并准确缴纳各项福利，按期为公司所有管理人员和员工发放薪酬，为团队的经营做出了很大的贡献。

C3 小组薪酬福利主管实验报告

公司在经营结束后，累计发放薪酬总额为 45101K，累计人均薪酬为 34.5K，市场平均薪酬为 28.7K。在第六年中，公司的年人均薪酬最高，为 50K；在第一年中，公司的年人均薪酬最低，为 14K。

从薪酬结构上来看（薪酬结构数量六年中有变化），企业在第六年共额外选择了 3 种薪资组成，是六年来企业薪资结构最全的一年，该年公司的薪酬结构相对完善，能够适当提高员工的工作积极性，降低企业的经营风险，提高企业的凝聚力。第六年支付的基本工资总额占薪酬总额的 88.33 %，绩效工资总额占薪酬总额的 8.1%，法定福利占薪酬总额的 3.57%。企业在第一年选择了两种薪资组成，是六年来企业薪资结构最欠缺的一年，可见该年公司的薪酬结构较简单，可能会影响优秀员工的工作积极性，第一年支付的基本工资总额占薪酬总额的 82.4%，绩效工资总额占薪酬总额的 16.35%，法定福利占薪酬总额的 0%。

企业在所有经营年度的薪酬结构变化很小，可见该企业一直采用较为稳定的薪酬结构策略，稳定的薪酬结构使得员工收入波动很小，员工安全感很强。所有经营年度中平均基本工资占薪酬总额的比重为 86.39%，平均绩效工资占薪酬总额的比重为 10.8%，平均法定福利占薪酬总额的比重为 2.81%。这样的薪酬结构占比表明在企业经营中基本工资始终在薪酬总额中占有较大的比重，基本工资依然是企业员工最主要的收入，绩效奖金在薪酬总额中也占有较大的比重，表明企业愿意花费较多资金激励员工工作的积极性。另外，企业每年支出了较多的资金用于社保公积金等法定福利，体现了企业以人为本的经营理念。

管理人员的薪酬在总薪酬支付额的占比能够在一定程度上体现企业薪酬体系的合理性。在第四年，该公司支付管理人员薪酬总额 2369 K，占薪酬总额的 24.43%，是管理人员薪酬在总薪酬支付额中占比最高的一年，该年企业在人力资源规划和实施中可能遭遇了重大变故，导致企业人员锐减。在第六年，企业支付管理人员薪酬总额 194K，占薪酬总额的 11.53%，是管理人员薪酬在总薪酬支付额的占比最低的一年，当年企业支付给员工的薪酬比例较高，也许企业内员工人数较多，企业规模较大，但员工人数增多会增加管理人员的管理压力。

公司的人力资本投资回报率在第四年达到了 91%，是历年来企业支付给员工薪资与福利方面的金钱所创造的利润最高的一次，在当年该公司的人力资源管理工作效率很高，人力资源规划的有效性较高，极大发挥了人力资本的潜能。第六年，公司的资本回报率降到了最低，为 67%，企业的人力资本可能没有得到充分利用，这可能是薪酬福利主管制定了较高的薪资水平，也可能是在产品销售中出现了滞销情况，企业可以通过调整产品结构、优化人力资源各项支出等方法来提高人力资本投资回报率。

纵观六个经营年，薪酬福利主管的价值从初始价值 4，到第六年的 1，在第五年，薪酬福利的评分是 68 分，在同时期市场薪酬福利主管评分中排名第 3，是所有经营年中公司薪酬福利主管排名最靠前的一年，可见公司在经营过程中薪酬福利主管没有充分发挥作用，企业的薪酬结构设计还有很大的上升空间。

综合技能训练
实训技巧

参考文献

[1] 鲍立刚 . 人力资源管理综合实训 [M]. 北京：中国人民大学出版社，2023.

[2] 蔡啟明，等 . 人力资源管理实训——基于标准工作流程 [M]. 北京：机械工业出版社，2016.

[3] 德斯勒 . 人力资源管理 [M]. 刘昕，译 . 北京：中国人民大学出版社，2017.

[4] 董克用，李超平 . 人力资源管理概论 [M]. 北京：中国人民大学出版社，2019.

[5] 蒋定福，彭十一 . 人力资源管理沙盘模拟实训教程 [M]. 北京：清华大学出版社，2021.

[6] 蒋定福 . 人力资源管理沙盘模拟实训教程 [M]. 北京：首都经贸大学出版社，2014.

[7] 李琦，石玉峰 . 人力资源管理基础技能训练 [M]. 上海：复旦大学出版社，2013.

[8] 李亚慧，池永明 . 人力资源管理实验实训教程 [M]. 北京：经济科学出版社，2019.

[9] 刘昕 . 人力资源管理 [M]. 北京：中国人民大学出版社，2020.

[10] 任康磊 . 人力资源管理实操从入门到精通 [M]. 北京：人民邮电出版社，2020.

[11] 宋艳红 . 人力资源管理沙盘模拟实训教程 [M]. 成都：西南财经大学出版社，2015.

[12] 赵欢君，蒋定福，郝丽，等 . 人力资源管理综合实训教程 [M]. 北京：清华大学出版社，2020.